인각사
삼국유사의 탄생

일러두기

이 책에 나오는 둥둥이마을 등 인근 주민들에 대한 인터뷰는 2009년에 이뤄진 것이고, 인터뷰 대상자의 나이도 인터뷰 시점을 기준으로 한 것이다.

인각사
삼국유사의 탄생

◉ 부러진 기린의 뿔을 찾아서 ◉

이종문 지음

글항아리

머리말

우리 정신사의 성지聖地를 찾아서

오늘날 대부분의 답사기는 유적지에 남아 있는 가시적인 유물에 대한 이런저런 설명이 그 중심 내용을 이루고 있다. 그러나 답사기의 수준을 한 옥타브 높이기 위해서는 해당 유적지에 대한 전면적인 발굴이 절실하게 요구되며, 여기엔 현장에 대한 발굴뿐만 아니라 문헌 자료에 대한 저인망식 발굴도 포함된다. 지상에 남아 있는 유물과 함께 이 두 가지 측면의 발굴 결과가 절묘하게 어우러졌을 때 유적지에 대한 총체적인 이해가 가능하며, 여기에 감동의 파문을 일으킬 만한 문학적 장치가 가미된다면 금상첨화다. 이 책은 바로 이러한 문제의식을 바탕으로 집필한 인각사麟角寺 답사기다.

은해사의 말사인 인각사는 현재 이렇다 할 볼거리도 없는 아주 조그만 사찰에 불과하다. 그러나 고려후기의 고승 일연一然(1206~1289)이 생애의 마지막 5년을 이곳에 머물면서 『삼국유사』라는 민족의 고전을 완성했다는 사실 하나만으로도 이곳은 우리 정신사의 상징적인 성지聖地다. 또한 일연의 주석을 계기로 인각사는 구산선문九山禪門을 주도하는 대표적인 사찰로 그 위상이 크게 높아졌다. 게다가 인각사에는 갖가지 사연으로 뒤범벅된 일연의 비석과 부도가 남아 있을 뿐만 아니라, 최근 발굴 과정에서 다수의 국보급 유물이 한꺼번에 쏟아져 나와 세상을 깜짝 놀라게 하기도 했다.

이렇게 볼 때 인각사는 우리나라에 있는 무수한 절 가운데 하나가 아닌 '아주 특별한' 절이며, 따라서 이에 상응하는 '특별한 공간'으로 다시 태어나야 마땅하다. 최근 사역에 대한 본격적인 발굴과 함께 복원을 위한 기초 작업이 점진적으로 이뤄지고 있고, 해마다 인각사에서 '삼국유사문화제'를 개최하고 있으며, 학계와 지방자치단체에서 이 절에 각별한 관심을 보이는 것도 그런 인식의 소산이다.

그러나 지금까지 인각사에 대한 본격적이고도 심도 있는 연구는 그리 많지 않았다. 게다가 애써 이룩된 성과마저도 전문적인 학술 서적에 수록되어 있어 일반 대중이 인각사의 진면모를 글로 접하기는 어려웠다. 오늘날 인각사를 소개하고 있는 글들이 대부분 상식적인 수준에서 천편일률을 이루고 있는 것도 바로 이 때문이다.

필자는 바로 이런 문제의식에서 인각사에 대한 구체적이고도 정확한 정보를 담으면서 감동적으로 읽힐 책을 집필함으로써, 최근 인각사를 둘러싸고 전개되는 일련의 문화운동에 의미 있는 초석을 놓고 싶었다. 특히 이 책의 말미에 붙인 '인각사 관련 자료 집성'은 앞으로 인각사를 연구하고 발굴하는 데에도 적지 않은 도움을 줄 것이다.

이 책을 집필하고 간행하는 과정에서 많은 분들로부터 크고 작은 도움을 받았다. 그 가운데서도 이 책을 집필하도록 재정적인 지원을 해주신 대구경북연구원과 소중한 사진을 사용하도록 허락해준 재단법인 불교문화재연구소 · 경북대학교박물관, 각종 자료와 편의를 선뜻 제공해주신 인각사 주지 도권道權 스님, 탁본을 하느라 수고를 해주신 백영일 교수에게 각별한 마음으로 감사를 드린다. 아울러 여러모로 이 작업을 도와준 노중국, 김남형 교수와 김홍영, 김상환, 송경원 동학에게도 진심으로 고맙다는 말씀을 드리며, 책을 출판해준 글항아리 여러분께도 심심한 감사를 드리는 바이다.

2010년 5월

이종문

차례

제1장

서설—버려진 절

그동안 어루만져오던 이 변변치도 못한 글을 최종적으로 마무리하기 위해 다시 인각사麟角寺(사적 제374호)로 떠났던 것은, 날씨는 푸근했지만 눈이라도 내릴 듯 하늘빛이 새치름한 어느 일요일 오후였다. 아니나 다를까, 차가 팔공산맥의 구절양장九折羊腸을 기어오를 무렵 서너 송이 눈발이 창에 내려앉기 시작하더니, 한티재를 넘어 인각사가 있는 군위 땅으로 접어들자 수천수만의 흰나비 떼가 바람을 따라 천지간을 빙빙 떠돌아다녔다. 그리하여 마침내 죄를 지은 적이 없는 놈들은 저 무한 극락으로 다시 날아올랐고, 죄 지은 놈들은 어이없게도 러브호텔 신축 공사장의 활활 타오르는 모닥불 위로 뛰어내렸다. 그 가운데는 그것이 불인 줄을 꿈에도 모른 채 무심코 내리다가 변을 당하고 만 참 멍청한 눈송이도 있을 것이고, 불인 줄 번연히 알면서도 어, 어, 하는 사이에 피치 못해 내리는 것도 있으리라.

군위삼존석굴. 석굴암보다 뒤에 발견된 데다 조각 솜씨마저 떨어져 흔히들 제 2석굴암으로 부르고 있으나, 사실은 석굴암보다 100년 정도 먼저 조성된 석굴암의 형님이다.

이윽고 군위삼존석굴(국보 제109호)을 힐끗 쳐다보며 미끄러지듯 달려가다보니, 축 늘어진 아이를 등에 업고 사과를 파는 아낙네의 생애가 눈발에 희끗희끗 뒤섞이고 있었다. 이미 10년 전에 2만 원에 팔던 사과 1상자를 단돈 5000원에 팔기 위해 오들오들 떨며 손님을 기다리는 아낙네의 서러운 생애! 그 생애 위에 미친 저녁놀이 맵게 타오르던 어느 해 겨울, 컵라면 박스 속에 아기를 재워두고 서문시장 육교 위에서 장난감 바람개비를 팔던 한 아낙네의 생애가 겹쳐왔다. 그리고 그들의 삶 위에 다시 『삼국유사』의 한쪽 귀퉁이에 짤막하게 다뤄진 정수 스님 이야기가 겹쳐졌다.

신라 40대 애장왕 시절에 정수라는 스님이 황룡사에 임시로 머물고 있었다. 설한풍 몰아치는 어느 겨울 날, 날도 이미 다 저문 저녁이었다. 삼랑사에 갔다가 천암사 문밖을 경유해 돌아오던 스님의 시선에 아기를 낳아두고 언 채로 누워 거의 죽어가고 있는 한 거지 여인이 들어왔다. 너무나도 가엾게 여긴 스님은 다가가서 그 여인을 가슴으로 포근히 껴안아주었다. 제법 오랜 시간이 지난 뒤에야 여인이 비로소 다시 살아나거늘, 정수 스님은 제 몸에 걸친 옷을 홀랑 벗어서 그녀의 몸을 덮어주었다. 그리하여 마침내 벌거숭이가 되어버린 스님은 알몸으로 황룡사로 달려가서 거적때기 풀로 자신의 몸을 덮고 그날 밤을 하얗게 지새웠다. 그날 한밤중에 궁궐에 하늘이 외치는 소리가 들렸다.

"황룡사 정수 스님을 왕사王師에 봉封하거라아~"

임금이 급히 사람을 보내어 그 사연을 알아보게 했더니, 사실을 낱낱이 보고했으므로 위엄과 예의를 갖추어서 스님을 대궐로 맞이하고 국사에 임명했다.[1]

이 이야기 속에는 몇 폭의 슬프고도 아름다운 그림이 들어 있다. 천지를 뒤덮은 눈 세상에서 정수 스님이 얼어붙은 여인과 아기를 포근하게 껴안고 있는 모습은 성탄절 카드에나 나올 법한 춥고도 따뜻한 그림이다. 완전 나체로 막무가내 쏟아지는 눈발을 맞으면서 황룡사를 향해 서라벌 들판을 내달려간 정수 스님의 스트리킹 사건도 대단히 해학적인 화폭으로 떠오른다. 그러므로 이 소품은 이야기 전체가 내뿜는 회화적인 분위기만으로도 매력이 있는 데다, 음미하면 할수록 함축된 교훈이 무진장하다.

우선 이 짤막한 이야기는 수도하는 승려의 신분으로서 낯선 여인을 껴안는 파격적인 행위를 통해 계율을 위해 인간이 존재하는 것이 아니라 인간을 위해 계율이 존재한다는 것을, 인간에 대한 뜨거운 사랑이야말로 그 어떤 것보다 위대한 계율임을 유감 없이 보여주고 있다. 매서운 바람 몰아치는 저녁에 입은 옷을 죄다 벗어주었던 정수 스님의 자기희생과 버림받은 인간에 대한 사랑은 눈물겹도록 아름답다.

그러나 버림받은 존재가 어찌 거지 여인뿐이겠는가. 일연 스님이 『삼국유사』를 완결짓고 입적했던 인각사도 조선조가 내세운 숭유崇儒 배불排佛의 깃발 아래 오랜 세월 버림을 받아왔다.

주지스님이 인각사의 중창을 위해 천일기도를 올리면서 동분서주하고 있긴 하나, 지금도 절은 설한풍이 휘몰아치는 가운데 옷을 벗은 채로 벌벌 떨고 있다. 한여름 피서철이 시작되면 인각사 앞 도로가 주차장으로 돌변하고, 학소대 벼랑 아래 흐르는 위천渭川이 사람으로 뒤범벅되어도 막상 인각사에 찾아오는 이는 없다.

오라 화산華山 기슭 인각사로 오라 하늘 아래 두 갈래 세 갈래 찢어진 겨레 아니라 오직 한 겨레임을 옛 조선 단군으로부터 내려오는 거룩한 한 나라였음을 우리 자손만대에 소식 전한 그이 보각국존普覺國尊 일연선사一然禪師를 만나 뵈러 여기 인각사로 오라 아 여든 살 그이 촛불 밝혀 한 자 한 자 새겨간 그 찬란한 혼魂 만나 뵈러

일연 스님의 영정을 모시고 있는 국사전을 중심으로 한 인각사의 모습. 아스라하게 펼쳐져 있는 산자락을 배경으로 하여 국사전과 명부전, 일연의 부도, 석불 등의 모습이 보인다.

여기 인각사로 오라
오라 위천渭川 냇물 인각사로 오라 통곡의 때 이 나라 온통 짓밟혀 어디나 죽음이었을 때 다시 삶의 길 열어 푸르른 내일로 가는 길 열어 정든 땅 방방곡곡에 한 송이 연꽃 들어 올린 그이 보각국존 일연 선사를 가슴에 품고 여기 인각사로 오라 아 여든 살 그이 촛불 밝혀 한 자 한 자 새겨간 그 찬란한 혼 만나 뵈러 여기 인각사로 오라

– 고은, 「일연찬가一然讚歌」

우리 시대의 걸출한 시인 고은이 "여든 살 그이 촛불 밝혀 한 자

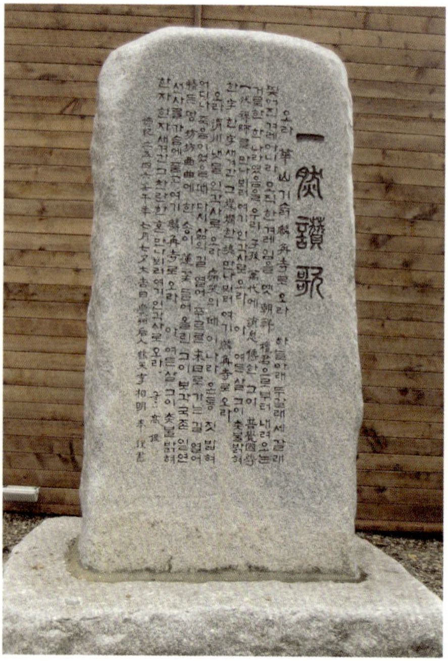

시인 고은이 격정적으로 일연을 노래한 시를 아로새긴 「일연찬가비」.

한 자 새겨간 그 찬란한 혼 만나 뵈러 여기 인각사로 오라"고 뜨거운 목소리로 절규해도, 특별한 행사가 벌어지지 않는 한 쥐 죽은 듯이 고요한 그곳.

여인과 아기가 정수 스님의 따뜻한 품속에서 다시 살아났듯이, 이제는 우리가 인각사를 따뜻하게 안아줄 차례다. 녹슬고 금 간 종소리조차 울려 퍼지지 않은 지 이미 오래된 그곳에, 새로 만든 종소리가 장중하게 퍼져 학소대 벼랑에 메아리치도록.

제2장

천 년 고찰의 흥망성쇠

화산 정상부에 위치한 화산산성으로 가는 길에서 내려다본 인각사 일대. 저 구름과 안개 속에
이제는 흔적조차 힘겹게 남아 있는 인각사가 엎드려 있다.

1

학소대 벼랑에 기린이 뿔을 걸다

인각사가 위치한 군위군軍威郡 고로면古老面은 화산華山(828미터), 방가산放舸山(755미터), 예재(600미터), 매봉(600미터), 선암산船巖山(879미터), 옥녀봉玉女峰(564미터), 조림산鳥林山(637미터) 등 500미터 이상의 높은 산들에 의해 완벽하게 포위되어 있는 첩첩산중의 골짜기 지대다. 게다가 고로 땅에 내린 빗방울은 한 방울도 예외없이 위천渭川이란 깃발 아래 모여 골짜기 한복판을 굽이치며 흐른다. 그러니 고로 땅에는 아미산(737미터)이나 도연폭포 같은 기대하지 않았던 절경과 학소대나 병암屛巖(병풍바위, 병품덤) 등 아찔한 벼랑들을 간간이 포함한 무균질의 산수가 어울려서, 낙관落款만 하면 그림이 되지 않을 곳이 없다.

현재 인각사 위에 건설되고 있는 다목적댐 공사를 제외하면 자연에 대한 파괴나 오염을 전혀 찾아볼 수 없는 곳. 이처럼 공기가 청정

고로면 가암리에 위치한 도연폭포의 시원한 물줄기.

하고 산수가 티 없이 아름답기 때문에 사람들은 곧잘 '고로에 와서 숨을 세 번만 크게 쉬고 가도 본전이 훨씬 넘는다' 고 말한다.

그러나 산수가 아무리 뛰어나도 사람이 만들어낸 역사와 문화의 향기가 있어야만 더욱 아름다울 수 있는 법. 고로 사람들은 역사와 문화의 향기가 있는 자신의 고장에 대해 남다른 긍지를 품고 있다. 그 가운데 1709년 병마절도사 윤숙尹埱의 주도로 쌓아올리다가 흉년과 질병으로 중단됐다는 화산산성華山山城(경상북도 기념물 제47호)은 육중한 성문과 수문, 성터도 볼만하지만 지리적 형국 자체가 예상하기 힘들 만큼 기이하다. 의상 스님이 아미산에서 날려 보낸 나무오리가 내려앉은 곳에 지었다는 압곡사鴨谷寺는 그곳으로 가는 길도 놀랍지만, 도착해서 바라보는 천산 만산이 장중하기 그지없다. 화북 2리 절터의 목 없는 돌부처, 학암리 성황골의 소나무, 포은圃隱 정몽주鄭夢周, 서애西厓 유성룡柳成龍, 여헌旅軒 장현광張顯光을 추모하던 선비들의 유적이 남아 있는 병암에도 눈길이 오래 머문다.

그러나 『삼국유사』의 산실이라는 강렬한 상징으로 사람들을 잡아끄는 인각사가 없었다면, 고로 사람들이 제 고장의 역사와 문화에 대해 지금처럼 자부심을 가질 수는 없었을 것이다. 그런 까닭에 애잔하게 쓰러졌다 다시 기지개를 켜며 일어서고 있는 인각사를 바라보는 그들의 시선에는 남다른 애착과 연민의 정이 스며 있다.

압곡사와 아미산. 압곡사는 의상 스님이 아미산에서 날려 보낸 나무오리가 내려앉은 곳에 지은 절이라는 전설이 있다.

압곡사에서 바라본 구름 낀 산봉우리들.

인각사가 기대고 있는 화산 정상 부근의 화산산성 수문.

위천이 고로를 그냥 떠나기 섭섭했던 것일까. 옛날에 학이 살았다는 연유로 학소대鶴巢臺라 불리는 수십 길의 벼랑 아래 시퍼런 물결이 출렁거리면서 희디흰 모래밭과 무늬 고운 돌들을 깔아놓은 곳!• 바로 그 언저리 화산 자락에 등을 기대고 선 인각사는 무엇보다 '기린의 뿔麟角'이라는 이름부터가 호기심을 끈다.

새삼스런 이야기가 되겠지만 여기서 말하는 기린은 동물원에 가면 언제든 볼 수 있고, 라마르크의 용불용설用不用說을 설명할 때마다 등장하는 목이 기다란 그 기린이 아니다. 우리가 살고 있는 현실 세계 속의 동물이 아니라 한자문화권의 전설과 상상 속에 살고 있는 기린은 사슴의 몸과 소의 꼬리에, 말의 발굽을 가지고 있다. 온몸은 오색이 영롱한 털로 뒤덮여 있으며, 하나밖에 없는 뿔 끝에는 육질의 덩어리가 붙어 있다. 살아 있는 벌레들을 절대 밟지 않는다는 이 동물은, 천자가 지극히 어질 때에 한해 세상에 모습을 보인다는 점에서 봉황새와 함께 상서로운 짐승의 상징이기도 하다. 공자가 『춘추春秋』를 집필하다가 기린이 잡혔다는 애공哀公 14년에 절필하고 말았던 것도 기린을 기린으로 알아보지 못하는 타락한 세상에 대한 비분강개함 때문이었으며, 걸출하게 빼어난 인물을 기린아麒麟兒라고 부르는 것도 바로 이 기린과 관련되어 있다.

그렇다고 해도 절 이름이 '기린의 뿔'이라니? 누구나 품을 법한

• 경북 영천에서 의성으로 가는 28번 국도상에 위치해 있는 고로면 화수 삼거리에서 위천을 끼고 도는 삼국유사로(908번 지방도로)를 따라 대략 2.5킬로미터를 올라간 지점이다.

이러한 궁금증 때문인지, 그 유래에 대해서는 몇 가지 속설이 분분하다. 그중 하나는 인각사가 자리 잡은 화산의 지리적 형국이 기린을 닮았고, 인각사의 명부전冥府殿 뒤쪽으로 뻗어내려온 화산 자락이 바로 기린의 뿔에 해당된다는 풍수지리적인 설명이다. 인각사라는 절 이름을 풍수지리적 차원에서 설명하는 속설을 그대로 믿어도 좋을지는 모르나, 허무맹랑한 이야기는 아닌 듯하다. 왜냐하면 일연 스님의 비문 가운데 "부처님은 학림鶴林에서 열반에 드셨고 스님께서는 인령麟嶺에서 열반에 드신다"[1]는 구절이 있는 것을 보면 일연 스님이 생존했던 때부터 이 일대를 '인령'이라 불렀음을 확인할 수 있기 때문이다.

그러나 기린의 뿔에 해당된다고 일컬어지는 산자락이 정말 기린의 뿔인지는 다소 의심스럽다. 물론 비행기를 타고서 내려다보면 기린의 뿔처럼 보이지만, 인간의 평상적인 눈으로 바라보면 그렇게 느끼기는 어렵다. 그런 이유로 나는 인각사 서북쪽 위천 건너편에 하나밖에 없는 기린의 뿔처럼 독립된 산봉우리로 우뚝하게 서 있는 옥녀봉이 바로 기린의 뿔이라고 말하는 또다른 민간 속설에 자꾸만 귀가 간지러워진다.

여기에 약간의 다른 견해를 덧붙인다면 일연 스님의 비문[2] 가운데 그의 열반을 두고 "삼각 기린은 바다 속에 들어가고三角麒麟入海中 / 부질없이 조각달만 물결 위에 떠오른다空餘片月波心出"라고 표현한 구절이나, 기린의 뿔이 하나밖에 없다는 데서 연유해 독각獨覺과 같은 뜻으로 사용하고 있는 인각麟角이란 불교 용어와도 복합적인 관련이 있

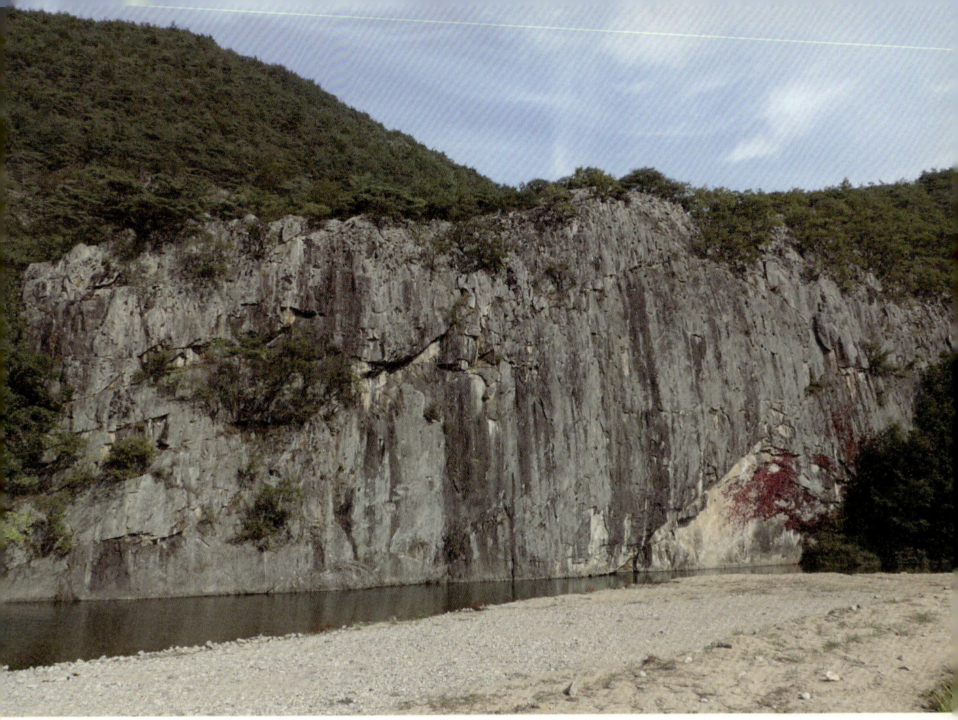

기린이 뿔을 걸었다는 전설이 전해지는 학소대 전경. 아래로는 위천이 짙푸른 빛깔로 유유히 흐르고 있다. 현재 인각사는 도로 하나를 사이에 두고 이 학소대와 마주보고 있는데 한창때는 인각사의 사역이 이 부근까지 미쳤으리라고 짐작된다.

을 듯하다. 그러나 무엇보다 흥미롭게 느껴지는 것은 1486년(성종 17) 칙명으로 편찬되었던 『동국여지승람東國輿地勝覽』의 다음과 같은 기록이다.

화산華山의 동구에 바위 벼랑(학소대를 말함)이 우뚝 솟아 있는데 세상에서 전하기를 '옛날에 기린이 그 바위 벼랑에 뿔을 건 적이 있으므로 인각사麟角寺란 이름을 붙였다' 고 한다.[3]

인각사가 기대고 있는 화산 자락이 전체적으로 기린을 닮았고, 인각사의 명부전 뒤쪽으로 뻗어 내린 산줄기가 '기린의 뿔' 에 해당되므로 절 이름을 인각사라 불렀다는 전설이 있다. 정면을 향해 우뚝 솟은 것이 기린의 뿔!

『동국여지승람』이 편찬되었던 조선전기에도 이미 '옛날'에 있었던 이 오랜 전설을 액면 그대로 받아들이기는 어려울 것이다. 하지만 학소대 위에 하나밖에 없는 뿔을 걸고서 사지를 버둥대며 매달려 있는 기린을 상상하기만 해도 회화적 심상이 난데없이 불쑥, 일어난다.

게다가 '기린이 무엇 때문에 저 아찔한 벼랑에다 뿔을 걸어?' 하고 물음표를 덧붙이고 보면, 상상의 방향에 따라 갖가지 대답이 튀어나올 것이다. 소 몰고 가던 신라의 늙어빠진 영감쟁이가 꽃같이 아름다운 수로부인水路夫人에게 철쭉꽃 한 송이를 꺾어 바치려고 그 아찔한 벼랑으로 기어올랐듯이, 혹시 그 기린은 학소대에 걸린 눈부신 각시 무지개를 잡으려고 그 위태로운 벼랑을 낑낑대며 오른 것은 아니었을까? 아마도 기린은 벼랑 끝 천 년 묵은 소나무의 뿌리에 뿔을 걸고서 필사적으로 무지개에 매달렸고, 그 기린의 뿔 위에 세운 절이 바로 인각사였을 것이다.

그리하여 마침내 거룩한 절 한 채를 머리에 이고 끙끙대며 살고 있는 기린이여! 너의 육신은 견디기 어렵도록 고달프겠지만, 이런 시라도 읊조리면서 제발 마음을 잘 다독이거라.

무지개를 사랑한 걸

무지개를 사랑한 걸
후회하지 말자

학소대 벼랑. 면벽하여 수도하고 싶은 마음이 일어날 정도로 장중한 모습인데, 이 벼랑에 올라가서 내려다보면 인각사 일대가 한눈에 들어온다.

풀잎에 맺힌 이슬
땅바닥을 기는 개미
그런 미물을 사랑한 걸
결코 부끄러워하지 말자

그 덧없음
그 사소함
그 하잘 것 없음이

그때 사랑하던 때에
순금보다 값지고
영원보다 길었던 걸 새겨두자

눈 멀었던 그 시간
이 세상 무엇과도 바꾸지 않을
기쁨이며 어여쁨이었던 걸
길이길이 마음에 새겨두자

– 허영자

1991년도의 인각사 전경. 위의 사진에는 미륵당(왼쪽 끝부분), 극락전, 요사채, 대문 등이 보이지만, 이제는 모두 무너져 내리거나 해체되었다. ⓒ 경북대박물관

인각사를 창건했다는 기록이 남아 있는 원효와 의상. 둘은 같은 시대를 살았던 고승이었으나 사상과 행동 방식에서는 여러모로 대조적이었다.

2

세상을 놀라게 한 2008년의 발굴

절 이름의 유래가 분명하지 않듯이 인각사의 창건 시기와 창건자에 대해서도 두 가지 기록이 있다. 1963년 이도원李道源의 「인각사중수기麟角寺重修記」에 신라 선덕여왕 11년(642)에 의상대사가 지었다고 한 것[4]과, 권상로權相老의 『조선사찰전서朝鮮寺刹全書』에 선덕여왕 12년(643) 원효대사가 지었다고 한 기록[5]이 그것이다. 이 두 기록 가운데 어느 하나는 잘못된 것이 확실하고, 어쩌면 둘 다 사실이 아닐 가능성도 있는데, 다음과 같은 이유들을 살펴보면 후자 쪽이 더 타당성 있다고 여겨진다.

우선 두 기록은 모두 인각사가 창건되었다고 언표하는 시기로부터 1300년 뒤에 뜬금없이 나타난 것이므로 신빙성이 매우 낮다. 게다가 기록을 뒷받침할 만한 증거 자료를 제시하지 않고 있다는 것도 두 기록의 공통점이다. 더구나 창건에 관한 확실한 기록이 남아 있지 않은 대부분의 사찰에서는 권위를 높이려고 고승 대덕大德의 상징인 원효와 의상 등을 창건자로 내세우는[6] 바람에, 방방곡곡 어디를 가도 그들이 세운 절이 없는 곳이 거의 없을 정도다. 언젠가 2박3일 동안 원효와 의상이 세운 절이 유난히 많은 한 지방으로 답사객을 태우고 다니던 관광버스 기사가 안내를 맡았던 나에게 물어왔던, 웃을 수도 웃지 않을 수도 없는 질문을 나는 아직도 잊지 못한다.

"저 선생요. 하나만 물어보입시더. 저도 마 20년 동안이나 관광버스 몰고 다니다보니까 전국의 절이란 절 안 가본 데가 별로 없심더. 그런데 이상케도 가는 데마다 원효 시님이나 의상 시님이 세웠다 카거든요. 그러이까네 원효 시님 의상 시님이 도가 높은 고승이니 머니 케사도 솔직히 말해서 절 지어 팔아 돈벌이했던 집쟁이들 아이겠심니꺼? 요새 집쟁이들 집 지가 팔고, 그 돈으로 다시 집 지가 팔아 떼돈을 벌듯이 말이니더."

형편이 이렇게 되고 보니 인각사의 창건자가 의상이나 원효라는 설도 곧이곧대로 믿어버리기 쉽지 않은 것이다. 하지만 다음과 같은 사항을 고려할 때 인각사 자리에 최소한 통일신라시대부터 거대한 사찰이 존재하고 있었음은 확실하다.

먼저 현재 인각사의 중심지역에서 약간 동쪽, 그러니까 명부전 뒤쪽으로 뻗은 기린의 뿔 왼쪽 공간에 위치하고 있던 미륵당彌勒堂•의 돌부처가 양식적으로 통일신라시대에 조성된 것이라는 데 학자들의 견해

• 지금은 발굴 공사로 해체되었으며, 미륵당 부처는 명부전 옆 임시 건물에 봉안되어 있다.

1

2

3

4

5

6

1 금동병향로
2 청동향합
3 청동정병
4 청동이중합
5 청동반자
6 해무리굽다완

2008년 발굴 때 쏟아져 나온 불교 의식구들. 신라시대 금속 공예의 역사를 크게 보충할 만한 획기적 자료로서, 하나하나가 국보나 보물급 문화재로 평가되고 있다. © 불교문화재연구소

불교문화재연구소에서 발굴 결과를 토대로 작성한 통일신라시대 후반기(9~10세기경)의 인각사의 가람 배치. 붉은 칠을 한 부분이 건물이 있던 자리인데, 당시에 이미 다수의 건물이 들어서 있어 절의 규모가 만만치 않았음을 알 수 있다. © 불교문화재연구소

가 일치[7]한다.

게다가 지금까지 다섯 차례에 걸쳐 인각사 일대를 발굴하는 과정에서 깨진 기왓장은 말할 것도 없고, 수막새, 암막새, 귀면와鬼面瓦, 금동 및 청동 유물 등 통일신라시대의 유물이 적잖이 발견되었다. 특히 2008년 10월 제5차 발굴 때는 미륵당 부근에서 금동병향로金銅柄香爐(금동으로 만든 자루 달린 향로), 청동향합靑銅香盒(청동으로 만든 향 담는 그릇), 청동정병靑銅淨甁(청동으로 만든 물병), 청동이중합靑銅二重盒(청동으로 만든 두 겹 그릇), 청동반자靑銅飯子(청동으로 만든 북) 등 모두 국보나 보물급으로 평가되는 유물이 한꺼번에 출토되어 세상을 놀라게 했다.

더 중요한 것은 불교문화재연구소에서 인각사 터를 발굴하는 과정에서 기린의 뿔 왼쪽 미륵당 터 주변과 인각사 앞 도로를 따라 통일신라시대의 건물터가 다수 발견되었다는 점이다. 그 가운데는 도로와 겹친 부분도 있으므로 아직 발굴되지 않은 도로와 그 건너편 밭에 더 많은 건물이 있었을 가능성도 배제할 수 없다. 이렇게 볼 때 통일신라시대에 인각사는 건물이 빽빽하게 들어서 있었던 거대한 사찰이었으며, 그 규모는 당시 수도였던 경주지역을 제외한 지방 사찰로서는 유례를 찾아보기 어려울 정도로 거대했다는 보고[8]도 있었다.

이러한 발굴 결과들은 그동안 인각사에 대한 이해가 잘못된 것임을 입증했다. 그동안 학계에서는 설사 사찰이 있었다고 해도 미미한 규모에 불과했던 인각사가 일연 스님이 주석하면서 대대적인 규모로

불교 의식구가 출토될 당시의 모습 © 불교문화재연구소

확충된 것으로 이해해왔다. 일연이 주석하기 전까지의 인각사에 대한 문헌 기록이 거의 전무하므로 그렇게 생각할 수밖에 없었던 것이다. 그런 의미에서 이번 발굴은 문헌 자료의 전승이 엉성한 상황 속에서 역사적 진실에 접근하는 것이 얼마나 어려운가를 실감나게 보여주었다.

아울러 인각사는 발굴하면 할수록 새로운 사실이 밝혀지기도 하지만, 모르는 사실도 그만큼 많아진다는 것을 보여주기도 했다. 발굴로 인한 성과도 많았지만, 서울인 경주로부터 멀리 떨어진 이 첩첩산중에 누가 무슨 돈으로 무엇 때문에 이런 거대한 사찰을 세웠는가, 라는 풀기 쉽지 않아 보이는 숙제를 다시금 짊어지게 되었기 때문이다.

인각사가 통일신라시대에 거대한 사찰이었음에도 불구하고, 이후 수백 년간 어떻게 존재했는지를 알 수 있는 단서는 거의 남아 있지 않다. 다만 통일신라 말기의 구산선문 중의 하나인 가지산문迦智山門의 종찰宗刹 장흥 보림사에 남겨진 보조선사普照禪師 체징體澄(804~880)의 비석에 나오는 기록이 인각사와 관련된 것이 아닐까 추정한 견해가 있을 뿐이다.

강보襁褓에 싸여 있을 때부터 완연히 세속을 벗어난 아취가 있더니, 7~8세 무렵에 영원히 세속의 인연을 버릴 뜻을 품었다. 양친이 부귀로서도 만류할 수 없고 재물과 어여쁜 여자로도 만류할 수 없음을 알고 출가해 유학遊學하는 것을 허락하자, 지팡이를 짚고 스승을 찾아 화산花山 권법사權法師에게 몸을 던졌다.[9]

발굴 과정에서 쏟아져 나온 석재들이 인각사의 규모를 짐작케 한다. 멀리 보이는 것이 일연 스님의 사리를 모셨던 부도이다.

일찍이 한 학자는 이 비문 속의 권법사가 머무르던 화산花山을 인각사가 있는 화산華山으로 추정한 바 있다.[10] 다른 학자들도 이 견해를 수용하면서, '이러한 추정이 타당하다면 인각사는 신라 말부터 가지산문에 소속된 사원이었음이 분명'하다고 언급[11]하기도 했다. '화花'와 '화華'는 서로 통용되는 글자이므로 이렇게 추정해볼 여지가 없는 것은 아니다. 하지만 이는 몇 가지 측면에서 재론의 여지가 있다.

우선 화산花山 또는 화산華山과 같은 이름을 가진 다른 산들이 전국에 무수히 많다는 점을 지적할 수 있다. 시대적으로 후대의 문헌이긴 하나 『신증동국여지승람新增東國輿地勝覽』에 등장하는 화산花山과 화산華山만 해도 수십 개에 이르며, 현존하는 고려시대 문헌에도 화산華山이 도처에 산견되고 있으나 그 가운데 인각사가 있는 화산華山은 없다. 그렇다면 이 비문 속에 등장하는 화산花山이 인각사가 위치해 있는 화산華山일 가능성은 확률적으로 희박할 뿐 아니라, 인각사가 위치한 화산이 체징이 활약하던 신라 말기에도 화산으로 불렸는지 입증할 만한 자료도 없다.

더구나 웅진熊津에서 태어나 7~8세의 어린 나이로 출가해 권법사에게 수도하던 체징이 그다음으로 옮겨갔던 곳 역시 웅진 지역에 있는 보원사普願寺였고,* 그가 입적할 때까지 활동했던 곳도 대체로 충

* 보원사普願寺는 서산 마애불 부근에 위치해 있는데, 최치원의 「법장화상전法藏和尙傳」에 '웅주熊州 가야협伽倻峽 보원사普願寺'로 기록된 것으로 미루어 당시 이 지역은 웅주에 속했음을 알 수 있다.

청도와 전라도 지역이었다. 따라서 체징이 수도했던 화산花山이 인각사가 있는 화산華山일 가능성은 거의 없으며, 그렇다면 창건 이후 수백 년 동안 인각사에 관한 문헌 기록이 현재로서는 아무것도 없다는 결론에 이르게 된다.

그러나 기록이 없다고 해서 이 기간 동안 인각사의 상황을 전혀 알 수 없는 것은 아니다. 앞서 언급했듯 통일신라시대에 이미 인각사에 대규모 사찰이 있었거니와, 발굴 결과를 토대로 보면 고려전기 이후에도 인각사의 사세는 오히려 확대되거나 최소한 유지되고 있었음을 확인[12]할 수 있다. 또한 발굴 결과는 인각사의 중심 권역이 기린의 뿔 왼쪽 공간에서 오른쪽 공간, 그러니까 오늘날의 사역 쪽으로 서서히 확대되거나 옮겨갔음을 말없이 증언하고 있기도 하다. 즉 발굴 결과를 토대로 보면 인각사는 일연이 주석하기 전에도 금속공예

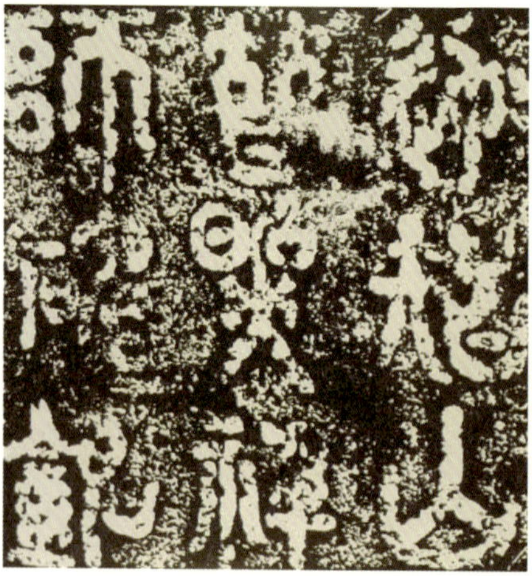

'보조선사창성탑비普照禪師彰聖塔碑'라는 긴 이름을 가진 체징의 부도비의 전액篆額 탁본. '가지산보조선사비명迦智山普照禪師碑銘'이라는 아홉 글자가 장중하게 새겨져 있다.

일연이 몸담았던 가지산문의 종찰 장흥 보림사에 위치한 보조선사 체징의 부도비(보물 제158호). 여기에 체징이 "화산 권법사에게 몸을 던졌다"는 구절이 새겨져 있는데, 이 화산이 인각사가 있는 화산일 것이라고 추정하는 견해가 있다.

고려 초·중기 인각사의 가람 배치. 녹색 칠을 한 부분이 당시 건물이 있던 자리인데, 오늘날의 인각사 중심 부근에 건물들이 집중되어 있었음을 알 수 있다. © 불교문화재연구소

의 정점을 보여주는 문화를 일궈내며 수백 년간 힘차게 살아 움직이고 있었지만, 그것을 증언할 문헌 기록이 없기에 그동안 인각사에서 누구에 의해 무슨 일이 어떻게 일어났는지 도무지 알 수 없게 되어버린 것이다.

3

일연 스님과 인각사의 비상

이처럼 수백 년이나 짙은 어둠 속에 파묻혀 있던 인각사가 역사의 표면에 떠오르고, 상징적인 성소聖所로 승화될 수 있었던 것은 보각국사 일연에 의해서였다. 일연의 생애를 알 수 있는 거의 유일한 자료는 그가 입적한 지 6년 뒤인 1295년 인각사에 세워진 보각국사비普覺國師碑[13]다. 인각사에 있다는 이유로 '인각사비麟角寺碑'라 부르기도 하고, 일연의 생애를 새긴 비라는 이유로 '일연 비一然碑' 라고도 하는 이 비석에는 무신정권과 몽고의 침입, 원나라의 지배라는 험난한 역사 속에서 고뇌에 찬 삶을 살았던 일연의 생애가 고스란히 담겨 있다.

파란만장하게 이어졌던 인각사의 운명처럼 기구한 팔자를 타고나 비참하게 깨져버렸다가 최근에야 복원된 이 비석의 기록에 의하면, 『삼국유사』의 저자 일연은 1206년(고려 희종 2) 장산군章山郡(경북 경산)에서 아버지 김언필金彦弼과 어머니 이씨李氏 사이에서 태어났다. 어머니 이씨가 태양이 집 안으로 들어와서 자신의 배를 사흘 동안 비추는 꿈을 꾼 뒤 임신을 해 낳았다고 하며, 그래서인지 어려서부터 남다른 비범함을 보였다고 한다. 그의 법명法名은 견명見明이고 자는 회연晦然이다. 만년에 법명을 일연一然으로 바꾸었으며,[14] 보각普覺은 입적한 후에 충렬왕이 내린 시호諡號이다.

어려서부터 세속세계를 싫어했던 그는 겨우 아홉 살 때(1214년, 고종 1) 무슨 연고라도 있었는지 머나먼 해양海陽 땅 무량사無量寺로 떠났다. 해양은 오늘날의 전라도 광주다. 어린 나이에 그 먼 곳으로 찾아가서 밤새도록 가부좌를 틀곤 했던 그는, 5년 후인 열네 살 때(1219년, 고종 6)는 설악산 진전사陳田寺로 길을 떠난다. 진전사라 하면 신라 말기의 구산선문 가운데 최초의 산문인 가지산문을 개창한 도의道義 선사가 머물던 곳이고, 지금도 잘생긴 삼층석탑과 함께 도의 스님의 것으로 짐작되는 부도탑이 남아 답사객들을 반기고 있다. 일연은 그곳에 주석하고 있던 대웅장로大雄長老를 찾아가 아직 덜 굵고 덜 여문 머리를 정식으로 깎음으로써 그가 일생 동안 몸담았던 가지산문과 첫 인연을 맺었다.

교통이 불편하기 짝이 없던 시절에 일연이 왜 이렇게 먼 곳을 왔다 갔다 했을까? 무언가 사연이 있었겠지만, 그것을 어떻게 알 수 있으랴. 다만 한 가지 확실한 것은 어린 나이에 그토록 먼 길을 걸었다는 것이 그의 인생이 길 위에서 시작되어 길 위에서 끝남을 예고하는 전주곡과도 같았다는 것이다. 이러한 사실을 무엇보다도 웅변적으로

1992년 대웅전 터를 발굴할 때의 모습. © 경북대박물관

진전사지 삼층석탑(국보 제122호)과 부도(보물 제439호). 진전사는 가지산문의 개창자 도의선사가 머물던 곳이며, 부도 역시 도의 스님 것으로 추정된다.

아득히 펼쳐져 있는 진전사 터 가는 길. 그 옛날 열네 살 난 일연도 이 길을 걸어 진전사로 가서 머리를 깎고, 그가 일생 동안 몸담았던 가지산문과 첫 인연을 맺었다.

보여주는 자료가 바로 『삼국유사』다.

『삼국유사』의 상당 부분은 교통이 발달한 오늘날에도 찾아가기 힘든 첩첩산중을 답사한 끝에 쓰여졌다. 그러한 점에서 확실한 근거도 없이 『삼국유사』가 완성된 곳이 운문사냐 인각사냐를 따지는 것은 별 의미가 없다. 왜냐하면 『삼국유사』는 젊은 시절부터 만년에 이르기까지 오랜 세월에 걸친 운수 행각 중에 자료를 수집하고 메모해 길 위에서 내놓은 책이기 때문이다.

진전사를 떠나 비슬산에 있는 암자들과 남해 정림사定林寺 등 여러 사찰에 머물던 일연은, 50대 중반부터 원종과 충렬왕의 부름을 받고 서울을 왕래하기 시작했다. 서울에 머무는 동안 고위직에 있는 사대부들과도 시문을 주고받으며 활발하게 교유하기도 했다.[15] 그러던 일연이 승려로서 최고의 지위인 국사의 반열에 오른 것은 그의 나이 78세(1283년, 충렬왕 9)의 일이었는데, 그때의 상황을 비문은 이렇게 기록하고 있다.

> 임금이 여러 신하에게 말했다. "나의 선왕先王들은 모두 불가佛家에서 덕이 높은 분을 모셔 왕사王師로 삼았고, 덕이 그보다도 더 높은 분을 모셔 국사로 삼으셨다. 그러니 나만 홀로 없어서야 되겠는가. 지금 운문화상雲門和尙 일연이 도가 높고 덕이 성대盛大해 사람들이 모두 우러르고 있는데, 어찌 나만 홀로 자애로운 은택을 입을 수 있겠는가. 당연히 온 백성과 함께 은택을 받아야 하리라." 이에 우승지 염승익廉承益을 보내어 임금의 뜻을 받들어 온 나라가

정림사가 있었던 곳으로 추정되는 경남 남해군 고현면 대사리. 일연은 정림사 주지로 있으면서 마무리 작업 중이던 팔만대장경 간행 사업에 모종의 역할을 한 것으로 보인다.

존경하는 스승의 예를 행하기를 청했지만, 스님은 글을 올려 굳이 사양했다. 임금이 다시 사신을 파견해 세 번이나 간절히 요청한 뒤에, 상장군 라유羅裕 등에게 명령해 국존國尊으로 책봉하고 호號를 원경충조圓徑沖照라 했다. 책봉을 마치고 4월 신묘 날에 일연을 대궐로 맞아들인 뒤 몸소 백관들을 거느리고 제자의 예를 행했는데, 국사國師를 국존國尊으로 고친 것•은 원나라에서 사용하는 국사라는 호칭을 피해야 했기 때문이다.[16]

이렇게 하여 서울에 머물던 일연이 인각사와 인연을 맺은 것은 국사로 임명된 바로 그해였다. 그때 나이가 일흔여덟이었으니, 기나긴 생의 마지막 저녁놀이 타오를 무렵이긴 했다. 하지만 적어도 세속적인 차원에서 볼 때 승려로서는 최고의 영광인 국사로 임명되자마자 서울을 떠나 첩첩산중 인각사에서 만년을 보내게 된 데에는 속 깊은 사연이 없을 수가 없다.

대사께서는 본디 서울을 좋아하시지 않는 데다 어머니가 늙으셨다는 이유로 고향으로 돌아가게 해달라고 빌었는데, 그 말하는 뜻이 매우 간절했다. 그러므로 비록 임금이라도 그 뜻을 무시하기 어려워 허락하고, 근시近侍 좌랑佐郎 황수명黃守命에게 명령을 내려 호위하게 했다. 그리하여 마침내 산을 내려가서 어머니를 편안하게 해드리니 조야朝野의 사람들이 드문 일이라며 감탄했다. 그다음 해 어머니가 돌아가시니 연세가 아흔여섯이었다. 이해에 조정에서는 인각사를 대사가 머무를 곳으로 삼게 하고 근시 김용검金龍劍에게 명령을 해 수리하게 하는 한편, 100여 경頃의 토지를 주어 단장을 하고 상주常住하게 했다.[17]

• 비석의 내용에는 '국존國尊'으로 되어 있으나 제액題額에는 '국사國師'로, 일연의 부도에도 '국사'로 되어 있다. 이처럼 국가에서 내린 공식적인 호칭을 거부하고 국사라는 용어를 사용한 것은 일연의 부도와 비석을 건립한 주체들의 원나라에 대한 의식이 국가의 공식적인 입장과 달랐음을 나타내는 듯하다.

일연이 서울을 떠난 이유는 두 가지로 압축된다. 본디 서울을 좋아하지 않았다는 것이 하나이고, 다른 하나는 연세가 아흔다섯이나 되는 늙은 어머니에게 마지막 효도를 다하기 위한 것이었다. 이 가운데 앞의 것은 사실일 수도 있겠지만 선사의 비문에서 흔히 보이는 상투적인 표현일 수도 있다. 그러나 어머니에 대한 효도를 다하기 위해 서울을 떠난 것만은 사실인 듯하다. 뒤에서 자세히 언급하겠지만 일연은 효성이 지극했다. 게다가 일연의 어머니가 인각사 부근에 살고 있었다고 전해지고, 인각사 동북쪽의 한 능선에 일연 어머니의 묘소

북대암 방향에서 내려다본 운문사. 일연이 주지로 머물렀던 절이며, 『삼국유사』에도 운문사와 관련된 이야기가 적지 않게 보인다.

라고 전해오는 무덤도 있다. 그곳에 어머니를 모신 후에 제 옷자락의 무게조차 이기기 힘든 늙은 몸을 이끌고 어머니의 묘소가 보이는 인각사 뒷산에 날마다 올라가서 어머니를 향해 큰절을 올렸다는 이야기도 전해온다.

하지만 각별한 효성에도 불구하고 어머니는 일연의 나이 79세(1284년, 충렬왕 10)에 아흔여섯의 나이로 별세했다. 이때부터 인각사에서 주석하게 된 일연은 만 5년 동안 여기에 머물렀으며, 두 번에 걸쳐 구산선문 전체 모임을 열었는데 사찰의 성대함이 근래에 없었던 일이었다고 한다.[18] 구산선문 전체를 아우르는 모임을 두 번이나 열 정도였다면 사실상 인각사는 일연에 의해 더욱더 확장되었음이 분명하며, 발굴 과정에서도 일연이 인각사에 주석한 이후부터 사세가 더욱 팽창[19]하였음이 드러난 바 있다. 즉 인각사는 국사인 일연이 은퇴해 머무르면서 국가의 정치적, 재정적인 지원을 받아 최대의 성황을 누렸던 것이다.

84세 때인 1289년(충렬왕 15) 7월, 늦더위가 기승을 부리는 가운데 평소처럼 제자들과 선문답을 하며 담소를 나누던 일연이 앉은 채로 고요히 입적하자, 나라에서는 보각普覺이란 시호와 정조靜照라는 탑호를 내렸다. 비문에는 그의 저서가 100여 권이나 된다며 그 목록을 열거하고 있으나, 오늘날 전해지는 것은 『중편조동오위重編曺洞五位』 두 권뿐이다.[20] 더욱 기가 막히는 것은 그 목록에 『삼국유사』는 언급조차 없다는 것이다. 그러므로 만약 『삼국유사』의 한쪽 구석, 그것도 첫머리가 아닌 맨 마지막 권의 한쪽 모퉁이에 '인각사 주지 일

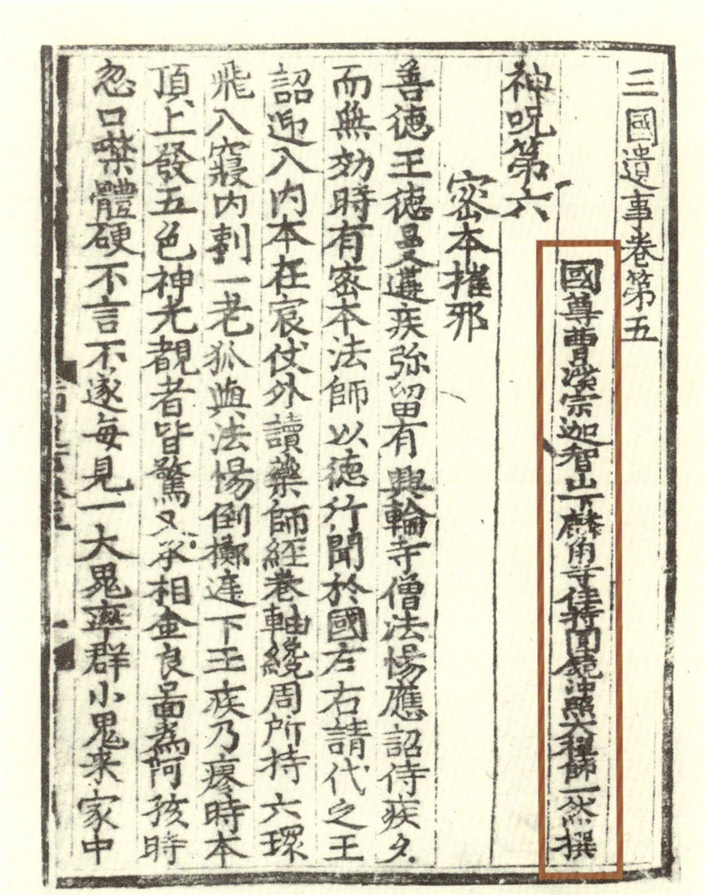

三國遺事卷第五
國尊曹溪宗迦智山下麟角寺住持圓鏡冲照大禪師一然撰
神呪第六
密本摧邪
善德王德曼遘疾彌留有興輪寺僧法惕應詔侍疾久
而無効時有密本法師以德行聞於國左右請代之王
詔迎入內本在宸仗外讀藥師經卷軸纔周所持六環
飛入寢內刺一老狐與法惕倒擲庭下王疾乃瘳時本
頂上發五色神光覩者皆驚又承相金良圖爲阿孩時
忽口噤體硬不言不遂每見一大鬼率群小鬼來家中

『삼국유사』를 지은 이가 일연임을 알 수 있는 유일한 증거인 『삼국유사』 제5권의 첫머리. 인각사 주지인 일연이 지었다는 내용이 보인다.

연이 지었다'[21]는 기록이 없었다면, 『삼국유사』는 저자가 누군지도 모르는 운명이 될 뻔했으니, 허허 그것 참 이거야 정말!

4

일연 입적 후 고려 말의 인각사

일연이 머물렀던 5년 동안 더욱 번성했던 인각사는 그가 입적한 이후에도 여전히 세력을 떨쳤던 것으로 보인다. 이러한 사실은 이제현李齊賢이 지은 「보감국사비寶鑑國師碑」에서 그 대강을 엿볼 수 있다.

> 근세의 위대한 스님으로 부처의 도를 미루어 밝혀 후학을 깨우쳐 준 이는 보각국존 일연이다. 그의 제자가 수백 수천 명에 이르고 있으나 어렵고 깊은 이치를 깨달아 그 묘계妙契가 서로 들어맞은 분은 오직 보감국사뿐이다. 국사의 법명은 혼구混丘이고 자는 구을丘乙, 옛날 법명은 청분淸玢이고 속성俗姓은 김씨다. (…) 보각국존으로부터 배움에 '심오한 경지에 이르지 않으면 그만두지 않으리라' 다짐했다. 처음 보각국존의 꿈에 한 스님이 찾아와서 스스로 이르기를 '오조산五祖山의 법인法演'이라 했는데 다음 날 아침

국사가 가서 뵙자 혼자 마음속으로 이상하게 여겼다. 이에 이르러 그 민첩하고 부지런함에 감탄해 대중에게 이르기를 '나의 꿈이 징험이 있다' 고 했다. 보각국존의 자리를 이어 개당開堂하자 그 무리를 이끎에 법도가 있었고 강론이 정연했으며 옹용雍容하고 한아閑雅함은 더욱 뛰어났다.[22]

이 글을 통해 두 가지 사실을 확인할 수 있다. 하나는 보각국사 일연의 문도들이 엄청나게 많았다는 사실•이다. 물론 평소에도 문도가 많았겠지만 인각사에서 구산선문 모임을 두 번이나 열면서 실질적인 좌장 역할을 수행했다는 사실과도 무관하지 않을 듯하다. 다른 하나는 일연의 법통法統을 계승한 제자가 보감국사 혼구였다는 사실인데, 혼구는 일연 입적 후 스승의 추모사업을 실질적으로 주도했던 청분의 훗날 이름으로서, 무극無極이란 자호를 쓰기도 했다. 일연이 입적했을 때 운문사 주지로 있으면서 조정에 스승의 행적을 올려 비문을 내려주길 요청했던 청분은 그 뒤 인각사로 와서 일연의 비석을 세우는 등 추모사업을 이끌었으며, 『삼국유사』에 두 군데에 걸쳐 기록을 보충[23]하기도 했다.

이처럼 일연의 사법 제자가 또다시 국사가 된 까닭에 인각사의 사세寺勢는 일연 입적 이후에도 제자들에 의해 유지되거나 확대된 것으

• 복원된 비의 뒷면에 새겨진 문도들은 164명이며, 관직에 있었던 재가 신도들도 1품 4명, 2품 17명 등 39명에 이른다.

로 판단되며, 혼구가 세 임금의 총애를 한 몸에 받고 두 임금의 스승이 되었다는 점[24]을 고려한다면 더욱 그러하다. 저간의 사정을 단적으로 보여주는 것은 다음과 같은 기록이다.

> 장산군章山郡은 명종明宗 2년에 감무監務를 두었다가 충선왕忠宣王이 즉위하자 왕의 이름을 피해 경산慶山으로 고쳤다. 충숙왕忠肅王 4년에는 국사 일연의 고향이란 이유로 올려서 현령관縣令官을 두었다.[25]

일연이 입적한 지 30여 년이 지난 충숙왕 4년(1317)에 그의 고향이라는 한 가지 이유로 경산지역의 수령이 감무에서 현령관으로 지위가 승격되었다는 내용인데, 이것은 일연의 영향력이 얼마나 컸던가를 보여주고 있다. 게다가 목은牧隱 이색李穡의 「인각사무무당기麟角寺無無堂記」에도 고려 말기 인각사의 위상을 가늠할 만한 내용이 실려 있다.

> 지금 조계曺溪 도대선사都大禪師 서공諝公이 새로 임금의 명령을 받고 구산선문의 우두머리가 되어 낙동강 기슭에서 임금을 뵈었다. 그랬더니 임금이 자리를 주어 조용히 앉게 했으니 영광이라고 이를 만하다. 그러나 그가 하는 행동을 보면 평상시와 조금도 다름이 없으니, 진실로 마음이 맑아서 더러움이 없는 사람이다. 내가 낙동강 서쪽의 여러 절에서 놀다가 우연히 남장사南長寺의 승방僧房에 이르렀더니, 공公이 한 번 보고 기뻐하면서 그가 머무는 인각

경남 밀양의 영원사瑩源寺 터에 남아 있는 석조 유물들. 아래쪽에 일연 입적 후 추모사업을 주도했고 『삼국유사』에 약간의 보충을 하기도 했던 일연의 제자 보감국사 혼구의 것으로 추정되는 비석과 부도의 일부가 보인다.

사 무무당無無堂의 기문記文을 지어주기를 요청하며 그 사연을 갖추어 말했다. 대개 이 절은 불전佛殿이 높은 곳에 위치해 있고 뜰 가운데 탑이 있으며, 왼쪽에는 큰 집, 오른쪽에는 식당으로 되었는데, 왼편은 가깝고 오른편은 멀어서 배치가 불균형을 이루고 있다. 그러므로 무무당을 식당의 왼쪽에 세우니, 그제야 좌우의 균형이 맞다. 그 집의 모습을 기둥으로 계산하면 다섯으로 된 것이 셋이요, 칸으로 계산하면 다섯으로 된 것이 둘이니, 이를 보면 공이 만들어낸 것이 새롭고도 교묘했던 것이다. 신축년(1361) 8월에 공사를 시작해 올해(1362) 7월에 준공했는데, 8월 갑자일에 총림법회叢林法會를 열어 낙성落成했다.[26]

이 글은 우선 고려 말 인각사의 가람 배치를 이해하는 데 좋은 자료다. 보다시피 당시 인각사는 상대적으로 높은 화산 기슭 즉 현재 국사전이 있는 쪽에 대웅전이 있었던 것 같고, 왼쪽에는 큰 전각들이, 오른쪽에는 식당이 자리 잡고 있었던 듯하다. 그런데 식당이 너무 오른쪽에 치우쳐 있어 심각한 불균형을 보였고, 이에 도대선사 서공이 식당 왼쪽에 무무당을 지어 전체적인 균형을 바로잡았다는 내용이다. 기둥이 다섯이 셋(15개)이고, 칸이 다섯이 둘(10칸)이라고 한 것을 보면 새로 지은 무무당은 5칸 겹집이 아닐까 싶은데, 그렇다면 그 규모가 만만치 않다. 게다가 그전에 이미 식당이 독립적인 건물로 세워져 있었다는 것도 인각사의 사세와 관련해 눈에 띄는 사실이다.

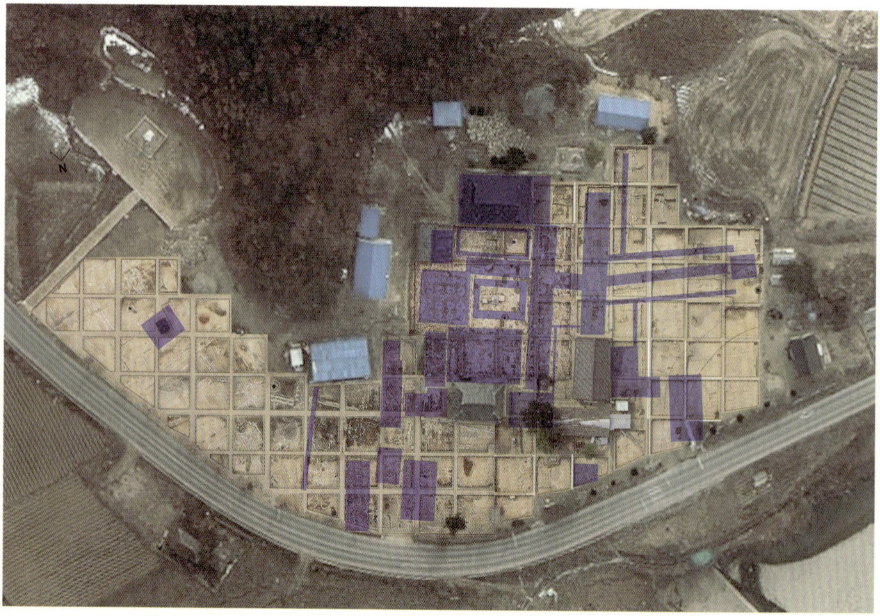

일연이 주석하고 문도들이 중창했던 고려말기부터 조선초기까지 인각사의 가람 배치. 보라색을 칠한 부분이 건물 자리이며, 기린의 뿔 오른쪽에 건물이 즐비하게 들어서 있어 최대의 성황을 누렸음을 알 수 있다. © 불교문화재연구소

그러나 더욱 주목할 만한 것은 구산선문의 우두머리가 된 조계 도대선사 서공이 1362년(공민왕 11) 인각사에 무무당을 완성하고 낙성식을 겸한 총림집회를 열었다는 사실이다. 즉, 이 무렵에도 인각사는 여전히 구산선문의 구심점 역할을 하면서 사세를 크게 떨치고 있었다. 아울러 고려 말기 문인들의 문집에 이 절의 이름이 비교적 빈번히 등장하고 있는 점도 인각사의 사세와 관련해 눈여겨볼 만한 사실이다.

5

숭유배불 정책과 전란의 화재

그러나 조선왕조가 숭유배불 정책을 통치 이념으로 삼으면서 사정이 돌변하기 시작했다. 물론 시대에 따라 불교에 대한 정책이 조금씩 다르긴 했지만, 기본적으로 조선은 온통 유교의 나라였다. 그런 상황 속에서 불교가 제대로 숨을 쉬기는 정말 쉽지 않은 일이었으며, 승려의 서울 출입을 엄격하게 금지했던 조치가 이를 상징적으로 보여주고 있다. 그것은 마치 유교적 윤리와 도덕으로 삼엄하게 무장한 사대부들이 풍기를 문란케 한다는 이유로 제주도 여인의 육지 상륙을 엄격하게 금했던 것과 다를 바 없는 조치였다.

이미 천 년이 넘는 세월 동안 한 나라의 정신사를 도저하게 지배해오던 불교에 난데없이 덮친 유교 이데올로기의 해일은 사원에 대한 대대적인 정리 작업에서 시작되었다. 그것은 일파만파를 일으키며 인각사 마당까지 거침없이 밀려왔다. 불교에 대한 숙청의 칼을 숙연하게 빼어든 태종은 즉위 6년(1406) 전국에 있는 사찰 가운데 242개만을 공인[27]했고, 이 가운데 포함되지 못함으로써 인각사는 위기 국면을 맞았다.

그러나 인각사가 곧바로 침몰의 수렁에 빠져버린 것은 아니었다. 그다음 해인 태종 7년(1407)에 의정부에서 다음과 같이 건의함으로써 풍전등화의 상황에 놓여 있던 인각사에게 기사회생의 기회가 주어졌기 때문이다.

> 의정부議政府에서 여러 고을의 복을 비는 사찰을 유명한 사찰로 바꾸어주기를 임금에게 청했더니, 그렇게 하도록 했다. 아뢰는 말은 이러했다. "지난해에 사찰을 개혁해 없앨 때 삼한三韓 이래의 거대한 사찰들이 도리어 도태되고, 망하여 폐사가 된 사찰에 새삼스럽게 주지를 임명하는 일이 간혹 있었습니다. 그러니 승려들이 어찌 원망하는 마음이 없겠습니까. 만약 경치가 빼어난 곳의 거대한 사찰을 가려 망해서 폐사가 된 사찰을 대신하게 한다면, 아마도 승려들로 하여금 살 곳을 얻게 할 수 있을 것입니다." 이와 같은 건의에 따라 여러 고을의 복을 비는 사찰을 모두 유명한 사찰로 대신했다.[28]

태종은 1년 전에 사찰을 정리할 때, 유구한 역사를 지닌 거대한 사찰이 도태된 반면 이미 망해버린 폐사가 포함되는 바람에 승려들의 원망의 대상이 되고 있다는 의정부의 건의를 받아들여, 폐사가 된 절을 유명 사찰로 대체했다. 이 글에 이어지는 내용에 따르면 이때 대체된 사찰은 모두 83개(조계종曹溪宗 24, 천태종天台宗 17, 화엄종華嚴宗 11, 자은종慈恩宗 12, 중신종中神宗 8, 총남종摠南宗 8, 시흥종始興宗 3)였는데, 인각사는 조계종 소속의 공인 사원에 포함됨[29]으로써 세력을 다시 유지하는 듯했다. 그러나 그로부터 얼마 뒤인 세종 6년(1424)에 겨우 살았다며 한숨을 쉬고 있는 인각사 뜰에 새로운 파국이 들이닥쳤다.

> 예조에서 아뢰었다. "불교의 도道는 원래 선종禪宗과 교종敎宗뿐이었는데, 그 뒤에 정통과 갈래가 각각 공부하는 내용에 따라 분열되어 일곱 개의 종파가 생겨났습니다. 잘못을 전하고 이어받아 근원으로부터 멀어질수록 말단이 더욱더 분열되어 진실로 부처의 도에 부끄러움이 있었습니다. 또 안팎으로 많은 사찰을 건립해 각 종파에 나누어 소속시켰으나 그 수가 너무 많습니다. 더구나 승려들이 사방으로 흩어져서 비워둔 채 살지 않고 있고, 보수공사가 이어지지 않아 점점 무너져 내리고 있습니다. (…) 그러므로 서울과 지방의 승려가 머물 만한 사찰 가운데 36개만 남겨두어서 선종과 교종의 양 종兩宗으로 나누어 소속시켜야 할 것입니다. 그리고 선정된 사원에 대해서는 토지를 넉넉하게 제공하고 거주하는 승려들의 수를 정하며, 무리지어 사는 규칙을 정해 그 도를 정성껏 닦도록 해야 할 것입니다.[30]

조정은 242개 사찰 가운데 선종 사원 18개와 교종 사원 18개 등 36개 사원만을 남기기로 결정했고, 선정된 사찰에 대해서는 보호와 통제를 동시에 강화하는 조치를 취했다. 그런데 인각사는 이 36개에 포함되지 못해 서서히 내리막길을 걷기 시작했던 것 같다. 그러나 조선전기 인각사의 상황을 보여주는 구체적인 자료가 없기에 그곳이 숭유배불의 험난한 파도 속에서 어떻게 살아 움직였는지를 분명히 알 순 없다. 다만 당시 문인들의 문집에 인각사가 더러 등장하고, 1530년에 간행된 『신증동국여지승람』에도 인각사에 관한 기록이 남겨진 것으로 보아 16세기 중반까지는 상당한 규모를 유지했을 것으로 추측된다.

그러한 가운데 이웃 고을인 영천군 임고면에 세워진 임고서원臨皐書院이 난데없이 인각사의 운명을 바꾸어놓는 데 큰 역할을 했던 것으로 보이는데, 다음의 글이 이런 상황을 알려주고 있다.

① 을묘년(1555)에 서원이 준공되어 명종대왕明宗大王에게 보고하자 명종은 임고서원이란 현판을 내리고 봄가을로 향사를 받들게 하는 한편, 오경五經, 사서四書, 통감通鑑, 송감宋鑑 등을 하사했다. 또 위전位田을 하사했는데, 김천金泉 직지사直指寺, 의흥義興 인각사麟角寺, 하양河陽 환성사環城寺, 영천永川 운부사雲浮寺 등의 위전을 임고서원에 소속시켰다. 전답田畓 십수다소十數多少가 문서철에 기록되어 있다.[31]

② 임고서원은 고을 북쪽 10리에 있는데, 생원生員 김응생金應生

인각사와 임고서원의 관계를 속속들이 알고 있을 임고서원의 은행나무. 이 거대한 나무는 임진왜란으로 불탄 서원을 1603년 현재 위치로 이건한 뒤 그 기념으로 심은 것으로 전해온다.

과 유학幼學 정윤량鄭允良, 진사進士 노수盧遂 등이 문충공文忠公 정몽주鄭夢周의 옛집에서 북쪽으로 몇 리쯤 떨어진 부래산浮來山에 터를 잡아 서원을 건립했다. 그때 경상감사가 임금에게 보고했더니 10여 결의 학전學田과 7명의 노비를 하사했다. 개령현開寧縣 직지사 전답은 모두 27고庫 3결結 63부負 8속束, 하양현 환성사 전답은 모두 13고 2결 5부, 의흥현 인각사 전답은 모두 6고 6결 55부 8속, 영천군 운부사 전답은 모두 22고 1결 55부이며, 이상을 모두 합하면 13결 79부 6속이다.[32]

1555년 포은 정몽주를 모시기 위해 그의 고향인 영천군 임고면 고천리 부래산•에 임고서원이 세워지자, 명종은 서원 현판과 함께 약간의 서적을 하사했다. 또한 선비들을 뒷바라지하고 서원의 노동력을 확보하기 위한 7명의 노비와 항구적으로 서원 경영의 재정적 기반을 마련하기 위한 위전을 하사했다. 그런데 바로 그때 김천 직지사, 의흥 인각사, 하양 환성사, 영천 운부사의 위전을 임고서원에 소속시켰던 것이다.

하사한 위전의 물리적인 분량을 ①에서는 단위도 없이 '십수다소'라고 막연하게 표현하고 있다. 하지만 ②를 통해서 보면 모두 13결 79부 6속이었고, 그 가운데 인각사의 것이 절반에 달하는 6결 55부 8

• 여기 세워진 것은 임진왜란 때 불타버렸고, 현재 서원은 왜란 후 임고면 양항동에 중건된 것이 남아 있다.

속이었다. 임고서원이 접수한 인각사의 위전이 대체 어느 정도의 가치를 지닌 토지인지를 대강이라도 알려면 삼국시대로부터 조선시대 말까지 통용되었던 결부법結負法에 대한 이해가 필요하다.

결부법은 수확량과 토지의 면적을 종합적인 관점에서 파악하고 세금을 부과하는 우리나라 고유의 토지제도다. 결부법에서 토지를 파악하는 기본 단위는 파把(움큼) · 속束(단) · 부負(짐) · 결結 등인데, 한 파는 곡식이 달린 짚 한 움큼을 말하고, 한 단은 열 움큼, 한 짐은 열 단, 한 결은 백 짐을 말한다. 그러므로 결국 1결은 100짐의 곡식을 생산할 수 있는 토지를 뜻하지만, 곡식의 생산량은 토지의 비옥도에 따라서 크게 차이가 나므로 같은 1결이라 하더라도 그 면적은 다를 수밖에 없었다. 인각사의 위전이 임고서원 소속으로 변경되었던 16세기 중반에는 비옥도에 따라서 토지 등급을 6단계로 나누었는데, 등급별 1결의 넓이는 다음 표와 같다.

토지 등급	무畝	평坪
1	38	2573.1
2	44.7	3246.7
3	54.2	3931.9
4	69	4723.5
5	95	6897.3
6	152	11035.5

토지의 비옥도에 따라 1결의 넓이가 거의 다섯 배에 이르므로 임고서원으로 소속이 변경된 인각사의 위전 6결 55부 8속의 구체적인

면적을 확인하기는 어렵다.• 하지만 그것이 엄청난 넓이의 토지였음은 분명하며, 인각사는 그동안 이 광활한 토지에 대한 세금을 국가에 납부해왔다. 그런데 이 땅들이 임고서원 위전으로 소속이 변경됨으로써 인각사는 국가에 냈던 세금을 임고서원에 납부하게 되었던 것• 이다.

임고서원과 인각사의 이 같은 상하관계는 임진왜란의 발발로 인해 사회 기강이 극도로 혼란했던 데다, 인각사와 임고서원 모두 전란의 와중에 소실되면서 유야무야되었다. 그러나 전란이 끝난 직후인 1600년에 관계가 원래대로 회복[33]되었으며, 1604년 관청에 보고하고 공식 인정을 받았다.[34] 어느 시대 상황을 보여주는 자료인지 정확하게 알 수는 없으나 인각사에는 무려 25필지에 걸쳐서 5결 64부 1속의 임고서원 위전이 있었던 기록이 전해지기도 한다.[35]

어차피 세금을 납부하는 것은 마찬가지이므로 국가든 서원이든 인각사로서는 달라지는 게 없지 않냐고 반문할지도 모르겠다. 그러나 어느 시대, 어떤 사회에서든 경제적 예속은 결과적으로 사회적, 문화적, 신분적 예속을 초래하기 마련이다. 더구나 숭유배불의 이념에 지배되고 있던 조선 사회에서 서원과 사찰의 일반적인 관계에 비추어

• 그러나 넓이를 떠나 1결당 세금은 같았다. 세금은 그해의 수확 상황에 따라 상상년上上年에서 하하년下下年까지의 9등급으로 나누고 상상년의 세금은 20두斗, 하하년의 세금은 4두였으며, 등급마다 2두의 차이를 두었다.

• 원래 사찰은 토지 소유자로서 국가에 세금을 납부했지만, 국가가 서원에게 세금 받을 권리를 넘겨주면서 서원에 세금을 납부했다(참고문헌의 최원규, 587~592쪽).

서원 뒷산에서 찍은 임고서원 전경.

볼 때, 위전의 소속 변경은 단순히 토지 문제에 그치지 않고 사찰이 서원에 철저히 예속됨을 뜻한다. 물론 이럴 경우 승려에게 주어지는 특권이 전혀 없는 것은 아니어서 국가가 요구하는 각종 부역과 세금을 면제받을 수 있었다. 그러나 사찰의 주체가 되어야 할 승려가 객체인 머슴으로 돌변하면서 서원에서 쓰이는 짚신이나 종이, 서적 간행을 위한 책판 등 갖가지 물품을 만드는 데 가혹할 정도로 노동력을 착취당했다는 사실은 누구나 알고 있으며, 인각사의 경우도 예외일 순 없었다.

안향을 봉안한 소수서원과 정여창을 봉안한 남계서원에 이어 전국에서 세 번째로 세워졌고, 소수서원에 이어 두 번째로 사액된 임고서원은 우리나라 서원사書院史의 한 페이지를 장식할 만큼 유서 깊은 곳이다. 하지만 위의 사찰들과 비교해보면 그 당시 임고서원은 이제 막 걸음마를 시작한 어린아이에 불과했다. 대가람인 천 년 고찰 인각사가 직지사, 환성사, 운부사 등 유서 깊은 가람들과 함께 이제 막 걸음마를 뗀 임고서원의 구령에 따라 '앞으로 나란히'를 해야 하는 상황에 직면했던 것이다.

그러나 부자가 망해도 3년은 가듯이 고려시대 최대의 거찰 인각사가 하루아침에 몰락할 수는 없는 일이었다. 세상으로부터 밀려오는 충격에 휘청대면서도 인각사는 임진왜란 초기까지 상당한 규모를 유지했는데, 다음의 글이 이를 생생히 보여준다.

> 인각사는 화산華山 기슭 백천白川 위에 자리 잡고 있다. 돌로 된 벼랑이 병풍처럼 깎은 듯이 서 있는데, 몇 길이나 되는지 알 수 없다. 전각殿閣들은 크고도 높았으며, 단청이 시냇물 위에 비쳤다. 극락전極樂殿 앞에 보각국사의 비가 서 있었는데, 고려시대 사람인 민지閔漬가 지은 것으로 왕희지의 글씨를 모아서 새겼다. 그 세운 시기를 살펴보니 원정元貞 을미년(1295)이었다. 보각은 이 절의 스님으로서 고려시대 불교를 숭상할 때 이 스님을 높여서 국사로 삼았다. 왕이 여러 번에 걸쳐서 정헌대부正憲大夫 나유羅裕로 하여금 편지를 보내어 만나기를 청했으나 스님은 병이 들었다며 사

양하고 끝까지 부름에 나아가지 않았다. 그 당시의 문서들이 아직도 남아 있는데, 작성된 시기는 지원至元(1264~1294) 시대이다. 승려들이 몽고글로 된 문서 한 통을 보여주었는데 그 글자의 모습이 전서篆書도 아니고 예서隷書도 아니어서 알아볼 수가 없었다. 말斗처럼 생긴 주홍색 인장이 3개 찍혀 있기에 무엇이냐고 물어보았더니, 승려가 '옥새'라고 대답했다. 가운데 금당金堂이 있었는데, 흰 글씨로 '지정至正(1341~1367) 시대에 중수했다'고 방榜을 걸어놓았다. 서쪽에는 높은 누각이 있었으며, 놀러 온 사람들의 이름이 많이 기록되어 있다. 또 이산악李山岳, 송진사宋進士 등 아홉 사람의 성명이 있었는데, 사연을 물었더니 '병자년에 여기서 방을 붙이고 모임을 가졌다'고 스님이 답했다. 그 밖에도 기이한 구경거리가 모두 헤아리기 어려울 정도여서 종일토록 두루 구경하느라 나그네 마음의 괴로움을 알지 못할 지경이었다.[36]

경북 성주 출신의 문인 암곡巖谷 도세순都世純(1574~1653)이 임진왜란 때 피난생활에서 겪었던 치가 떨리는 체험들을 생생하게 묘사한 『용사일기龍蛇日記』의 일부이다. 난이 일어났을 때 그는 19세의 젊은이였으며, 이 일기에는 젊은이가 감당하기 힘든 피난살이의 갖가지 고뇌가 포착되어 있다. 암곡은 섬뜩하게도 젊은이의 목을 잘라버리는 잔인무도한 침략군들의 만행을 피해 높은 산으로 달아나다가 성주읍이 불바다로 변하는 것을 목격했다. 뿐만 아니라 수시로 추격해오는 적병들에 쫓겨서 시체들이 나뒹구는 산야를 내달리며 죽음의 공포에 떨어야 했다. 전쟁이 전개되는 상황에 따라 가족들과 이합집산을 거듭하면서 추위와 기아에 허덕였으며, 그의 동생은 오랜 굶주림 끝에 어쩌다가 생긴 보리밥을 다급하게 먹다가 그만 목이 막혀 죽기도 했다.

임진왜란 때의 상황을 기록한 일기는 적잖이 남아 있지만, 이 일기처럼 목숨 자체를 건지기 위해 우왕좌왕했던 민초들의 삶을 적나라하게 기록하고 있는 것은 드물다. 이러한 점에서 이 일기는 임진왜란 연구에 큰 도움을 줄 뿐 아니라 전쟁이 일어나면 만물의 영장도 별수 없다는 것을, 전쟁의 상처가 얼마나 끔찍한 것인가를 증언하는 기록물이기도 하다.

『용사일기』는 임진왜란이 일어나던 1592년 4월 13일에 시작돼 천신만고의 피난살이 끝에 1595년 1월 인각사에 들러 병든 몸을 추스르는 데서 대단원의 막을 내렸는데, 위의 글에서 보듯 인각사에 관해 간명하면서도 많은 내용을 담고 있다. 그 가운데 우선 주목되는 것은 그동안 위치를 정확하게 알 수 없었던 보각국사비가 극락전 앞에 있었다는 사실이다. 대수롭지 않게 여길지 모르나, 언젠가 인각사가 종합적으로 복원될 경우 파손된 보각국사비와 새로 세운 보각국사비의 위치를 선정하는 데 결정적인 도움을 줄 것이다.

당시 인각사에 보관되어 있던 고문서들도 주목을 끈다. 이 자료들을 통해 일연이 여러 차례 조정의 부름을 받았고, 그때마다 병을 핑계로 사양했음을 짐작할 수 있다. 그 내용을 자세히 알 수는 없지만 원나라 황제가 일연에게 내린 문서도 있었던 듯하며, 그것은 당시 종교계에서 일연의 영향력과 위상을 입증한다.

무엇보다 중요한 것은 숭유배불의 핍박 속에서도 임란 초기인 1595년까지 인각사의 규모가 대단히 컸다는 점이다. 구체적인 건물 수는 알 수 없지만, 고려 말에 중수한 금당과 함께 극락전이 존재하고 있었다. 사역의 서쪽에는 선비들이 모여 풍류를 즐기기도 했던 큰 누각이 있었으며, 그 밖에도 여러 건물이 즐비했을 것이다. 특히 '크고 높다란 전각들의 단청이 시냇물에 비쳤다'는 기록으로 미루어보건대, 인각사 앞 도로 건너편에 있는 과수원 등 농경지역에도 큰 건물들이 들어서 있었음을 알 수 있다. 따라서 인각사의 사역은 현재 발굴된 지역보다도 훨씬 더 넓었다고 판단된다. 이 기록의 발견으로 발굴의 필요성을 누구나 인정하면서도 사유지라는 이유로 여태껏 제외되었던 도로 건너편 지역에 대한 발굴의 당위성이 더 높아졌다. 더구나 '볼거리가 하도 많아서 하루 종일 두루 구경했다'고

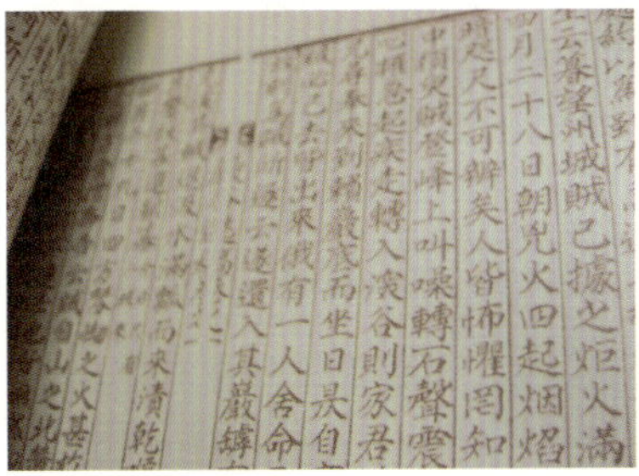

『용사일기』의 목판과 그 목판으로 찍은 책. 임진왜란으로 민중이 겪은 파란만장한 삶을 포착한 이 일기 덕분에 그 무렵의 인각사의 상황을 짐작이라도 할 수 있게 되었다.

기록한 것을 보면 인각사는 여전히 거찰이었으며 승려들도 적지 않게 있었던 듯하다.•

『용사일기』는 여러모로 중요한 자료이지만, 임진왜란 직전 인각사의 상황에 대한 기존의 오해를 씻어주었다는 점에서도 그 의미가 결코 적지 않다. 그동안 학계에서는 숭유배불 정책으로 임고서원에 예속됨으로써 인각사가 난파 직전의 상황에 처했다고 짐작해왔는데, 실은 왜란 초기까지도 건재했던 것이다. 그런 까닭에 등하불명燈下不明의 어둠에 덮인 인각사의 과거를 밝히는 데 적잖은 시간을 들여온 내가 이 자료를 처음 만났을 때 삼 년 가뭄 끝에 내리는 단비처럼 반가웠지만, 마음 한구석에서는 기왕 비를 내리려면 좀 듬뿍 내려주면 좋았을 텐데 하는 아쉬움이 이루 말할 수 없었다.

그러나 인각사는 그로부터 불과 2년 뒤 불바다로 변해 모든 것이 무너져 내렸다. 정유재란(1597) 때 왜적의 말발굽이 인각사까지 내달려왔고, 침략자의 방화로 완전히 폐사가 되어버린 것이다.

① 고을의 동쪽에 절이 하나 있는데 그 절의 이름이 인각사다. 명종 때 임금의 명령으로 포은 정몽주 선생을 모시는 임고서원에 하사한 땅이다. 임진년 전쟁 통에 일어난 불로 송두리째 타버려서 경치가 좋기로 이름난 곳이 오랫동안 빈터가 되고 말았다.[37]

• 이 일기에는 몇 사람의 승려 이름이 나오고, '의홍현감이 인각사 승려들을 모두 모아 화약을 만드는 데 필요한 나무를 베어오게 했다'는 내용도 보인다.

② 정유재란 때 일본 병사들이 인각사를 한꺼번에 불살라버렸다. 보각국사비가 법당 뜰에 서 있었으므로 불길에 문드러졌는데, 앞면이 가장 심해 윗부분과 아랫부분은 글자의 획이 그대로 남아 있으나 가운데 부분이 벗겨지고 떨어져나가 남아 있는 것이 없다.[38]

①과 ②에는 인각사의 소실 시기가 임진왜란과 정유재란으로 엇갈리고 있다. 그러나 정유재란(1597)은 7년(1592~1598)에 걸친 임진왜란(1592)의 부분집합에 불과하며, 따라서 정유재란까지를 임진왜란에 포괄해 서술하는 경우는 얼마든지 있다. 그러니 소실 시기를 다르게 기록한 것이 아니라 ①에서는 정유재란까지 임진왜란에 포함해 기록했고, ②에서는 정유재란을 임진왜란에서 분리해 기록한 것이다. 따라서 정확하게 말한다면 인각사는 정유재란 때 들이닥친 침략자의 방화로 송두리째 불타서 쑥대밭이 되고 말았던 것이다.

여기서 한 가지 궁금한 것은 왜적들이 가만히 있는 종교 시설인 인각사에 불을 지른 동기다. 하기야 유사 이래 모든 전쟁에서 침략자가 벌인 행위에 언제 동기가 있었던가. 하지만 인각사의 경우는 그 나름의 이유가 있었던 듯하고, 그것은 바로 인각사가 고분고분 말 잘 듣는 얌전하고도 착한 아이가 아니었기 때문으로 판단된다. 이렇게 추측할 만한 근거는 도세순의 일기 중 다음과 같은 대목이다.

정월 13일 고을 원이 한우韓佑와 권응생權應生 등 대여섯 사람을 거느리고 와서 절 앞 시내에 있는 흰 바위 위에 앉았다. 이윽고 날이

저무니 달빛이 희고 물빛이 맑았다. 일어나는 흥취를 타고 노래를 부르며 술을 몇 잔씩 마시고는 절에 돌아와서 잤다. 다음 날 아침 「선계유仙界遊」(선계에서 놀았던 소감을 담은 글)를 짓고 나그네들은 각각 흩어졌으나, 원님은 남아서 승려들을 모두 징발해 나무를 베어 운반하게 했는데, 화약을 만드는 데 쓰려는 것이었다.[39]

1595년 1월 인각사가 속한 고을의 원, 즉 의흥현감은 전쟁에 필요한 화약을 만들기 위해• 인각사의 승려들을 죄다 징발해 나무를 베게 해 모으는 중이었다. 게다가 그 무렵 인각사에는 어떤 목적에서인지 의병승義兵僧의 비장裨將이 머물고 있었을 뿐 아니라 인각사 승려가 관청으로 출입하기도 했다.[40] 더구나 위 글에 등장하는 권응생(1571~1647)은 여헌 장현광의 문인으로 임진왜란의 발발과 함께 의병을 조직해 곽재우 장군 휘하에서 여러 번 공을 세운 인물이다.

이런 맥락에서 볼 때 인각사는 적어도 침략자 왜적의 입장에서는 위험하기 짝이 없는 적의 군수 기지이자 화약고였고, 따라서 인각사를 없애는 일은 전쟁력의 기반을 없애는 발본색원에 해당되는 것이었다. 그리하여 인각사는 한 편의 절명시絶命詩를 남길 겨를도 없이 타오르는 불구덩이 속에 자신의 몸 전체를 내던지고 말았던 것이다. 그런 까닭에 이 대목에서 일연 스님의 시를 절명시 대신 읊으면서, 어둠이 밀려오는 인각사 뜰에 우두커니 서 있을 수밖에 없다.

• 인각사에서 화약을 만드는 이야기는 이 일기의 1월 4일자에도 언급되어 있다.

즐겁던 한 시절 자취 없이 가버리고 快適須臾意已閑
시름에 묻힌 몸이 덧없이 늙었어라 暗從愁裏老蒼顔
한 끼 밥 짓는 동안 더 기다려 무엇 하리 不須更待黃粱熟
인간사 꿈결인 줄 내 이제 알았노라 方悟勞生一夢間[41]

6

재건을 둘러싼 유불 갈등

인각사의 비극은 여기서 끝나지 않았다. 오랫동안 빈터로 남겨졌던 인각사의 리모델링 방향을 두고 이해 당사자들 사이에 격렬한 이전투구가 벌어졌다. 폐허가 된 인각사 터에서 서서히 싹트기 시작한 비극은 다음과 같이 그 서막을 열었다.

20년 전 이 고을의 학덕과 덕망 높은 선비들이 경치 좋은 인각사 터가 텅 빈 상태로 방치되어 있는 것을 개탄스럽게 여긴 나머지, 고을의 원로들과 의논한 뒤에 향교에서 이마를 맞대고 자유토론을 벌이다가 말했습니다. "영남에 있는 고을에는 모두 학문을 익힐 서원이 있는데, 오직 우리 고을에는 모범으로 삼아서 배울 만한 분을 모시는 서원이 없습니다. 그러나 만약 서원을 세울 마음만 있다면 어찌 세울 땅이 없겠습니까. 중국의 백록동서원白鹿洞

書院과 우리나라의 봉람서원鳳覽書院, 빙계서원氷溪書院 등도 죄다 절터에 세운 것이니, 이것은 이단인 불교를 물리치고 그 소굴을 없애는 한 가지 방법입니다. 우리 고을에 있는 인각사 터는 비록 절터이기는 하지만 이미 포은 선생의 위전이 된 곳이니, 여기에 사당을 세우고 선생을 받든다면 선비 된 도리에도 마땅할 것입니다.[42]

당시 인각사가 있던 의흥 땅의 유생 홍흔洪昕 등이 1630년대에 경상감사에게 올린 글로, 이런 논의가 벌어진 때는 그보다 20년 전인 1610년대로 판단된다. 다시 말해 그 무렵에 의흥의 선비들이 임진왜란으로 쑥대밭이 되어 방치된 인각사에 포은 선생을 모시는 서원, 즉 임고서원의 인각 지점 같은 서원을 세우려 했던 것이다.

여기에는 몇 가지 이유가 있었다. 선비들은 우선 영남지역에는 고을마다 서원이 있는데 유독 의흥에만 없고, 절터에 서원을 세우면 이단의 소굴을 없앨 수 있기에 일석이조의 효과를 거두리라 기대했다. 그들은 중국은 물론이고 이황李滉을 모신 청송의 봉람서원, 김안국金安國과 이언적李彦迪을 모신 의성의 빙계서원 등 이미 절터에 서원을 세운 예가 적지 않음을 강조했다. 더구나 인각사는 포은 선생을 모신 임고서원의 위전이 있는 곳이므로 그곳에 선생을 모시는 서원을 세우는 것은 당연하다고 주장하기도 했다.

정말 터무니없는 주장이지만 유교의 나라였던 조선에서는 얼마든지 통용될 여지가 있었다. 이러한 논리로 철저하게 무장한 의흥 선

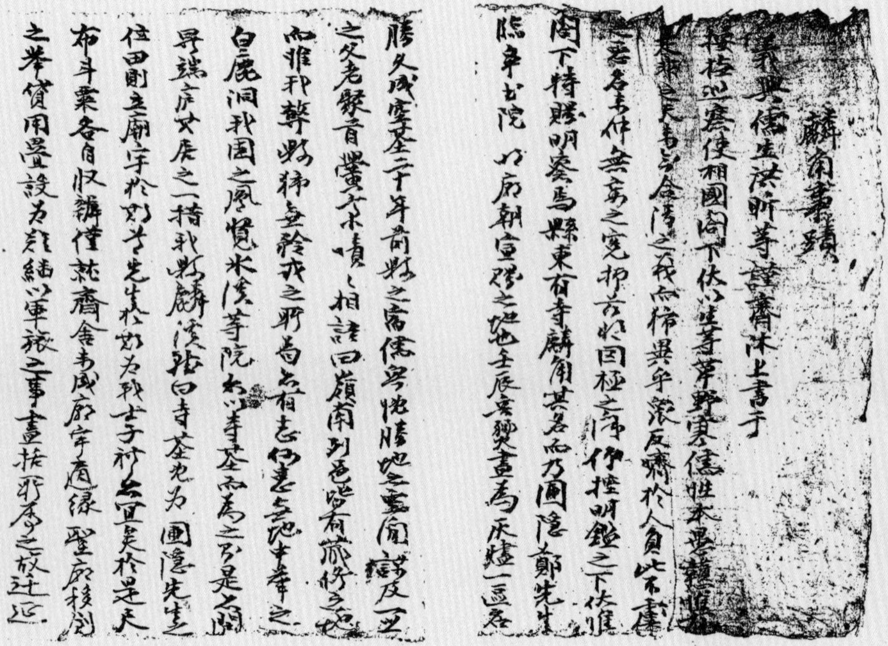

의흥 유생 홍흔 등이 1630년경에 경상감사에게 올린 글 등 4편의 글로 이루어져 있는 필사본 「인각사적麟角事蹟」. 정유재란 때 불바다가 된 인각사 터를 둘러싼 유불 간의 갈등이 주요 내용인데, 학계에 알려져 있지 않은 자료이므로 이 책 끝머리에 원문 전체를 실어놓았다.

비들은 십시일반으로 재물을 거두어 인각사 터에 재사齋舍를 지었다. 곧이어 포은 선생을 모신 사당을 지어 제대로 된 서원의 모습을 갖춰나갈 참이었다. 그러나 사정이 여의치 않아 사당 세우는 일이 지체되던 1629년 뜻밖의 사건이 터졌다. 인각사 터에 서원을 세우는 것이 바람직하다는 입장을 대변했던 홍흔 등이 경상감사에게 올린 글이 당시 상황을 기록하고 있다.

> 고을에 살고 있는 약간의 사람들이 다른 생각에 집착해 이미 선비들이 인각사에 서원을 세우기 위해 재사齋舍를 지어놓은 것을 생각지도 않고, 장차 승려들에게 인각사 터를 허락하려고 했습니다. 저희 수십 인이 모두 안 된다고 말을 했으나, 그들은 스스로 옳다고 주장하면서 고을의 승려 신희申熙로 하여금 인각사 터에 절을 짓게 하고, 선비들이 세워놓은 재사를 없애버리려고 했습니다. 그 의도가 이미 다 드러났고 형세를 감출 수 없게 되었으니, 보고 듣는 이들 가운데 어느 누군들 눈이 놀라고 마음이 아프지 않겠습니까. 이해 가을 과거를 치르는 날 선비들의 논의가 들끓어오르자 그들의 주장도 가라앉았는데, 1630년 성주의 승려 의상義尙이란 자가 함부로 내수사內需司에 글을 올려 "선비들이 포은 선생의 위전인 인각사에 몰래 숨어 도둑질하고 있습니다. 나라의 도둑과 다를 바 없는 자들이니 죽어도 죄가 남을 것입니다"라고 했습니다. 이 사건은 본 고을에 회부되었고, 앞서 말한 사람들이 장차 포은 선생을 위해 나라에서 하사한 땅을 빼앗기 위해 연달아 일어났으

며, 또 신희로 하여금 사찰을 짓게 했습니다.[43]

인각사 터의 재활용 방안을 둘러싸고 의흥 지역의 선비들은 둘로 분열되어 갈등을 빚고 있었다. 이곳에 서원을 세우려던 선비들이 있었던 반면, 선비들이 이미 지어놓은 재사를 철거하고 사찰의 중건을 꾀하는 부류가 있었다. 급기야 사찰 중건 세력의 후원을 받은 승려 의상이 중앙 관청인 내수사에 글을 올리는 우여곡절 끝에, 1630년에 신희라는 승려가 인각사 터에 새로 절을 지었다. 이때 세운 절의 규모를 알 수는 없지만, 어쨌든 임진왜란으로 잿더미가 된 인각사가 30여 년 만에 중건되었던 것이다.

사태가 이렇게 전개되자 반대편 선비들은 격분했다. 더구나 의상이 선비들을 지목해 '나라의 도둑과 다를 바 없는 존재로서 죽어도 죄가 남을 것'이라고 격렬하게 비난했기에 선비들로서는 참을 수 없는 일이었다. 의흥에서 벌어진 싸움은 임고서원이 있는 영천으로 확대되었고, 1631년 12월 정사물鄭四勿을 위시한 임고서원 선비 50여 명이 의흥의 선비들에게 통지문을 보냈다.

공자가 『춘추春秋』를 지을 때, 오랑캐의 예법을 사용하는 자는 오랑캐로 취급했소. 또 맹자는 '나는 중국의 선진문화로써 오랑캐의 야만문화를 변하게 했다고 하는 것은 들었지만, 오랑캐의 야만문화에 의해 선진문화가 변했다는 말을 듣지는 못했다'고 했소. 그런데 저 불교는 오랑캐의 종교 가운데 하나이외다. 만약 오랑캐의 종교를 받들고 성현의 도인 유교를 물리치는 자가 있다면 우리 선비들이 장차 어떻게 대처해야 옳은지는 모두 알고 있을 거요. 포은 선생은 우리 동방에서 앞 시대를 계승하고 뒷시대를 열어준 위대한 현인이오. 지난 가정嘉靖 연간에 고향에 사당을 지었고, 그때 명종대왕이 '임고서원臨皐書院'이라는 현판을 내리셨소. 게다가 서적과 위전을 내려주었는데, 위전 가운데는 김천 직지사와 그대들 고을의 인각사, 하양 환성사의 위전이 있었으니, 모두 특별히 하사한 땅이었소. 이것은 다만 명종대왕께서 유도儒道를 수호하려는 마음이 보통 사람보다 만만 배나 더했기 때문일 뿐인 데다, 이단인 불교를 물리치고 그 소굴에 집을 지으려는 성대한 뜻이기도 하오. 그러므로 지금 이후로부터 설사 풍속을 병들게 하는 사람이 생겨난다 하더라도 어느 누가 감히 포은 선생을 위해 하사한 땅을 빼앗아서 오랑캐의 종교인 불교를 숭상하는 데 쓸 수 있겠소. (…) 장차 2월에 영남 전체에 이 사실을 알려 그대들의 고을에 일제히 모여서 의논을 하고 봉함한 글을 임금께 올려서, 반드시 그 소굴을 불 지르고 그 사람들에게 죄를 준 후에야 그만둘 것이오.[44]

임고서원의 선비들은 의흥 선비들에게 통지문을 보냈고, 승려들을 후원하고 있는 선비들의 우두머리 격인 박흔朴俒에게도 편지를 보내 태도를 바꿀 것을 요구했다. 그러나 박흔 등은 자신들의 행위가 지닌 정당성을 강조하면서 반대편 선비들을 격렬히 비판하는 글을 답장 형식으로 보냈다.

여러분은 인각사의 일과 관련해 사리에 합당하지 않은 말을 죄 없는 사람에게 뒤집어씌웠소. '스스로 돌이켜보아 잘못이 없다면 비록 천만 명의 적이 있더라도 나는 앞으로 나아간다'는 마음으로 여러분을 위해 의혹을 풀까 하오. 인각사가 임고서원에 소속된 절이라는 것은 여러분이 가르쳐주지 않아도 이미 잘 알고 있는 사실이오. 생각하건대 인각사가 건립된 것은 임고서원보다 먼저이므로 인각사에 다시 절을 세워도 임고서원에는 별로 손해가 될 일이 없을 터인데, 뭇사람들이 분노해 제멋대로 망령된 이야기를 해대며 배척하기를 이토록 심하게 하리라고는 생각지도 못한 일이었소. (…) 우리 고을에서 인각사를 중창하게 했던 것은 다름이 아니라, 이 절이 영남의 거대한 사찰로서 중국에까지 이름이 알려져 있고, 게다가 왕희지의 글씨로 세운 보각국사비가 땔나무를 하고 소 치는 사람들에 의해 다 깨진 채 남아 있으니, 후세 사람들이 서예를 익히는 곳으로 사용할까 하는 것뿐이오. 어찌 임고서원에 대항해 이단의 종교를 숭상하려는 뜻이 있겠소. 그런데 여러분이 인각사를 중창했다는 이유만으로 오랑캐로 배척하다니 이 어찌 크나큰 망발이 아니겠소.[45]

이어서 박흔은 전쟁으로 불탄 인각사를 중창하는 것이 이단을 숭상하는 것이라면, 전쟁 전 일찌감치 인각사를 없애야 마땅했다면서 임고서원 선비들을 통박했다. 같은 맥락에서 임고서원 소속인 직지사와 환성사도 다 이단의 소굴인데 왜 그냥 두느냐고 치받기도 했다.

더구나 박흔은 의흥 선비들에게 자신이 쓴 이 글에 동의한다는 취지로 서명해주기를 요청했고, 서명을 거부한 홍흔 등의 이름을 향교에 있는 선비들의 명부에서 삭제했다.

사태가 이렇게 흘러가자 격분한 홍흔 등은 경상감사에게 비분강개한 글을 보내 박흔 등의 죄를 낱낱이 열거하고 그들의 처벌을 강력히 요구하고 나섰다. 이제 박흔 등은 죄를 면하기 어려운 상황에 부딪혔는데, 이때 감사가 내린 답변은 뜻밖이었다.

> 나라에서 임고서원에 하사한 위전은 당연히 임고서원 소속이오. 하지만 그 위전 가운데 절터 자체가 포함되어 있는 것은 아니므로 절터까지 위전으로 취급하긴 어려울 것 같소. 하물며 산수가 아름다운 곳은 어디 가도 있거늘 그 가운데 하필이면 이단이 살고 있던 더러운 절터에 유가의 서재書齋를 지으려고 하니, 이런 경우까지 '아무리 더러운 곳이라도 군자가 살면 누추하지 않다'는 것에 포함될 수는 없지 않겠소. (…) 아아 해와 달 같아야 할 군자들이 승려들과 서로 다투고, 의흥의 아무개(박흔) 같은 사람들이 또다시 그 사이에 끼어들기를 이와 같이 하니 이것은 정말 이해할 수 없는 일이오. 근년에 도내의 풍습을 살펴보니 유건儒巾을 쓰고 관청의 뜰에 서서 소송을 다투는 자들이 모두 그러하여 괴로움을 견딜 수 없을 지경인데, 하물며 같은 고을 사람들이 사찰 가운데서 싸움판을 벌이다니 더욱더 놀랍고 괴이한 일이외다….[46]

감사는 인각사에 서원을 세우려고 한 선비들의 태도를 나무라고, 사실상 인각사에 사찰을 다시 세우려는 사람들의 손을 들어주고 있다. 그리하여 왜란 때 폐사가 된 인각사는 선비들의 비등하는 여론에도 불구하고 천신만고 끝에 부활할 수 있었다.

7

바닥이 보이지 않는 추락

1630년에 일단 인각사가 중건된 후 그곳에서 무슨 일이 일어났는지를 알려주는 자료는 아주 드물다. 그러나 유교가 점점 더 교조적으로 변질되어가던 조선후기의 역사적 조건과 사회적 상황을 고려하면, 중건된 인각사의 운명도 결코 순탄하지만은 않았을 터이다. 게다가 임고서원 『고왕록』[47]에 따르면, 그 연유는 알 수 없지만 임고서원에 소속되어 있던 인각사가 수시로 감영이나 병영兵營 아래로 소속이 변경되었고, 장구한 세월에 걸쳐 감영 및 병영과 임고서원이 인각사와 인각사에 있는 위전의 소유권을 두고 끊임없는 분쟁을 일으켰다. 결과적으로 인각사는 스스로의 선택이 아닌 타율적인 강제에 의해 여러 번 주인을 달리 섬기는 운명에 처했으며, 그때마다 각종 잡역에 시달리면서 우왕좌왕할 수밖에 없었다.

그러한 가운데서도 인각사에는 건물이 속속 들어서서 조선후기 한때는 제법 거대한 사찰을 이루었던 것으로 보인다. 1630년 중건될 당시의 모습을 짐작할 수 없는 것이 유감이지만, 효종(1649~1659) 때 인각사가 중수되었을 뿐 아니라 숙종 25년(1699)에 의흥현감 박성한에 의해 증축되기도 했다.[48] 게다가 1677년에는 80여 명의 승속僧俗이 참여해 극락전을 창건했고,[49] 그 외에도 문헌을 통해 대웅전, 명부전, 강설루, 종루 등이 있었음을 확인할 수 있다. 그중에서도 가장 주목되는 기록은 인각사가 소장하고 있는 고문서 「극락법전중수기極樂法殿重修記」이다.

이 극락법전은 지은 지 오래되었다. 세월이 여러 번 바뀌면서 비바람이 스며들고 닳아서 덮은 기와는 무너져 내리고 단청하고 아로새긴 목재들은 꺾였으니, 길 가는 사람이 인각사를 가리키면 어느 누가 탄식하고 애석하게 여기지 않겠는가. 그리하여 마침내 수십 명의 승려가 감히 졸렬한 계획을 세우고 바야흐로 경영하고 중수했다. (…) 삼사三寺의 도량道場에 열두 채의 방사房舍가 있었는데 학소대는 텅 비었고 성상암聖祥菴은 폐허가 돼 버렸다. 지금은 다만 방 하나만 남아 있고 겨우 네 개의 불전만 보존하고 있는데, 장인바치들이 스스로 와서 극락전을 중수했으니 어찌 아름답지 않겠는가, 어찌 아름답지 않겠는가.[50]

1790년 30여 명[51]의 승려가 참여해 기울어가는 극락전을 중수한 사실을 기록한 이 글에서 우선 주목되는 것은 인각사의 규모다. 정유

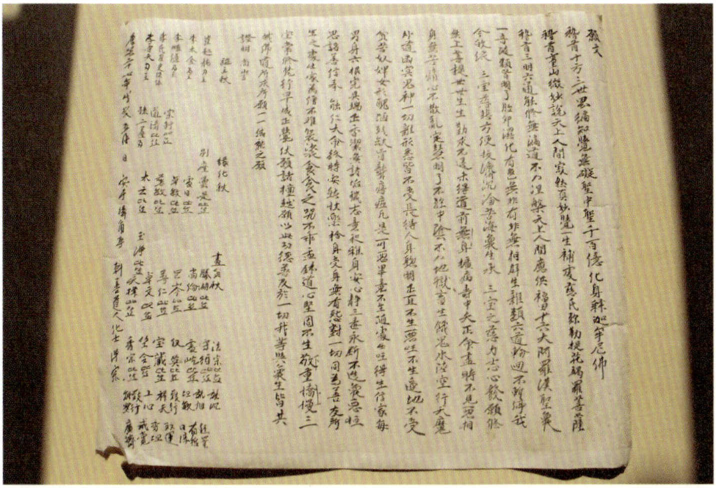

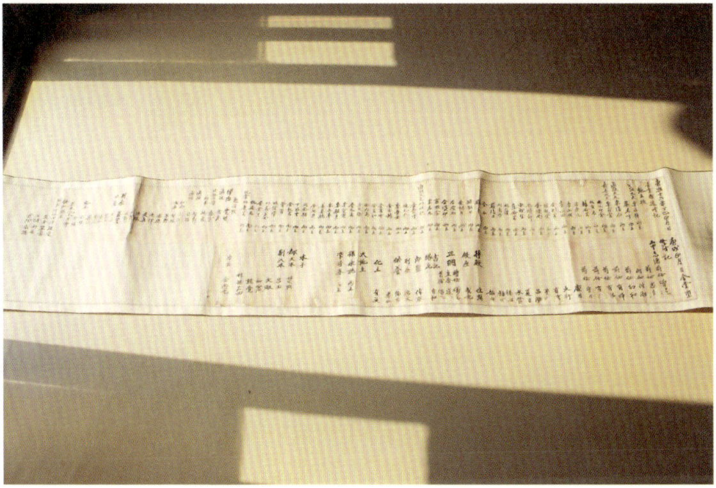

인각사 소장 고문서들.

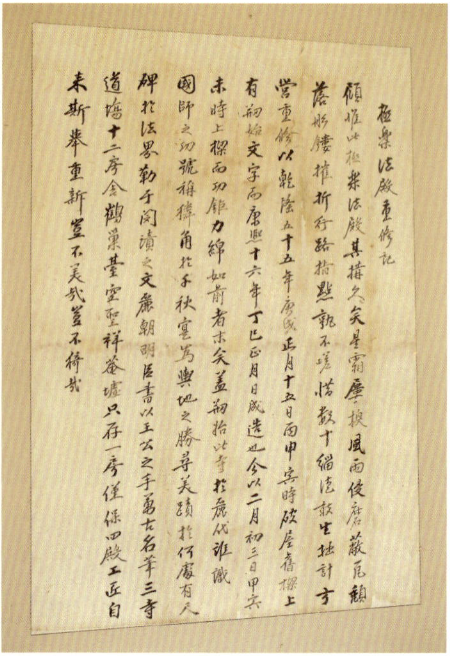

조선후기 인각사가 처했던 상황을 보여주는 「극락법전중수기」, 인각사 소장.

재란 이전 인각사는 전쟁 통에 모두 잿더미가 되었기에 여기서 말하는 규모는 조선후기 어느 때의 것으로 보인다. 당시 인각사에는 세 곳에 분산된 도량에 12채의 승방이 있었던 듯하고, 성상암이라는 별도의 암자도 있었다.

그러나 이후 부침을 거듭하더니 끝없는 하향곡선을 그려나갔고, 18세기 초에는 폐사나 다름없는 상태에 처해졌다.

인각사는 신라 때 창건된 거찰이지만 시운時運이 같지 않아 모습이 퇴락해 지금은 절이 없는 듯한 지경에 이르렀다. 그러한 가운데 더욱더 걱정되고 급박한 것은 대웅전과 극락전의 기둥이 어지럽게 기울어 비스듬해지고 비바람에 시달리는 바람에, 장육존상丈六尊像에 빗물이 스며들어 보기에도 참혹해 조석朝夕을 보존할 수 없다는 점이다. 그러므로 절에서 사는 사람들은 살 곳을 잃어버렸고 지나가는 사람들은 개탄했다. 천 년에 가까운 명승지의 대가람이 이미 폐허가 되어버린 것이다.[52]

조선후기 인각사의 가람 배치. 노란 칠을 한 부분이 건물 자리인데, 사세가 많이 위축되어 있었으나 그럼에도 상당한 규모였음을 알 수 있다. © 불교문화재연구소

위의 글은 지은이를 알 수 없고, 작성된 연대 또한 '성상께서 즉위하신 원년인 신축년 여름聖上卽位元年辛丑夏'으로만 되어 있을 뿐이다. 그러나 조선왕조의 역대 국왕을 통틀어 신축년에 즉위한 임금은 경종景宗밖에 없고, 경종 원년은 1721년이다. 따라서 이 글은 1721년에 지어졌을 텐데, 당시 인각사는 폐사 직전 상태였다. 이런 상황에서 몇몇 사람의 시주를 받아 기울어진 대웅전과 극락전을 고치는 한편, 무너져가는 승방(강설루講說樓)과 종루鐘樓에 채색을 하고 스러져가던 불상을 다시 보존했지만,[53] 그것은 어디까지나 근본적인 중창이 아니라 임시방편적인 보수에 불과했다.

인각사는 이때까지도 외형은 유지했던 듯싶지만, 그로부터 40년쯤 뒤인 1760년에는 상황이 많이 달라졌다. 여러 가지 정황으로 미루어 전적으로 신뢰하긴 어렵겠지만, 이계耳溪 홍양호洪良浩(1724~1802)의 「제인각사비題麟角寺碑」라는 글이 이 무렵의 상황을 그려보는 데 얼마간 참고가 된다.

나는 젊었을 때 인각사비의 탁본을 본 적이 있는데, 고려시대에 왕희지의 글씨를 집자集字한 것이었다. 그 글씨의 모양이 삼장서三藏序•와 같으면서도 획이 조금 가늘어 청초淸峭한 기운은 그것을 능가할 정도였기에 매우 보배스럽게 여겼다. 그 비가 영남 의흥현義興縣에 있다는 말을 듣고는 비석을 한 벌 탁본해와야겠다고 생각

• 대당삼장성교서大唐三藏聖敎序를 줄인 말로 흔히 '성교서聖敎序'라고도 한다.

1992년에 촬영한 극락전의 모습. 대웅전이 무너져버린 뒤 그 역할을 대행해온 이 극락전도 발굴 과정에서 해체되어버렸다. © 경북대박물관

하고 있었다. 경진년庚辰年(1760)에 나는 의흥현과 200리 떨어진 경주부윤으로 부임하게 되어 의흥현감에게 편지를 보내어 한 벌 탁본해주기를 요청했다. 그랬더니 현감은 '의흥 땅에 인각사라는 절 자체가 없으므로 탁본할 방법이 없다'고 답해왔다. 나는 탄식을 하면서 말했다. "절이 망했다고 하더라도 비석마저도 없다고 하는 것은 사람들이 몰라서 하는 말일 터이니, 어찌 끝내 인각사비를 없어지게 할 수 있겠는가." 이에 다소간의 지식이 있어서 이

런 일을 담당할 만한 아전을 뽑아 열흘분의 양식을 주어 의흥으로 출발시키면서 "고을을 샅샅이 뒤지도록 해라. 찾지 못하고 돌아올 생각은 아예 하지도 마라" 하고 다짐을 주었다. 아전이 떠난 지 열흘 만에 돌아와서 이렇게 보고했다. "심산深山 고찰古刹을 모조리 뒤졌지만 끝내 인각사를 찾을 수 없었는데, 우연히 어느 산에 갔더니 신라 때 창건된 낡은 절이 하나 있었습니다. 승려에게 혹시 오래된 비석이 없느냐고 물었더니 "이 절에 있는 불전루佛殿樓 밑에 열몇 덩이의 깨진 돌이 있는데 혹시 그것이 그것인가요?" 하기에, 꺼내어 살펴보았더니 과연 오래된 비석이었습니다. 물로 씻어내고 새겨진 글자를 읽어보았더니 희미하게 '인각麟角'이라는 두 글자가 보였습니다.[54]

이 기록을 남긴 조선후기의 대학자 홍양호는 골동과 금석문에 대해서도 깊은 관심과 식견을 지녔고, 사라져버린 옛 비석들을 찾아내고 보존하는 데 남다른 노력을 기울였던 인물이다. 이계는 경주부윤으로 재직할 당시 콩을 가는 맷돌로 사용하던 무장사비鍪藏寺碑를 발굴하고, 항간의 소문과는 달리 글씨를 쓴 사람이 왕희지나 김생金生이 아니라 김육진金陸珍임을 밝힌 바 있다.[55] 역시 경주부윤으로 있을 때 저 유명한 태자사비太子寺碑가 김생의 글씨라는 단 한 가지 이유로 온갖 수난을 당하던 끝에, 제 고향을 떠나 이리저리 굴러다니다가 경북 영주 땅에 파묻혀 있는 것을 현장을 답사해 찾아내는 성과를 올리기도 했다.

금석문에 대한 홍양호의 이러한 애정을 단적으로 보여주는 이 글에 의하면 1760년경에는 의흥현감도 자신의 관할 내에 있는 인각사의 존재를 파악할 수 없었고, 고을 사람들 가운데서도 인각사를 아는 이가 거의 없었다는 말이 된다. 인각사에 살고 있는 승려조차 자기가 사는 절이 인각사임을 알지 못했다는 느낌마저 준다. 즉, 이 무렵에는 인각사라는 절 이름 자체가 세인들의 기억 속에서 완벽하게 망각되는 상황에 이르렀다는 것인데, 그것이 과연 사실일까?

아마도 그렇지는 않을 것 같다. 이 글이 당시 인각사의 처참한 상황을 어느 정도 반영하고 있는 것은 사실이겠지만, 1760년경 세상 사람들 모두가 인각사의 존재를 새까맣게 잊어버린 것은 아니었다. 왜냐하면 이 무렵을 전후한 시점에서도 병영과 임고서원 사이에 인각사 소유권을 둘러싼 분쟁이 계속되었고,[56] 따라서 의흥현감이 관할 내에 있는 인각사의 존재를 전혀 몰랐다는 것은 납득하기 어렵다. 혹시 여러 사람으로부터 인각사비를 탁본해달라는 부탁에 시달려왔던 현감이 귀찮아서 둘러댄 게 아닐까 추측되기도 하고, 아전이 인각사를 찾을 수 없었다고 보고한 일도 인각사비를 탁본하는 데 성공한 자신의 공로와 고충을 상관에게 과장해서 알린 것이 아닐까 여겨진다. 그럼에도 불구하고 이 글은 몰락의 길에 들어선 인각사 모습의 일면을 보여주며, 이는 다음 글에서도 확인할 수 있다.

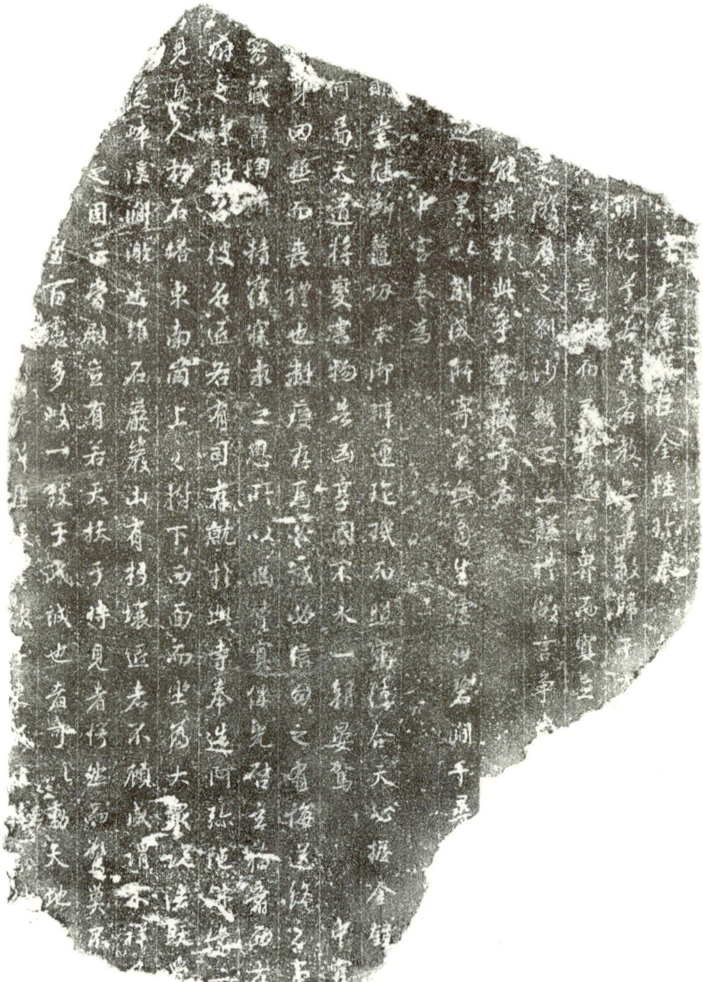

흔히들 왕희지 집자비로 알려져 있으나 문헌에 대부분 김육진이 쓴 것으로 기록되어 있는 무장사비 탁본. 오른쪽은 추사 김정희가 무장사를 직접 방문하여 무장사비의 옆면에 남긴 글씨들이다.

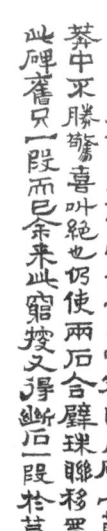

此碑舊只一段而已余來此窮搜又得斷石一段於荒
莽中不勝驩喜叫絶也仍使兩石合璧珠聯移置
寺之後廊俾免風雨此石書品當在白月碑上蘭
亭之崇字三點惟此石特全翁覃溪先生以此碑
為證東方文獻之見稱於中國無如此碑余摩挲三
復重有感於皇原之無以見下段也
至四月廿九日金正喜題識

此石當係左段何由起
皇原於九原共此金
石之緣得石之日
正喜又題手
拓而去

임인년(1782) 5월에 감영에서 바로 병영에 문서를 보내어 인각사를 다시 임고서원에 돌려주었다. 앞뒤로 인각사를 빼앗아서 병영에 소속시킨 자는 최조악崔朝岳, 백동준白東儁 등인데, 빼앗긴 후에 되돌려받을 길이 없어서 승려들이 모두 흩어지는 바람에 인각사는 하나의 텅 빈 절이 되어버렸다. 영천군수 박종후朴宗厚가 대구판관大丘判官 홍원섭洪元燮과 함께 때마침 공적인 일로 인각사에 가서 보았더니, 천 년 묵은 옛 절이 거친 풀 속에 파묻혀 있는데, 집은 무너지고 기왓장은 떨어져 내려서 위로 비가 새어 아래가 축축했으며, 적막하게 인적이 뚝 끊어진 데다 풍경은 쓸쓸하기 짝이 없었다. 한 늙은 승려가 불전佛殿에 있기에 불러서 그 까닭을 물었더니 그의 대답이 이러했다. "수백 년 동안 임고서원에 소속되어 있던 절을 제멋대로 병영에 소속시키니 그 부역을 견딜 수 없어 이 지경에 이르고 말았다오."[57]

이 기록은 인각사의 소유권을 두고 병영과 쟁투를 벌였던 임고서원 측의 기록이므로 승려의 대답이 반드시 옳은지에 대해서는 재론의 여지가 있다. 그러나 어찌됐든 1782년 무렵에 인각사가 마지막 숨을 헐떡이고 있었음을 보여주는 것은 사실이다. 이런 상황에서도 인각사는 꺼져가는 숨을 다잡으면서 끈질기게 살아 있었을 뿐 아니라 살려고 몸부림을 쳤다. 1790년에는 그 많던 건물이 다 사라지고 고작 승방 한 채와 불전佛殿 네 개만 단출하게 남아 있는 가운데, 기와가 무너져 내리는 데다 목재들이 꺾이고 부러지는 등 빈사 상태에

이계 홍양호의 초상과 필적, 그리고 문집인 『이계집』. 홍양호는 조선후기 문신 겸 학자로 학문과 문장에 뛰어나 『영조실록』 등의 편찬에 참여했다. 사신으로 청나라에 가 그곳 학자들과 교유, 귀국 후 고증학 발전에 크게 기여하였다. 이계의 노력이 없었다면 인각사비는 비록 훼손된 모습으로나마 오늘날까지 전해지지 않았을지도 모른다.

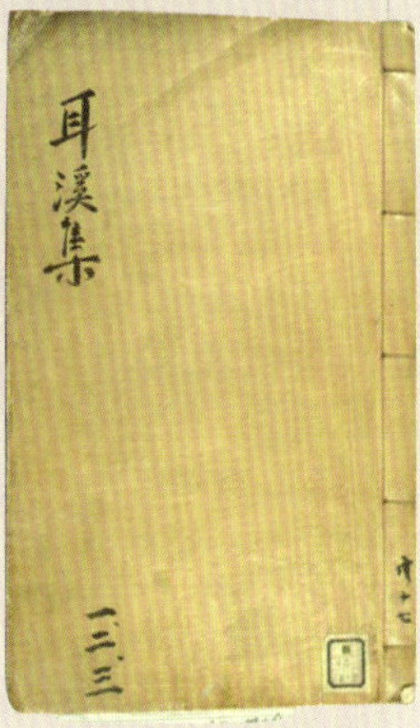

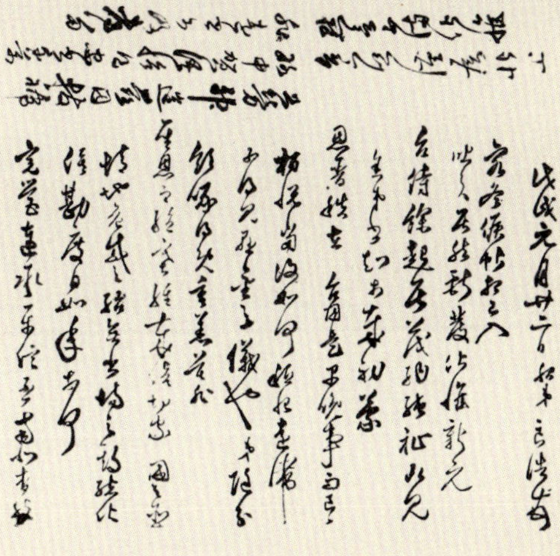

서 헤매고 있던 극락전에 다급하게 산소호흡기를 씌우기도 했다.[58]

18세기 말에 참담하게 몰락했던 인각사의 불행은 이후에도 계속되었다. 1890년경에는 일연의 부도가 서 있던 자리를 조상의 묘소로 사용하려다 실패했던 황보씨皇甫氏의 침입을 받아 일연의 비와 전각이 파괴되는 수난을 당했고, 대웅전과 요사채도 각각 1934년, 1956년에 붕괴되었다.[59] 더구나 1911년 일제에 의해 사찰령寺刹令이 반포되고, 이에 따라 30개의 본사本寺가 제정되는 와중에 인각사는 본사에 들지 못하고 은해사의 말사에 귀속되었다.[60] 그후 인각사는 근년에 이르기까지 단 한 번도 옛날의 영광을 회복하지 못하고 링거 주사와 긴급 수혈에 의지한 채 목숨을 연명해왔다. 1958년과 1963년에 현지를 답사했던 이홍직李弘稙과 이도원李道源은 당시 상황을 이렇게 묘사했다.

> 극락전極樂殿이나 명부전冥府殿 내부에 불상 하나 떳떳한 것도 없이 퇴폐는 극도에 달하여 폐옥廢屋이 다 되었다. 지금 온 주지도 살림집이나 얻어온 셈으로 입주한 모양인데 경내에서 머슴같이 일하는 노인은 그의 아버지라고 한다. 경내에는 그가 해온 솔가지 동이 나뭇단이 쌓여 있는데, 장에 팔 것인지도 모르겠다. 주지의 모습이나 마당 꼴이나 절 같지는 않고 사사私私 살림집같이 보이기만 하였다.[61]

> 법당은 전괴顚壞해 국초鞠草가 되었고 불상은 극락전에 임시로 모

1991년 촬영한 인각사 경내 풍경. ⓒ 경북대박물관

셨으며, 강설루는 누각이긴 하지만 비바람을 가리지 못할 지경이고 미륵당은 기둥이 썩고 비가 새었다.[62]

그 이후에도 1932년에 건립[63]되어 '화산인각사華山麟角寺' 라는 현판을 달고 있던 대문이 퇴락을 거듭하다 근년(1997년경)에 와서 붕괴되었고, 이리저리 흩어져 있던 유물도 사라지는 등• 인각사의 추락에는 날개가 없었다.

• 월정사에서 가져왔던 필사본 「보각국존비명」도 현재로서는 그 행방을 알 수 없다.

인각사 경내에 있었던 요사채(위)와 대문. 화산인각사라는 현판이 보인다. 아쉽게도 이 문은 1997년경에 붕괴되었다. ⓒ 경북대박물관

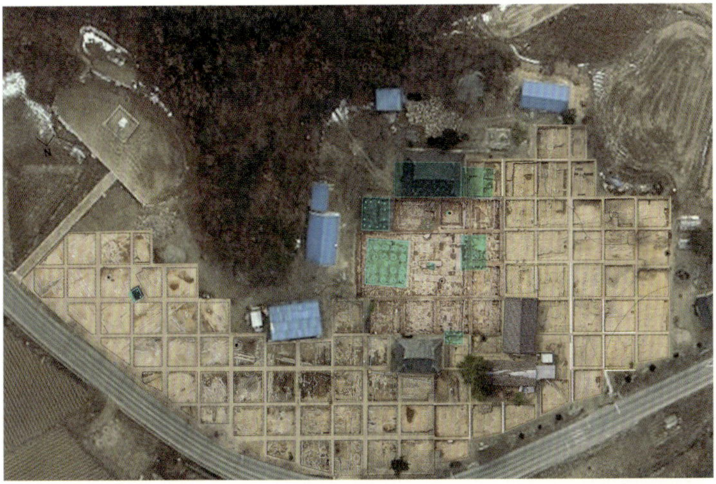

일제강점기 이후의 인각사의 가람 배치. 녹색 칠을 한 부분이 건물이 있던 자리인데, 사세가 완전히 사그라졌음을 알 수 있다. © 불교문화재연구소

이처럼 철저히 퇴락해 있던 인각사는 1963년 이 사찰에 대해 뜨거운 애정을 지녔던 향토사학자 장제명蔣濟明의 주도로 강설루를 보수해 승방으로 개조하는 한편, 보각국사 비각, 미륵당 등도 보수했다.[64] 1978년에는 정부의 보조를 받아 명부전과 극락전을 보수했으며,[65] 1991년에는 요사채가 이건移建되기도 했다.[66] 최근 들어서는 극락전과 미륵당이 해체되는 대신 규모가 큰 국사전國師殿, 일연생애관, 공양간 등이 새로 지어졌다. 이렇게 하여 인각사는 정면 1칸, 측면 1칸의 아주 조그만 건물 두 채를 포함한 몇몇 건물과 유물들이 산만하게 배치되어 있는 오늘날의 모습을 갖추게 된 것이다.

8

폐사의 비밀을 담은 또 하나의 전설

아주 먼 옛날에 있었던 일이다. 몇몇 사람이 모여 앉아 이런저런 이야기를 나누다가 각자 자신의 소원을 말해보기로 했다. 그 가운데 한 명이 말했다.

"나는 물산이 풍부한 양주고을의 원님이 되고 싶소."

그러자 다른 한 사람이 말했다.

"나는 엄청나게 많은 재물을 가진 부자가 되고 싶소."

또다른 사람이 말했다.

"나는 학을 타고 하늘로 날아가보고 싶소."

그러자 맨 마지막 사람이 이렇게 말하는 것이었다.

"나는 말이오, 엄청나게 많은 돈을 허리에다 맨 뒤에 학을 타고 훨훨 날아서 양주고을의 원님으로 부임했으면 좋겠소."

욕심 많은 사람을 비유할 때 쓰는 양주가학揚洲駕鶴(양주로 학을 타고 날아감)이란 고사성어의 유래가 되는 이야기다. 욕심이 많아도 너무 많아서 고등학교 2학년 때 나는 이미 양주가학을 꿈꾸고 있었다. 첫째는 경주에 살고 싶었고, 둘째는 교사가 되고 싶었으며, 셋째는 시인이 되고 싶었다. 그러니까 고등학교 2학년 때 나의 꿈은 경주에서 교편을 잡는 시인이 되는 것이었으니, 그것이 양주가학이 아니고 무엇이겠는가.

그러나 주위의 몇몇 분들이 약간의 방해(?)를 놓는 바람에 그만 그 꿈을 이룰 수 없었다. 내가 결혼할 때 주례를 맡으셨던 훈뫼 최정여崔正如 선생도 그 가운데 한 분이다. 목이 마르지도 않은 소를 억지로 물가로 끌고 가듯이, 선생은 흥미도 관심도 없던 나를 억지로 끌고 가서 학문의 바다에 풍덩 던져 넣으셨다.

당시 선생은 산업화로 인한 농촌의 쇠퇴와 획일적 학교 교육의 정착, 대중매체의 발달로 인해 엄청난 속도로 사라지고 있던 구비전승을 대대적인 분량으로 채록해 기록으로 남기는 일에 몰두하고 있었다. 구비전승을 채록할 수 있는 최후의 시기를 놓쳐서는 안 된다는 투철한 의식에서 경상도 일원을 누비고 다녔는데, 그것은 일연 스님이 발로써 『삼국유사』를 집필했던 것과 같은 일이었다.

이러한 작업의 일환으로 훈뫼 선생은 1982년 8월 6일과 7일 이틀 동안 인각사로 들어가는 어귀에 위치한 고로면 화수 1리에 머물면서, 42건의 설화와 2건의 민요를 채록해 『한국구비문학대계』 「군위군편軍威郡篇」에 수록해놓았다. 그 가운데 화수 1리에 살고 있던 김실

동(남, 당시 70세) 노인으로부터 채록한 「인각사 장군수와 식통장군」은 거침없이 구사된 경상도 사투리로 듣는 사람의 배꼽을 빠지게 하면서 민중의 애환을 유감없이 담아내고 있는데, 바로 인각사의 폐사와 관련된 설화다.

> 옛날에 참 저 인각사라 카는 기 참 유명한 절이라는구만. 절이 그때는 경상도 관에서라 카만 가당찮은 절이라. 인각사가, 이래 있었는데, 이놈의 중이, 절에 뭐가 있는고 하만 장군수 물이 있는데, 전부 그 물을 묵어가주고 전부 중이 전부 장군이라. 인각사 중이 전부 장군이라. 이래 됐다는 기라.
> 장군인데, 이전 저 저 신행을 가도 그 앞으로 갈라 카만 이놈의 중이 전부다 전 장군이라노이, 아이 시집가는 색씨도 갖다 붙들고 그저 욕을 비이고 머 이거 머머 행핀이 없다 말이라. 이 머 머 관에서도 당적을 모한다 말이라. 아 이놈 머머, 그때사 참 이 암자가 있고 마 절이 한정 없이 지었던 모양이라. 이래 하인께 가마 생각해 보이 이거 큰일이거던. 아 이래가는 안 될따. 그제 식통장군이라 카마 아무 용맹 없는 밥만 먹지 머 기운도 없어. 이런 이가 '에이고 이놈의 절에 가가 내가 허물을 벗길 기라' 꼬. 그래 인제 식통장군이라 카는 이가 절에 드가가주고,
> "여봐라."
> 참, 그때 절에 드가만 마캉 양반들은 쌈보라고 부르거든.
> "여봐라 쌈보야" 이카이.

"어디 와서 이놈 어느 놈이 여 여 이 절에 와가주고 쌈보 부르는 사람 생전 첨 보러다. 이놈 어는 놈이고?"

가보이 뭐 추지파래 머 옷도 남루하고 머 볼 것이 없거던.

"그라이라 너거 절에 배가 고파 밥 얻어 먹으로 왔는데 밥을 좀 도고."

가마이 이놈이 보이 놀랍지도 안 하다 말이라. 저놈이 그래 머 해가 조야 덜 시끄럽제. '아이 그 저 뱁이나 주고 보내야 되러다.' 밥을 갖다가 이래 모다가 절에 밥을 모아주이, 마 대분 마 마 퍼떡 머머 잠시 앉아 먹었뿌거던.

"아, 이래가주 안 되겠다" 이래.

그래가 밥을 마 그 당구에다 한 당구를 해가주고 막 퍼다딜이 아이 이놈이 퍼떡 묵어뿌리.

"이거 안 되러다."

아 이놈의 저 중 언기(신물, 진절머리)가 난다. 아무 아 머 머 중이 여럿이 가주, 중 그 절에 막 도박을 해놘 거 돗디기(통채로) 갖다대도 다 먹고 어야든 감당을 몬해 마. 그래가이,

"너거 절이 부자라 카디이 이기 내가 아이(아직) 배를 몬 채우이 밥을 어여(어서) 속히 해달라." 이러거던. 아이 절에 거 수백 석 재놘 쌀을 갖다가 마 전부 마 중놈 수대로 밥을 해대이 마 해대기가 바뿌거던.(청중들이 웃기 시작한다) 아, 이놈의 자식 기가 차지도 안하다 말이라.

"여봐라, 이놈들 여 밥해 들와라."

이 장군은 장군이지, 중 지가 암만 케도 하나한테 다 마, 밥 묵는 거 보이 다 맞아 죽지 싶우거던. 이거 머 겁, 고마 겁을 살살 낸다 말이라.

그래 놓이 절에 마, 마 그러이 한 보름 먹고 나이 그 부자 그래 살 그만치 재놨던 기 하나갖고 술 다 해다 먹었뿌고 절이 빨가이 비었다 말이라. 믹일 기 없는 기라.

"예, 그저 소승이 죽게 됐으이 인제 양식이 떨어졌습니다."

"예 이놈들, 양식이 떨어지다이. 이놈. 너어 이놈들 그라마 이 절이 부자라 카는데 양식이 벌써 떨어지다이. 이놈들, 너어 이놈들 한 놈도 날 굶기면 내가 다 죽일 모양인께, 여 너어가 여 내 뒤를 따라오라."

그래 병풍덤 그거 참 거어 올라갔다 말이라. 그 이 뒤 따라오라꼬. 전부 중놈들 전부 다 오라꼬.

"너거 여 여 뛰이가주고 살 놈을랑 살고, 그라이믄 전부 다 안 뛰면 여 전부 다 쥑인다. 여 살아갈 놈 있거덜랑 여 여어 뛰이가 살아가라"꼬.

아이 눌려가주고 죽디라도 띠이 보지. 그 머 머 주제에 전딜 수가 있나. 모조리 뛰이 마 그 절에 중이 거어 다 죽어뿌써. 다 죽고 세 놈이 인제 살아가주 저어 저 쌀미로 날아갔뿐데 그거는 행방불명이라 카거든. 어데가, 세 놈이 살았어, 살아 갔는데.

그래가 식통장군이 가마이 이놈의 절에 뭐가 있는고 싶어 돌아보이 샘이가 마 참 명지꾸리 한 꾸리 니리가는 샘이가 있는데, 전부

인각사 앞 학소대에서 1킬로미터쯤 상류에 위치해 있는 인각사 폐사 전설의 현장 가운데 하나인 병풍 덤.

장군수 물이라. 이놈 물을 갖다 먹어노이 이놈 중이 전부 장군이라. 그래가주 그 식통장군이 참 기운이 시었어. 큰 덤을 갖다 고마 그 샘이를 갖다 들어 메왔뿌라써. 메왔뿌고 그래가 그 샘이도 못 찾는다 카가던. 고마 그래 못 찾는다. 그래가 그 절이 망했어. 인각사가.[67]

제3장

사무치게 느끼려고 가고 또 가다

1

보쌈당한 석불과 절 마당의 유물들

우리나라의 웬만한 절에서는 새벽 3시가 되면 어둠속에 잠들어 있는 산천초목들을 죄다 깨우는 목탁 소리가 울려 퍼진다. 그 소리를 이어받아 땅 위에서 살고 있고, 물속에 살고 있고, 하늘 위를 날아다니는 중생들을 다 구제하기 위해 법고는 둥둥, 목어는 따각따각, 운판은 땡땡 소리를 내며 한바탕 야단법석을 벌인다. 그래도 혹시 구제되지 못한 중생들이 있을까봐 더응~ 범종이 천지간에 사무치게 울리고 나면 이윽고 장엄한 예불 소리가 울려 퍼진다.

지이시이임 귀이며어엉례에~

사암계에 도오사아아 사아새애앵 자아부우우 시이아 본사아아 서어가아모니 부우우울~

그러나 인각사에 수십 번을 가봤어도 나는 아직도 따각따각 목어 소리, 땡땡 운판 소리, 둥둥 법고 소리 그리고 범종 소리가 더응 울려

발굴 과정에서 해체해놓은 석등과 삼층석탑의 석재들. 하루 빨리 제자리에 섰으면 좋겠다.

퍼지는 것을 한 번도 들어본 적이 없다. 왜 그럴까? 답은 간단하다. 인각사에는 목어도, 운판도, 법고도, 범종도 없기 때문이다. 그러니 치지 않는 것이 아니라 치고 싶어도 도무지 칠 수 없는 것이다.

이처럼 기본적인 것조차 남겨지지 않은 인각사에 무엇인들 제대로 있겠는가. 지금 인각사 경내에는 『삼국유사』를 낳은 민족의 성지라는 상징적인 무게를 감당할 만한 문화유산은 아무것도 없다.

속사정은 일단 내버려두고 겉보기만 하더라도 인각사에는 전각다운 전각이 별로 없다. 대웅전이 소실된 이후 그 역할을 대신 수행하던 극락전도 해체되었고, 미륵당도 발굴로 해체되면서 가건물에 석불을 임시로 모셔두고 있다. 이제 남은 전각은 새로 지은 국사전과 명부전, 소꿉장난 같은 산령각과 일연의 비를 보호하기 위한 비각 등이 전부다.

현재 인각사에서 가장 큰 건물인 국사전은 2001년에 보각국사 일연의 영정을 안치하기 위해 세웠던 건물이고, 그 이마에 아직도 '국사전'이라는 큼직한 명찰이 달려 있다. 그러나 2004년에 극락전이 해체되면서 극락전 본존불인 아미타불阿彌陀佛, 그 협시보살挾侍菩薩인 관세음보살觀世音菩薩 및 대세지보살大勢至菩薩이 비바람을 가릴 수 없게 되자 별 도리 없이 국사전에서 더부살이하기 시작해 국사전의 역할도 크게 달라졌다. 말이 더부살이지 일단 국사전에 삼존불이 들어오자 전각의 중앙에 자리 잡고 있던 일연 스님은 그만 황공하여 자리를 양보하고 그 왼쪽으로 옮겨 앉을 수밖에 없었다. 그러니 현재 국사전은 국사전이기도 하지만 사실상 극락전의 역할을 하고 있는 셈인데, 그럼에도 국사전이라고 부르는 것은 극락전이 중건되면 이 삼존불을 다시 옮겨갈 예정이기 때문이다. 어쨌든 아무리 가운데를 차지하고 있어도 삼존불이 잠시 국사의 집에서 팔자에도 없는 더부살이를 하고 있는 것이 확실하다.

국사전에서 다소 앙증맞고 야무진 표정을 짓고 있는 삼존불과 시원시원하고 훤칠한 국사에게 예를 표한 뒤에 들러야 하는 곳이 명부

국사전에 안치된 일연 스님의 영정.

전인데도, 나는 자꾸만 그 순서를 거꾸로 하여 명부전부터 먼저 들르는 불공不恭과 외람을 저지르곤 한다. 그것은 아마도 명부전의 본존인 지장보살에 얽힌 이야기가 나에게 깊은 감동을 주었기 때문일 것이다.

아주 오랜 옛날 각화정자재왕여래覺華定自在王如來가 세상에 계실 때 한 바라문의 집안에 열여덟 살 된 거룩한 소녀가 있었다. 그녀의 아버지 시라선견尸羅善見은 부처님에 대한 믿음이 두터운 분이었으므로 이 세상에서의 천수를 누린 뒤에 하늘나라에 태어났다. 그러나 어머니 열제리悅帝利는 어떻게 하면 지옥에 떨어질까를 연구라도 하는 듯 온갖 악행을 일삼다가, 어느 날 갑자기 엄청난 고통 속에서 생의 마침표를 찍고 말았다.

어머니마저 잃고 뼈가 사무치도록 흐느껴 울고 있던 소녀의 머릿속에 불현듯 떠오르는 생각이 있었다.

'우리 어머니의 혼령은 어느 곳에 태어났을까?'

평소 어머니의 행실로 보아 좋은 곳에 태어나지는 못했을 것이라는 생각이 들자 도저히 견딜 수가 없었다. 소녀는 부모님이 남긴 재산을 팔아 어머니를 위한 천도재薦度齋를 올리기로 하고 꽃과 향, 여러 가지 의복과 음식, 탕약을 마련하여 각화정자재여래가 있는 절을 찾아 길을 떠났다.

그날 따라 길에는 무수한 사람이 추위와 굶주림과 병으로 고통을 받고 있었다. 중생에 대한 공양이 바로 부처에 대한 공양이라 생각한 소녀는 그들에게 옷과 음식과 약을 있는 대로 모두 나누어주었다. 길은 멀었고 사람은 많기도 하였으므로 전 재산을 처분하여 마련한 옷과 음식과 약도 금방 거덜나고 말았다. 급기야 입고 있던 마지막 옷까지 벗어준 소녀는 부끄러운 몸을 가리기 위하여 땅 구덩이 속에다 몸을 감춘 뒤, 유일하게 남은 향을 사르고 꽃을 흩으면서 부처님에게 간곡하게 기도하였다. 그 순간 부처님이 소녀의 앞에 나타나서 말했다.

"착하다, 성스러운 여인이여. 열여덟 살 처녀의 몸으로 옷을 벗어서 걸인에게 주고 벗은 몸을 흙 속에 갈무리하였으니 누가 너를 보살이라 하지 않겠느냐! 내 너의 공양을 달게 받고 너의 소망을 성취시켜주리라."

땅 구덩이에다 부끄러운 몸을 갈무리했기 때문에 지장보살로 불리게 된 처녀는 부처님의 인도로 지옥에 가서 고통받고 있는 비참하기 짝이 없는 중생들의 모습을 확인하게 된다. 지옥에서 나와 다시 부처를 찾아간 처녀는 거룩한 서원誓願을 세운다.

"맹세하건대, 지옥에 떨어진 중생들을 모두 해탈케 한 다음에야 비로소 제가 성불할 것입니다."[1]

이런 서원을 세웠으므로 성불하고 극락에 태어나도 여러 번 태어났을 지장보살은 성불 자체를 포기하고 지옥에 있으면서 그곳에 떨어진 무수한 중생들을 해탈시켰고, 지금도 지옥에서 중생들을 위하여 동분서주하고 있다. 그동안 천문학적 숫자의 중생을 구제했지만

인각사 명부전에 있는 역사상 力士像. 험상궂은 표정을 짓고 있으나 보는 이들에게 공포를 느끼게 하는 대신 슬며시 미소 짓게 한다.

그보다 더 많은 중생이 계속 지옥에 떨어지고 있으니, 이들을 다 구제하고 성불을 하는 것은 아마도 영원히 불가능하리라. 그렇다 해도 차마 불쌍한 중생들을 내팽개치고 혼자 성불을 할 수는 없으므로 영원히 지옥에 사는 것을 스스로 선택한 이가 바로 대자대비한 지장보살이다.

그러므로 나는 불교에 대한 신앙심이 그리 돈독한 편이 못 됨에도 불구하고, 지장보살이 있는 명부전 앞을 좀처럼 그냥 지나치지 못한다. 인각사에 와서도 이 절의 주불主佛인 아미타불 앞에서 '나무아미타불'을 외우기도 전에 명부전에 먼저 들어가는 불공을 범하게 되는 까닭도 여기 있다.

지장보살이 본존으로 앉아 있기에 지장전地藏殿이라고도 하고, 지옥의 심판관인 염라대왕 등 시왕十王이 있는 곳이기에 시왕전十王殿으로도 불리는 명부전은 명부冥府, 즉 지옥세계의 한 축도다. 일반적으로 명부전에는 본존인 지장보살이 가운데 앉고, 도명존자와 무독귀왕이 좌우에서 협시를 하며, 다시 그 좌우에 우리가 잘 아는 염라대왕을 포함한 명부의 시왕상을 안치하고 시왕마다 시중을 드는 동자상을 하나씩 세워놓는다. 이밖에 시왕을 대신하여 심판하는 판관判官 두 명, 기록과 문서를 담당하는 녹사錄事 두 명, 문 입구를 지키는 험상궂은 역사力士 두 명을 마주보게 배치하니 명부전에는 모두 29명이 살고 있는 셈이다.[2]

그런데 인각사 명부전에는 동자상과 장군상이 하나씩밖에 없어 모두 열아홉 명이 살고 있으니 정원에 크게 미달하고 있다. 전각 자체가 너무 적어서 원래부터 그렇게 조성했는지, 그게 아니라면 무슨 사연이 있었는지 모르겠다. 어찌됐든 지장보살에게 각별하게 예의를 표하고 가부좌를 틀고 참회를 한 뒤, 산령각山靈閣에 들러 백발이 성성한 산신령과 꼬리가 구름에 닿을 듯한 호랑이를 뵙고 나면 저절로 절마당의 석물들로 시선이 가기 마련이다.

석물이래야 무슨 신통한 예술품이 있는 것도 아니다. 석탑과 석

아담하고 단출하게 서 있는 산령각. 주위에 발굴 과정에서 쏟아져 나온 기와들을 쌓아놓은 무더기가 보인다.

등, 석불과 부도, 비석과 주춧돌 등이 대부분 원형을 잃어버린 채 파손되어 흩어져 있을 뿐이다. 게다가 그것들은 계속되는 발굴 작업과 중창 불사로 수시로 제자리를 바꾸었으며, 지금은 완전히 해체된 것도 적지 않다.

더구나 그것들 가운데는 원래 다른 곳에 있다가 난데없는 보쌈을 당해 인각사로 시집온 것도 적지 않다. 새로 지은 국사전의 오른쪽에 있는 일연 스님의 부도 바로 옆에 갓 시집온 새색시처럼 좌대도 없이 다소곳이 앉아 애잔한 분위기를 풍기는 석불, 새로 세운 일연의 비 뒤쪽에 위치한 키 작은 조선시대 부도들이 바로 그것이다. 김기환(79세), 정태성(71세), 양종희(67세)씨 등 이 고을 주민들의 한결같은 증언에 따르면 그것들은 모두 인근 마을에 흩어져 있던 것을 1963년경에 인각사에 함께 모은 것이며, 이 일을 주도했던 사람은 당시 인각사의 주지였던 양호산 스님이었다고 한다.

보기에 따라서는 별것 아닌 듯 보이는 석물들, 그러나 애정을 가지고 바라보면 사연 없는 것이 없고, 가슴 뭉클하지 않은 것이 없는 가운데 가장 먼저 눈길을 끄는 것은 일연 스님 부도 옆에 있는 석불(경상북도 유형문화재 제339호)이다. 원래 이 돌부처는 인각사에서 제법 떨어진 고로면 괴산 2리 절터에 있었다고 한다. 괴산리에 속한 자연부락인 동정마을로 들어가는 어귀에서 400미터쯤 올라가다가, 길 왼쪽에 펼쳐져 있는 몇 뙈기 묵정밭이 그 절터다. 화산 정상이 멀리 바라다보이는 첩첩산중인 데다 흔적마저 찾기 힘든 옛 터라 안내를 받지 않고는 찾기 쉽지 않을 터인데, 동정마을을 향해 올라가다

돌부처가 출토되었던 괴산리 절터. 이 돌부처는 1963년 보쌈을 당하여 인각사로 거주 이전 신고를 했다.

가 낙락장송 한 그루가 저만치 왼쪽으로 보일 즈음에 고개를 숙이면 시야에 들어오는 작고 귀여운 물웅덩이가 있는 곳, 그 부근이 바로 그 절터다.

괴산 1리에 살고 있는 양종희씨에 의하면 이 부처를 처음 발견한 이는 그의 시조부였다고 한다. 그 시조부는 영천에서 이곳으로 이사를 와서, 어느 날 나무를 하다가 땅속에 파묻힌 채 희미하게 얼굴을 드러내고 있는 돌부처를 발견했다. 손이 대단히 귀한 집의 후손이었던 그는 이 돌부처에게 빌고 빌어서 아들 4형제를 낳기도 했다.

돌부처가 보쌈을 당해 인각사로 옮겨진 것은 양종희씨가 시집온 지 3년째였던 1963년의 일이었다. 당시 인각사 주지였던 양호산 스님이 한밤중에 사람들을 데리고 와서 산을 넘어 가져갔다는데, 발을 동동 굴러봤지만 큰 절에서 하는 일이라 속수무책이었다고 한다. 당시 돌부처를 옮기는 일에 참여했다는 화북리의 김기환(79세)씨와 괴산리의 정태성(71세)씨도 유사한 증언을 하고 있다. 그러니까 문화재의 불법 보쌈에 해당되는 셈인데, 마음에도 없이 끌려와서 그런지 이 돌부처는 땅거미가 꺼질 때마다 산 너머 괴산리로 자꾸만 눈길을 보내는 것 같다.

미소를 지으면서 바라보면 어느새 염화시중의 오묘한 미소를 띠고 있는 것도 같고, 미소를 거두고서 바라보면 무심한 돌이 되어 돌아앉아 있는 듯도 한 돌부처! 이 부처는 왼손 위에 보일 듯 말 듯 조그만 약합을 올려놓고 있으니, 약사여래불藥師如來佛이 아닐까 싶다. 그러니까 깨지고 부서져 만신창이가 된 제 몸의 아픔에 대해서는 아무런 처방도 하지 못하면서, 중생의 아픈 몸을 어루만지는 데 마음이 먼저 달려가는 부처다. 세월의 풍화작용 앞에서 원래의 표정과 몸짓이 어떠했는지 알기 어려운, 아니 어쩌면 진정한 의미에서 이제 원래 모습으로 돌아가고 있는 이 돌부처 앞에 설 때마다 떠오르는 시가 있다.

마애불

저 부처를 의심하지 말자 햇빛이 헤아리는 나뭇잎을 내 눈썹 사이 찡그리는 시냇물에 비춰 보면 나무는 다시 싱싱해진다 돌 속에 처음부터 부처가 있었다 꽃나무에 달린 열매가 내 몸을 지나면서 붉어졌지만 예정된 일, 언젠가 나도 팔 벌리고 머리통을 열매로 내놓으리라
경주 남산의 바위는 죄다 부처가 숨은 적멸보궁이다 어떤 부처는 이제까지 잘 놀다가 다시 돌 속으로 회귀하는 중이어서 손발이나 얼굴이 돌에 가깝다

– 송재학

경주의 향토사학자 윤경렬에 의하면 청마 유치환은 경주 남산의 부처에 대해 '석수장이가 돌을 쪼아 부처를 만드는 것이 아니고 돌 속에 있는 부처님을 찾아 돌을 쪼고 있다'고 노래했다 한다.[3] 만약 그렇다면 경주 남산의 바위는 전부 부처가 숨은 적멸보궁이다. 인각사 뜰의 이 돌부처 또한 이제까지 잘 놀다가 다시 돌 속으로 회귀하는 중이어서 손발이나 얼굴이 돌에 가깝다. 인각사에 와서 이 돌부처를 보고 지었다는 문정희의 시가 노래한 것도 송재학의 마음과 별다를 바 없을 것이다.

이제까지 부처로 잘 놀다가 다시 돌로 돌아가고 있는 돌부처.

돌아가는 길

다가서지 마라
눈과 코는 벌써 돌아가고
마지막 흔적만 남은 석불 한 분
지금 막 완성을 꾀하고 있다
부처를 버리고
다시 돌이 되고 있다
어느 인연의 시간이
눈과 코를 새긴 후
여기는 천 년 인각사 뜨락
부처의 감옥은 깊고 성스러웠다
다시 한 송이 돌로 돌아가는
자연 앞에
시간은 아무 데도 없다
부질없이 두 손 모으지 마라
완성이라는 말도
다만 저 멀리 비켜서거라

이 돌부처를 조각품으로 보고 미술사적 시각에서 접근하면 머리부터 발끝까지 늘어놓을 말이 참 많을 게다. 귀가 유난히 길고 왼손이 유난히도 짜리몽땅한 이 부처의 신체적 특징에 대해서 낱낱이 설

어디가 눈이고 어디가 코인지 형체를 알아볼 수 없는 돌부처의 얼굴.

명해야 하고, 신라시대 부처인지 고려시대 부처인지도 정확하게 가릴 필요가 있다. 그러나 코도 없어지고 눈도 형형한 빛을 잃은 채 돌에서 왔다가 다시 돌로 돌아가고 있는 이 부처 앞에서 양식이란 잣대를 들이대고 싶은 마음은 없다.

명부전 뒤로 뻗은 화산 자락인 이른바 기린의 뿔 왼쪽 공간, 새로 세운 보각국사비 뒤편에 정겹게 앉아 있는 3기의 조선시대 부도들•

• 3기의 부도 가운데 팔각원당형의 잔재가 남아 있는 부도는 '취진당법환대사지탑就眞堂法還大師之塔' 이며, 석종형 부도 둘은 각각 '연월당계훈대사지탑燕月堂桂勳大師之塔' '청진당법장대사지탑淸眞堂法藏大師之塔' 이다.

일연의 부도와 이심전심의 교감을 나누며 어깨를 나란히 하고 있는 돌부처.

이 겪었던 고난도 결코 만만찮은 것이었다. 인근 어른들의 증언에 의하면 이 3기의 부도들도 인근에 흩어져 있던 것을 양호산 스님이 인각사로 옮겼다고 하는데, 원래 위치가 어디였는지는 사람마다 하는 말이 달라 갈피를 잡을 수 없다.* 어쨌든 이 부도들은 모두 어느

* 3기의 부도 가운데 팔각원당형의 잔재가 남아 있는 부도는 일연 스님의 어머니의 묘소가 있는 등성이의 오른쪽 골짜기에 있었다고 하며(참고문헌의 군위군, 2004, 14쪽), 석종형 부도 둘은 둥둥이 마을에 있던 것을 일연의 부도와 함께 옮겨왔다(참고문헌의 경북대학교, 1993, 101쪽)고 한다. 그러나 김기환 등 둥둥이 마을의 노인들은 한결같이 일연의 부도 부근에 다른 부도가 없었다고 증언하고 있고, 김기환은 부도 중의 하나가 병암 너머에 있는 공동묘지 부근에 있었다고 증언하고 있다.

기린의 뿔 왼쪽 공간을 차지하고 있는 조선시대 부도들.
왼쪽은 부도에 새겨진 문구를 탁본하는 모습이다. © 경북대박물관

날 고향을 떠나 인각사로 거주 이전 신고를 했고, 절의 사정이 변할 때마다 이리저리 옮겨다니는 수난을 당했다.

그런 까닭에 만약 돌이 말을 할 수 있다면 이 부도들도 불평이 적지 않을 터인데, 불평은커녕 고분고분 말을 잘도 듣고 있다. 그러나 달이 휘영청 배가 부르고 학소대 너머로 별똥이 날아가는 밤이 되면 외로워서 어깨를 들썩이며 흑, 흑, 흐느껴 울기도 하고, 부도의 주인공인 세 스님이 부도 속에서 슬며시 나와 도란도란 이야기를 나누기도 할 터. 이 부도들 위에는 언제 보아도 돌이끼가 곱게도 피어나 일찍이 내가 가장 아름답게 상상했던 것보다 더 아름다운 형형색색의 추상화를 이루고 있다. 아마도 이 추상화들은 부도 속에 사는 스님들의 아름다운 마음이 돌 속에 쌓이고 쌓였다가 더 이상은 쌓일 데가 없어서 마침내 돌을 뚫고 나온 것이리라.

지금은 해체되고 없지만 1934년 대웅전이 붕괴된 후로부터 얼마 전까지 대웅전의 임무를 대신 맡았던 극락전 앞에 삼층석탑(경상북도 문화재자료 제427호)이 하나 서 있었다. 극락전을 향해 앞뒤로 있던 석등과 함께 완전히 해체되어 명부전 옆에 드러누운 채 복원될 날을 기다리고 있는 이 석탑은 통일신라시대의 전형적인 삼층 석탑 양식이다. 그러나 전체적으로 규모가 매우 작아졌을 뿐만 아니라 지붕돌의 받침 수가 4개로 줄었다. 상층기단 면석의 버팀기둥 수도 하나로 줄었고 1층의 몸돌이 2~3층의 몸돌에 비해 정도 이상으로 높기도 하다. 그런 점에서 이 석탑은 신라시대 양식을 이어받아 고려전기에 만들어진 것이 아닐까 여겨지기도 한다. 하지만 오랜 세월과 함께

이끼들이 피운 부도 위의 돌꽃. 부도 속에 사는 스님들의 영혼이 돌을 뚫고 나온 것이리라.

기단부의 대부분은 땅에 묻혀버렸고, 지붕돌의 모퉁이도 군데군데 깨졌다. 석탑의 상륜부는 그런대로 원래 모습을 갖추고 있는 것 같지만, 맨 꼭대기에는 석질이 다른 남의 돌을 하나 이고 있어서, 피가 제대로 돌 리 없으니 숨조차 쉴 수 없었을 것이다.

석탑과 극락전 사이에 자리하고 있던 석등은 불완전하다 못해 우스꽝스러웠다. 지대석 위에 여덟 장의 굽어보는 연꽃을 새긴 하대석을, 하대석 위에 팔각형의 기둥 돌을, 기둥 돌 위에 여덟 장의 위로 보는 연꽃을 새긴 상대석을 올려놓았는데, 여기까지는 통일신라시대에 완성된 팔각원당형 석등과 꼭 같은 양식이다. 그러나 연꽃 조각에서 입체성이 사라지면서 다분히 평면적이고 도식화된 것을 보면 혹 고려전기쯤에 만들어졌을 수도 있다. 상대석 이상은 차라리 없었으면 좋았을 것을 근년에 와서 터무니없이 작을 뿐만 아니라 양식에도 없는 불집과 지붕 돌, 그 위에 남근같이 생긴 돌을 아무렇게나 올려놓았다. 그야말로 절묘한 부조화였는데, 지금은 해체되어 복원될 날을 기다리고 있다.

일제강점기에 편찬된 『조선고적도보』에 수록된 극락전 앞의 삼층석탑. 석탑 옆에 서 있는 승려도 지금은 사리로 남아 어느 절 외딴 부도 속에 살고 있을지도 모른다.

극락전 앞에 나란히 서 있다가 발굴로 해체된 인각사 삼층석탑과 석등. 모두 남의 돌을 이고 있어 피가 잘 돌지 않으니 숨인들 제대로 쉬었겠는가.

기린의 뿔 왼쪽 공간에는 아이들이 장난감처럼 만들어놓은 듯한 정면 1칸, 측면 1칸의 미륵당이 서 있었는데 이 건물 역시 해체되었고, 통일신라시대에 만들어졌다는 이 집의 주인인 돌부처(경상북도 문화재자료 426호)는 가건물로 자리를 옮겼다. 완전히 부러진 목에 시멘트를 발라 붙여놓은 데다, 어깨와 팔, 무릎과 귀, 이마까지 크게 파손을 입었다. 게다가 떨어져 나간 코마저 흉측하게 시멘트로 복원해놓아 보기에도 민망할 정도다. 아기를 낳게 하는 데 남다른 신통력을 발휘하는 바람에 줄을 서는 여인들이 많았다고 하는 미륵당의 돌부처! 그를 바라보노라면 장승 연구가 박금朴錦이 1931년 7월 1일 동아일보 문예란에 발표했다는 시 한 수가 떠오른다.

장승 코

락태약 된다고 저 장승 코를
어제밤 비 온 뒤에 또 글거갓소.
오목오목 들어간 고모신 자국
키 자근 여자가 발버팀 쳤소.
웃득하든 그 코가 업서지고도
그 자리가 한치나 패어 드럿네.
캄캄한 밤중 타서 찬칼을 품고
저 장승 코 베려 달려들 때에
약한 맘 얼마나 발발 떨엇노.
아니다 대담하지 그 처녀 아기

돌부처와 돌장승의 코를 떼어내 갈아 먹으면 아들을 낳는다는 민간 속설은 다들 알고 있다. 그런데 위 작품에 의하면 돌장승과 돌부처의 코가 낙태落胎 약으로도 효과가 만만치 않았던 모양이다. 이러한 속설들로 인해 돌부처와 돌장승 가운데 코가 성한 것이 별로 없으며, 인각사에 있는 돌부처 둘도 모두 코가 떨어져 나갔다. 그러고 보면 아들을 못 낳아 한이 된 여인이 대담하게도 미륵당 부처의 코를

미륵당이 해체되기 전의 미륵당 부처(왼쪽)와 명부전 옆 임시 건물에 봉안된 현재의 모습.

떼어가서 먹기도 하고, 입이 열 개라도 할 말이 없게 된 애 밴 처녀가 발을 발발 떨며 이 부처의 코를 베어가기도 했을 성싶다. 그러고는 그날 밤 코가 없어진 이 돌부처에게 밤새도록 빌고 또 빌다보면, 알아서 낙태도 시켜주고 잘생긴 아들도 점지해주었으니, 대자대비로다, 부처님이여!

2

보각국사비의 서예사적 가치

인각사 경내에 근년에 새로 세워진 국사전 뒤쪽 처마 바로 밑에 정면과 측면이 각각 한 칸인 초라하기 짝이 없는 비각이 서 있고, 바로 그 속에 처절하게 난파된 돌덩어리가 비각보다 더 초라하게 서 있다. 워낙 철저하게 파손되어 기단이 어떠했고 이수螭首 부분이 어떠했는지 짐작조차 할 수 없는 이 돌덩어리가, 1965년 9월 1일 부도와 함께 보물 428호로 지정된 보각국사 일연의 비(인각사비)이다.

1289년 일연이 입적하자 그의 문인으로 운문사 주지였던 대선사大禪師 청분淸玢은 일연의 행장을 지어 충렬왕에게 올렸다. 국왕은 당시 대표적인 문신이던 묵헌默軒 민지閔漬(1248~1326)에게 명해 비문을 짓게 했고, 민지는 몇 년이 지난 뒤에야 비로소 이를 완성했다. 충렬왕은 다시 중국 진晉나라의 명필 왕희지王羲之(321~379)의 글씨를 집자集字해 비석을 세우도록 명령했고, 그 실무적인 집자 작업은 일

보각국사 일연의 비를 보호하기 위하여 세운 비각에 걸려 있는 '보각국사비각普覺國師碑閣' 이라는 현판.

산산조각으로 파손되어 남아 있는 보각국사 일연의 비.

연의 문인인 죽허竹虛에 의해 이루어졌다. 그리하여 열반한 지 6년 뒤인 1295년 8월 청분의 주도로 일연의 비석이 인각사에 세워졌다.[4]

왕명에 의해 비석 하나 세우는 데 이처럼 오랜 세월이 걸린 것은 작자인 민지가 몇 년 동안 비문 짓는 일을 지연시킨 데서 그 원인의 일단을 찾을 수 있다. 그러나 비문에 새겨질 글씨 전체를 당시로부터 거의 천 년 전에 세상을 떠난 불세출의 서성書聖 왕희지의 행서行書를 여기저기서 모아 꼭 같은 크기로 재편집을 하는 데에도 상당한 시일이 걸렸을 것이다. 이 점은 보각국사비보다 600여 년 앞서 왕희지의 행서를 집자해 돌에 새긴 「성교서聖教序」의 경우를 통해 확인할 수 있다.

「난정서蘭亭序」와 함께 서예가들이 왕희지의 글씨를 배우는 데 필수 법첩法帖으로 애용하고 있고, 따라서 그의 글씨를 배우려는 사람들이 보배 중의 보배로 삼는 「성교서」의 공식 명칭은 「대당삼장성교서大唐三藏聖教序」이다. 이 글은 당 태종 때의 저명한 승려로서 『서유기』의 주인공이기도 했던 삼장법사三藏法師 현장玄奘이 서역西域에서 가져온 불경들을 한역하고 당 태종에게 요청해 받은 서문이다. 그러나 실제로 「성교서」는 바로 이 「성교서」에다 당시 태자였던 고종高宗이 불경 번역의 과정을 서술한 「술성기述聖記」, 그리고 현장이 새로 번역한 「반야심경般若心經」 등이 합쳐져 있으며, 전체 글자 수는 1904자다.

왕희지의 글씨를 혹독하게 좋아했던 태종은 홍복사弘福寺 승려였던 회인懷仁에게 명해 이 많은 글자를 왕희지의 행서에서 하나하나 모아 비석 형식으로 새기게 했고, 명을 받은 회인은 궁중에 비장된

서예가들이 왕희지의 글씨를 배울 때 필수 법첩으로 애용하는 「성교서」. 당나라의 승려 회인이 태종의 명을 받고 왕희지의 글씨를 집자하여 새겼다.

왕희지의 법첩에서 해당 글자들을 모았다. 그러나 왕희지가 세상을 떠난 지 300여 년이 지난 뒤에 그가 쓴 글씨를 가지런히 모아 1904자나 되는 문장으로 연결시킨다는 것은 결코 쉬운 일이 아니었을 터이다. 무엇보다 회인이 이 작업을 끝내는 데 무려 25년의 세월이 걸렸다는 것은 이러한 상황을 단적으로 보여준다.

이렇게 볼 때 왕희지가 세상을 떠난 지 천 년이 가까워오던 시점에서, 「성교서」의 2배가 넘는 4000여 자의 보각국사비 전체를 왕희지의 행서로 모은다는 것은 불가사의한 일이 아닐 수 없다. 물론 그 가운데 많은 글자를 「성교서」 「흥복사비興福寺碑」 등 이미 집자된 비석에서 다시 집자하고, 없는 글자들은 이 글자 저 글자에서 따와 모자이크처럼 짜 맞추는 등 갖가지 방법이 동원되었겠지만, 그 과정 자체가 지극히 어려웠음은 말할 필요도 없다.

누군가가 쓰면 쉬울 텐데 왜 하필 어려운 과정을 거치면서 왕희지의 글씨에 집착하는 것일까? 이와 같은 의문에는 다음의 글이 참고가 된다.

최홍효崔興孝는 나라를 통틀어서 글씨를 가장 잘 쓰는 사람이다. 일찍이 과거시험에 나아가 답안지를 쓰는데, 왕희지의 글씨와 아주 흡사한 글자 한 자가 우연히 써졌다. 그는 하루 종일 앉아서 그 글자를 바라보다가 차마 버릴 수가 없어서 답안지를 품에 안고 돌아왔다. 그러니 이 사람은 득실得失을 초월한 이라 할 수 있다. 이징李澄이 어려서 한번은 누각에 올라 그림을 그리고 있었다. 집안

사람들이 어디 있는지 알 수 없어서 여기저기 찾아 헤매다가 사흘 만에야 비로소 찾아냈다. 아버지가 성이 나서 매질을 하자 엉엉 울면서 그 눈물을 찍어 새를 그렸다. 그러니 이 사람은 영욕榮辱을 잊은 이라 이를 만하다. 학산수鶴山守는 나라를 통틀어서 노래를 제일 잘하는 사람이었다. 산에 들어가서 노래를 익힐 때 한 곡조가 끝날 때마다 모래를 주워 나막신에 던져 넣어, 나막신이 가득 차야 비로소 돌아왔다. 한번은 도둑을 만나 죽이려고 하자, 바람결을 따라 노래를 부르니 여러 도둑이 감격하여 눈물을 흘리지 아니하는 사람이 없었다. 그러니 이 사람은 삶과 죽음을 초월한 사람이다.[5]

연암燕巖 박지원朴趾源의 「형언도필첩서炯言桃筆帖序」라는 글이다. 여기에 등장하는 최흥효는 고전소설 『운영전雲英傳』에도 나오는 걸출한 명필로, 조선초기의 대표적인 서예가이다. 그런 그가 합격 여부에 따라서 인생의 판도가 완전히 달라지는 과거시험을 보러 가서 왕희지의 글씨를 닮은 글자 한 자 때문에 답안지를 제출하지 않고 품에 안고 돌아왔다는 이야기다. 이 일화에서 짐작할 수 있듯이, 이미 신화가 되고 전설이 된 왕희지는 이 세상 모든 서예가가 우러러 받들었던 상징적 인물이었다. 하 많은 서예가들 가운데 특별히 그를 지목하여 '서예의 성인書聖'이라 부르는 것도 이 때문이다.

그런 까닭에 왕희지의 글씨를 집자하여 세운 일연의 비석은 탁월한 글씨로 위대한 고승의 행적을 보다 아름답게 장식하려는 지성스런 마음이 빚어낸 기념비적인 조형물이다. 이렇게 하여 완성된 이 비석의 글씨에 대해 용문거사龍門居士 윤광주尹光周와 홍양호는 각각 다음과 같이 평가한 바 있다.

> 인각사비는 왕희지의 진적眞蹟으로 세상에서 일컫고 있는데, 인각사는 신라시대의 절이다. 왕희지의 글씨로는 「삼장첩三藏帖」이 가장 뛰어나다고 하나 인각사비가 유독 그 진수를 전했으니, 대개 신라시대와 왕희지가 살던 시대의 시간적인 거리가 가까워서 왕희지의 진품을 얻어 비석에다 옮겼으므로 세상에 유명하게 되었던 것이다. 나는 글씨를 몹시 좋아했으므로 이 글씨를 구하려고 부지런히 노력해 마음에 잊지 않고 있었으며, 매양 노심초사하면서 영남 고을의 원님들에게도 탁본을 구해줄 것을 요청했다. (…) 1년 만에 겨우 구해 한번 살펴보니 완연히 왕희지의 묘법妙法에 가까워서 「삼장첩」도 역시 이 글씨보다 그 수준이 크게 떨어지는 것이었다. (…) 이 글씨가 유독 왕희지의 진적을 전한 것일진저![6]

> 내가 젊었을 때 인각사비의 탁본을 보았다. 고려시대에 왕희지의 글씨를 집자한 것으로 서체가 「삼장서」와 흡사하면서도 조금 가늘었으며 청초한 맛은 더 뛰어났으므로 마음속으로 심히 보배롭게 여겼다. (…) 점획이 완전한 글씨들은 그 정채精彩가 퍼덕퍼덕 살아 움직여 마치 「난정서」의 풍신風神을 보는 것 같으니 참으로 기이한 일이다. 고려는 당나라와 시기상으로 멀지 않으니 틀림없이 왕희지의 진적을 얻어 새겼을 것이고, 또 번각飜刻을 거치지도 않

았다. 그러므로 근세 중국에서 나온 여러 서첩과 비교해보면 진짜와 가짜의 차이가 현격하게 드러나니, 어찌 더욱더 보배롭지 않으랴. 그러므로 서첩書帖으로 단장해 후세에 전하고자 한다. (…) 내가 보건대 그 자획字劃의 도묘道妙함과 각법刻法의 정공精工함은 진실로 후세 사람들이 미칠 바가 아니다. 이렇게 된 것은 아마도 당나라의 승려였던 회인懷仁이 「삼장서」를 모을 때처럼 조정의 명령을 받아서 한 일이기 때문일 것이다.[7]

앞의 글은 1701년 윤광주가 자신이 어렵게 구한 인각사비의 탁본에 붙인 글이고, 뒤의 것은 홍양호가 1760년 분실되었던 인각사비를 찾아내 탁본하고 거기에 붙인 글이다. 이 두 편의 글에는 인각사비를 신라 때의 비로 보거나 왕희지가 활약한 시대를 당나라로 보는 등 객관적인 사실에 있어 약간의 오류가 있다. 더구나 시간상의 거리를 감안할 때, 인각사비가 이미 집자된 왕희지의 글씨나 그 글씨를 임서臨書한 것을 다시 집자한 것이 아니라 정말 왕희지의 진적을 집자한 것인지에 대해서도 의문스런 점이 없지 않다. 그러나 두 사람 모두 인각사비의 글씨를 왕희지의 글씨 가운데 압권으로 평가하고 있다는 것은 주목할 만한 사실이다.

보다시피 홍양호는 인각사비의 글씨를 왕희지의 글씨를 대표하는 「난정서」에 필적할 만한 탁월한 글씨로 평가하고 기이한 일로 받아들였다. 주지하는바 서에 하는 사람이라면 누구나 금지옥엽으로 여기는 「난정서」의 진적은 왕희지의 글씨를 몹시 사랑했던 당 태종의 유언에 따라 그의 육신과 함께 무덤 속으로 들어가버렸다. 그러므로 이계가 본 「난정서」도 진적과는 상당한 거리가 있는 임서였겠지만, 이계의 말대로 인각사비가 「난정서」와 어깨를 나란히 할 수 있을 정도라면 이 비석의 글씨는 왕희지의 글씨를 대표하는 걸작 가운데 하나라고 해도 좋을 것이다.

더구나 위의 글들에서 공통으로 언급하고 있는 「삼장첩」은 앞서 말한 「성교서」를 가리키는데, 현재로서는 왕희지 글씨 가운데 가장 뛰어난 작품이다. 그런데 용문거사는 인각사비를 「성교서」보다 탁월한 글씨로 평가했고, 이계 또한 인각사비의 글씨가 "그 청초함에 있어서는 「성교서」를 능가한다"고 평하고 있다. 그러나 이 비석의 글씨에 대해서 최대의 찬사를 보낸 사람은 아마도 조선후기의 학자 연경재研經齋 성해응成海應(1760~1839)일 것이다.

> 인각사비는 필체筆體가 전적으로 「성교서」에서 나왔지만, 가파르고 엄숙하고 굳세고 날랜 것은 「성교서」보다도 훨씬 더 뛰어나다. 매양 중국에서 탁본한 「성교서」를 보니 임서에 임서를 거듭했으므로 전혀 좋은 탁본이 없었다. 회인이 집자한 「성교서」도 이미 왕희지의 법도法度를 잃어버렸고, 게다가 탁본을 밑에 놓고 본을 뜬 것이 어지럽게 나돌아다녀서 또다시 「성교서」의 참모습마저 잃어버리고 말았음에랴. 유독 인각사비가 회인의 「성교서」로 바로 거슬러 오른 데다 공교롭고도 오묘한 것이 다시 「성교서」를 압도했으니 정말 지극한 보배이다.[8]

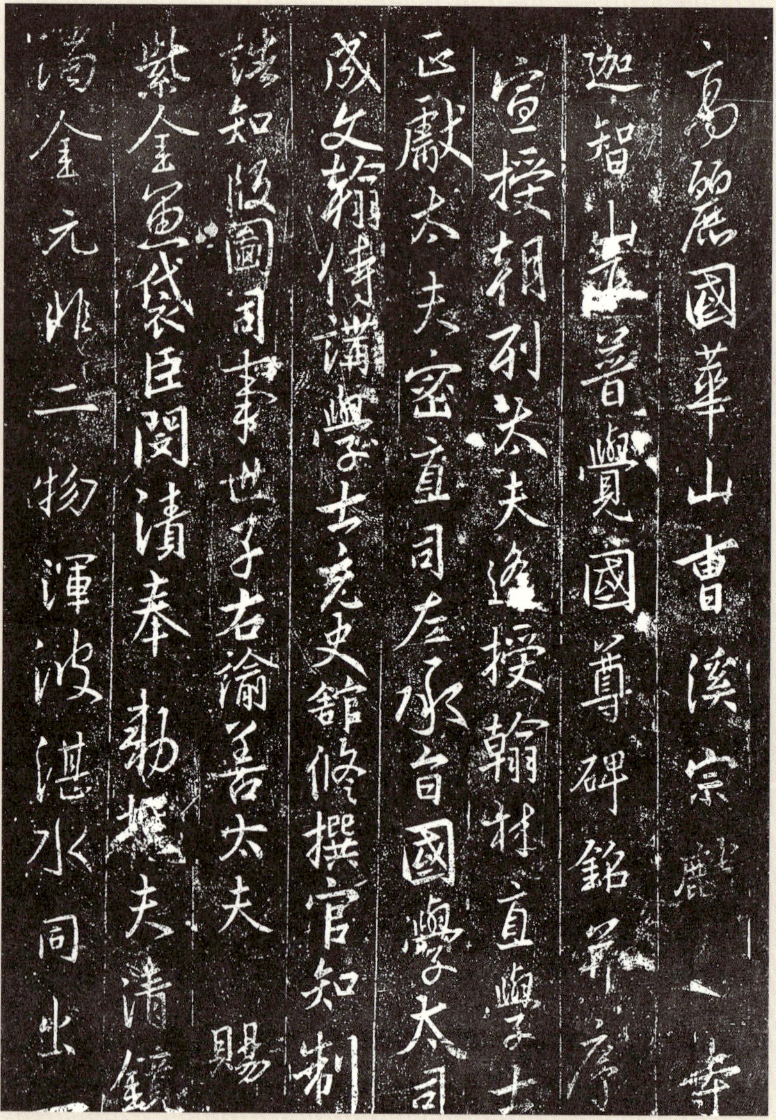

高麗國華山曹溪宗
迦智山下普覺國尊碑銘幷序
宣授朝列大夫
正獻大夫密直司左承旨國學大司
成文翰侍讀學士充史館修撰官知制
誥知版圖司事世子右諭善大夫 賜
紫金魚袋臣閔漬奉 勅撰 夫清鏡
湛金元非二物渾波湛水同出

한국학중앙연구원에서 소장하고 있는 일연 비 탁본의 첫머리 부분.

성해응은 인각사비의 필체가 「성교서」에서 나온 것이지만 그보다 훨씬 뛰어남을 강조하고 있다. 이러한 평가에는 물론 우리 것을 아끼는 마음에서 나온 수사적 과장이 있을 수도 있다. 그러나 이상의 평가들을 종합해보면 인각사비의 글씨는 왕희지의 진적이 모두 사라지고 없는 지금으로서는 그의 글씨가 지닌 진면목에 가까운 것 가운데 하나라고 해도 좋을 것이다.

인각사비의 글씨가 이처럼 보기 드문 명품이었기에 이 비석의 명성은 임진왜란을 계기로 중국에까지 알려졌으며, 이 점은 동계東溪 조형도趙亨道(1567~1637)와 남야南野 박손경朴孫慶(1713~1782)의 글에서 확인된다.

> 세상에서는 인각사비의 글씨를 왕희지가 쓴 것으로 일컬어왔으나 그러한지는 확실하지 않았다. 임진왜란이 일어난 뒤에 중국의 장수가 그것을 보고 왕희지의 글씨임을 알게 되자 다투어 탁본해 전파했으며, 대단히 보배롭게 여겨 사랑했다. 이로부터 중국 사신이 이르면 번번이 구하니 경상감사가 임금의 지시에 따라 고을 원을 차출해 감독하고 탁본하게 했다.[9]

> 내가 오래전부터 듣건대 인각사비의 필법은 정밀하고도 오묘한데, 임진왜란 때 우리나라에 온 중국 사람들이 보고 심히 칭찬하면서 '왕희지의 진적이 여기에 있다'고 했다. 이로부터 우리나라 사람들이 다투어 그 탁본을 얻으려 하여 원근에서 구하는 사람

들이 어지럽게 모여드니 고을의 선비들이 골칫거리로 여기게 되었다.[10]

첫 번째 글을 쓴 동계 조형도는 임진왜란을 직접 겪은 사람이고, 이 글이 쓰여진 것도 임진왜란에서 그리 멀지 않은 시점이므로 신뢰성이 높다. 그런데 이에 따르면 불세출의 명필 왕희지가 쓴 글씨 때문에 인각사비의 존재가 새롭게 부각되고 중국에까지 알려진 것은 임진왜란 때 우리나라에 온 중국 사람에 의해서였으며, 이 점은 두 번째 글에서도 확인할 수 있다. 원근 인사들의 빗발치는 요구에 따라 인각사비에 대한 대대적인 탁본이 이루어지고 중국에서 온 사신들이 번번이 탁본을 요청함으로써 지역민들의 골칫거리가 된 것도 대략 이때부터였던 듯하다. 이 점은 1614년에 편찬된 이수광李睟光(1563~1628)의 『지봉유설芝峰類說』에 "근년에 중국 사신 주량朱梁과 주웅朱熊이 인각사비를 탁본해갔다"고 기록한 데에서도 그 대강을 짐작할 수 있거니와,[11] 『광해군일기』에서도 보다 구체적으로 확인할 수 있다.

어제 조서詔書를 받들고 온 중국 사신에게 김생이 쓴 백월비白月碑 탁본 다섯 장을 바쳤더니 사신이 "매우 좋은 글씨다. 듣건대 귀국에는 또 인각사비가 있다고 하던데 신속히 탁본해주기 바란다"고 했습니다. 저희가 "이 비석은 지극히 머나먼 남쪽 땅에 있으므로 중국으로 귀국하기 전에 탁본해올 수가 없을 것 같다"고 했더니, 중국 사신은 "추후에 중국으로 보내어도 무방하다"고 했습니다. 이 비석은 경상도 의흥현에 있으니 청컨대 경상감사에게 지시해 시급히 탁본해 보내는 것이 옳을 것입니다. (…) 왕이 허락했다.[12]

중국 사신은 인각사비의 존재를 미리 알고 신속한 탁본을 요청했고, 거리상 탁본이 불가능하다고 하는데도 추후에 중국으로 보내달라고 할 정도로 인각사비에 대해 남다른 집착을 보였다. 1625년에 중국 사신이 인각사비의 탁본을 요청한 예가 『승정원일기承政院日記』에 기록되어[13] 있기도 하다.

이처럼 중국 사신들에 의해 압록강을 건너가기 시작한 인각사비 탁본은 조선후기에 와서 조선 사대부와 중국인의 문화 교류가 활발해지면서 백월비 탁본, 무장사비 탁본 등과 함께 선물용으로도 심심찮게 압록강을 건너갔다. 중국인 연정燕庭 유희해劉喜海가 편찬한 『해동금석원海東金石苑』에 이 비가 언급되어 있는• 것도 같은 맥락에서 이해된다. 이규경李圭景이 남긴 기록에서도 비슷한 상황을 짐작할 수 있다.

우리 동방 정조 경술년에 영재泠齋 유득공柳得恭이 별사別使를 따라

• 부록에 수록된 '인각사 관련 자료 집성' 43번 참조. 그러나 현전하고 있는 『해동금석원』에는 인각사비 탁본이 수록되어 있지 않다. 왜냐하면 1860년 영불 연합군에 의해 북경이 함락될 때 유희해의 원고본이 유실되는 바람에 전반부의 초고본 4권만이 간행되었고, 후반부에 수록되어 있던 인각사비는 누락되었기 때문이다(참고문헌의 김상기, 1961).

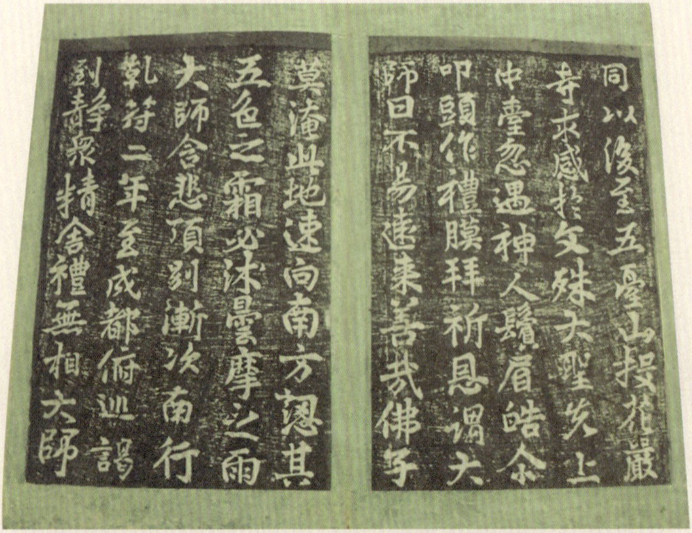
同以後至五臺山投於華嚴
寺求感於文殊大聖至上
中臺忽遇神人鬢眉皓尒
叩頭作禮膜拜祈恩謂大
師曰不易遠來善哉佛子
莫淹此地速向南方認其
五色之霜必沐曇摩之雨
大師含悲頂別漸次南行
乾符二年至成都府巡謁
到靜衆精舍禮無相大師

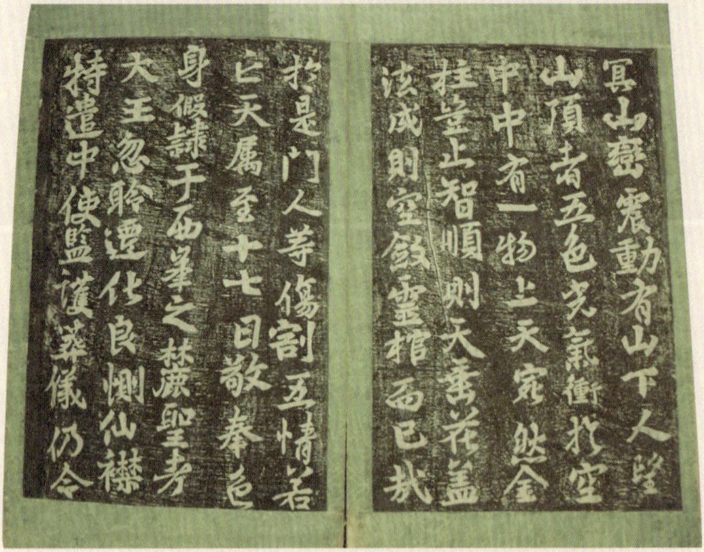
冥山嶽震動有山下人望
山頂者五色光氣衝於空
中中有一物上天宛然金
柱望上智順則天垂花盖
法成則空斂靈棺而已哉
於是門人等傷割五情若
亡天屬至十七日敬奉色
身假隸于西峯之麓聖孝
大王忽聆遷化良惻仙襟
特遣中使監護葬儀仍令

신라의 명필 김생의 글씨를 집자하여 새긴 백월서운탑비白月栖雲塔碑의 탁본. 흔히 줄여서 백월비白月碑라 부르며, 원래 이 비석이 안동 태자사에 있었으므로 태자사비太子寺碑라고도 한다.

중국에 가서 『열하기행시주熱河紀行詩注』를 지었는데, 『난양록灤陽錄』이라 부르기도 한다. 연성공衍聖公 공헌배孔憲培는 공자의 72대 손이다. 나이가 서른 몇쯤 되었는데, 모습이 아름답고 글씨를 잘 썼다. 내가 원명원圓明園과 수도에서 두 번에 걸쳐 방문했는데 유득공을 위해 영재泠齋라는 그의 호를 써주었다. 아울러 조방趙汸의 『춘추금쇄시春秋金鎖匙』 1권, 대진戴震의 『고공기도考工記圖』 2권, 『성운고聲韻考』 4권, 채경蔡京의 「주학비州學碑」 당회영湯懷英의 「행단비杏壇碑」, 강개양姜開陽의 『선성묘상시조先聖墓上蓍草』 50본本을 주었다. 나는 의홍 인각사비 탁본으로 사례를 하고 또 오언율시 1수를 증정했다.[14]

중국으로 건너간 조선 선비가 공자의 72대 손인 공헌배로부터 책과 탁본들을 선물로 받은 뒤 인각사비 탁본을 답례로 주고 있다. 그런데 이 글에서 주목되는 것은 당시 중국으로 건너가는 조선 사대부들이 선물이 필요한 경우를 대비해 미리부터 인각사비 탁본을 들고 갔다는 점이다. 이렇게 볼 때 조선후기부터 인각사비는 중국인들에게 매력적인 선물로 자리매김하고 있었던 듯하다. 뿐만 아니라 인각사비 탁본은 바다를 넘어 일본으로 건너가기도 했고, 일제강점기에 일본으로 갔던 탁본이 미국으로 옮겨가 버클리 대학에 소장되어 있는 것도 세 개나 된다. 이런 경우를 두고 인각사비 탁본의 세계화라고 말하려니, 서글퍼도 너무 서글프다.

3

사람에 깨지고 불에 타다

그러나 운명이 어느 나무 뒤에 숨어 있다가 뒤통수를 내려칠지는 누구도 예측할 수 없는 것! 불세출의 글씨로 불세출의 고승의 행적을 아로새김으로써 중국에까지 널리 알려져 있던 이 비석의 운명은 전혀 예상하지 못한 방향으로 치닫기 시작했다. 그 일차적 화근은 왕희지의 글씨에 있었다. 왕희지의 글씨였기 때문에 이 비석은 서예를 위한 법첩용으로 무절제한 탁본이 계속되면서 서서히 마멸되어갔던 것이다.

그러나 앞서 언급한 것처럼 임진왜란 이전까지만 해도 이 비석의 가치가 국외에까지 크게 알려진 것 같진 않으며, 비석도 큰 탈 없이 보존되어왔던 것으로 보인다. 1530년 간행된 『신증동국여지승람』에도 이 비석이 '인각사에 있다'고 기록하고 있으며,[15] 금계錦溪 황준량黃俊良(1517~1563)도 인각사 승려에게 주는 시에서 "들은 바에 의하면 신령스런 비석은 글자가 없어지지 않았네見說靈碑字未漫"[16]라고 읊조린 바 있다. 1595년의 상황을 기록한 도세순의 『용사일기』에도 '극락전 앞에 보각국사의 비가 서 있었다'고 언급하는 한편 비석의 내용을 소개한 것을 보면, 이때까지만 해도 보각국사 비에는 별탈이 없었던 듯싶다.

측면에서 촬영한 일연 비의 모습. 이 비석에 기원을 하면 복을 받는다 하여 동전이 어지럽게 흩어져 있다.

끊임없는 탁본과 오랜 풍화작용 속에서도 잘 견디던 비석이 결정적 타격을 입은 것은 정유재란(1597) 때였다. 임진왜란은 인각사비의 존재를 중국에까지 알리는 중요한 계기가 되기도 했지만, 그 바람에 대대적인 탁본이 이루어져 이 비석이 내리막길로 치닫는 출발점[17]이 되기도 했다. 그러나 정유재란 때 이 비석이 당한 수모는 탁본으로 인한 마멸과는 비교할 수 없을 정도였으며, 이 점은 동계 조형도의 글에서 구체적으로 확인할 수 있다.

정유재란 때 일본 병사들이 인각사를 한꺼번에 불살라버렸다. 비석이 법당 뜨락에 서 있었으므로 불길에 문드러졌는데, 앞면이 가장 심해 윗부분과 아랫부분은 글자의 획이 그대로 남아 있으나 가운데 부분이 벗겨지고 떨어져나가 남아 있는 것이 없다.[18]

이 글에 의하면 인각사비는 정유재란 때 인각사의 소실과 함께 큰 타격을 입었으며, 특히 비석 앞면 가운데 부분이 치명타를 입었다. 이 기록만으로도 인각사비가 임진왜란 때 크게 훼손되었음을 확인할 수 있지만, 용문거사 윤광주가 1701년에 남긴 언급을 통해서 보다 구체적으로 알 수 있다.

아아, 임진왜란 때 섬나라의 오랑캐가 이 비석을 발견하고 "왕희지의 진적을 여기서 다시 보게 될 줄은 몰랐다"며 다투어 탁본을 했다. 그때는 바야흐로 겨울이었으므로 불을 피워놓고 탁본을 하면서 비석을 땅에 넘어뜨렸다. 그런 일이 있은 후 비석이 떨어져나가게 되었고, 글자의 조각이 대략 남아 있는 것들조차도 떨어져나가고 이지러져서 진면목을 잃게 되었으니, 아아 왜놈에게 화를 당한 것이 어찌 이토록 혹독했단 말인가! 그러나 왜놈들이 "왕희지의 진적"을 알아보았으니 그들 가운데서도 묘법을 아는 자가 있었던 모양이다.[19]

임진왜란은 단순히 전 국토가 초토화되고 민중을 생사의 기로에 서게 했던 전쟁일 뿐만 아니라, 역사와 문화가 크게 훼손되고 문화재가 대대적으로 유실되었던 최악의 전쟁이기도 했다. 그 단적인 예로 답사를 하다가 안내판을 읽어보면 영남지역의 사찰 가운데 대부분은 전체적이든 부분적이든 임진왜란 때 소실되었으며, 난을 피해간 것은 그야말로 가뭄에 콩 나듯 있을 뿐이다. 예컨대 범어사, 통도사, 석남사, 단속사, 불국사, 분황사, 동화사, 파계사, 운문사 같은 거대한 사찰들이 모두 임진왜란 때 화를 면치 못했고, 사찰이 소유하고 있던 문화재들도 순식간에 잿더미로 변했다.

『삼국유사』의 저자인 일연선사의 일대기를 써놓은 나라의 보물이 이처럼 파괴되었다.

사실 오늘날 해인사가 세계문화유산으로 지정된 팔만대장경을 소유할 수 있었던 것은 용케도 임진왜란이 해인사를 피해갔기 때문이다. 봉정사 극락전과 부석사 무량수전이 우리나라 최고의 목조건축물이 될 수 있었던 것도 같은 맥락에서이며, 봉정사와 부석사가 목조 문화재를 위시해 유달리 많은 문화재를 보유하게 된 것도 이와 무관하지 않다.

더구나 인각사는 왜적의 방화로 절 전체가 송두리째 불타 쑥대밭이 됐고, 당시 인각사비는 극락전 앞에 있었기에 불길을 피하기 어려웠다. 게다가 일본인들은 이 비석의 글씨가 왕희지의 것임을 알고는 한겨울에 불을 피워놓고 비석을 넘어뜨린 채 탁본을 해가는 만행을 저질렀으며, 이 때문에 인각사비는 치명적인 수난을 겪었다.

그러나 이때까지만 해도 비석 자체가 깨진 것은 아니었는데, 그 얼마 뒤에는 인각사비가 여러 조각으로 파손되는 결정적 비극을 맞는다.

> 이 절은 영남의 거대한 사찰로서 그 이름이 중국에까지 알려져 있었고, 게다가 왕희지가 쓴 보각국사비가 있었는데 나무 하고 소 기르는 사람들이 쳐서 모두 깨트려버렸다.[20]

1630년경에 의흥 땅의 선비 박흔이 남긴 이 기록에 의하면 보각국사비는 적어도 1630년 이전에 이미 여러 조각으로 깨졌으며, 비석을 파손한 사람들은 나무 하고 소 기르는 인각사 인근의 민초들이었다. 이 지역에 사는 민초들이 왜 일연의 비석을 파손했을까? 그것은 아마도 임진왜란을 계기로 왕희지의 글씨로 새긴 이 비석의 존재가 국내외에 널리 알려지면서 탁본 요청이 사방에서 쇄도했고, 탁본의 노역에 시달리던 민초들이 비석에 고의적인 타격을 가해 파괴해버린 것이 아닐까 짐작된다. 만약 그렇다면 인각사비는 김생의 글씨를 집자하여 봉화(현 안동군 도산면 태자리) 태자사太子寺에 세웠던 백월서운탑비白月栖雲塔碑와, 역시 왕희지 집자로 이루어진 양양 사림사沙林寺의 홍각선사비弘覺禪師碑와 비슷한 운명을 걸어간 셈이다.

1630년 이전에 몇 덩이로 파괴된 인각사비가 이후에 어떤 변모를 겪었는지 알 수 있는 자료는 별로 남아 있지 않다. 그러한 가운데 기록자의 생존 연대로 미루어 18세기 중반의 상황을 보여준다고 판단되는 박손경朴孫慶(1713~1782)의 기록을 참고할 만하다.

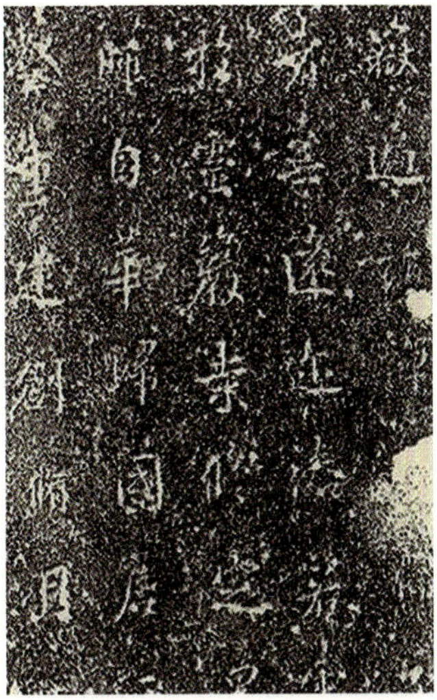
886년 운철雲徹이 왕희지의 글씨를 집자하여 강원도 양양의 사림사에 세웠던 홍각선사비의 탁본. 탁본에 따른 고통을 견디지 못한 주민들이 불을 지르는 바람에 이 비석은 18세기 중반에 파손되었다.

> 뒤에 절이 불타면서 비석 또한 달라져버렸으나 아직도 탁본할 수 있는 덩어리가 있다. 내가 이 비석의 탁본을 매우 부지런히 구해 뒤늦게야 비로소 하나를 구했다. 그러나 애석하게도 비석이 이미 이지러진 데다 탁본하는 솜씨조차 정밀하지 못해 온전한 글자가 열에 둘도 없었고, 온전한 것마저도 참 모습과는 거리가 멀었다.[21]

박손경이 이 글을 쓸 무렵에는 파손된 인각사비에서 온전한 글자가 겨우 10자 중 2자에 불과했던 모양이다. 그러던 것이 1760년경에는 비신 전체가 십여 개의 덩어리로 깨진 채 인각사 불전 밑에 숨겨져 있었다고 한다. 끈질긴 탐색 끝에 이를 찾아내 탁본을 했던 홍양

처절하게 깨진 데다 누가 못으로 긁어놓은 듯한 자국이 남아 있는 인각사비의 앞면을 촬영한 모습. 마모가 너무 심해 햇빛이 비칠 때라도 이처럼 선명한 글씨를 잡아내기가 힘들다.

호는 알아볼 수 있는 글씨가 겨우 10자에 1자였다고 증언하고 있으며,[22] 그렇게 된 이유를 나라 안팎의 탁본 요구를 견디지 못한 승려들의 고의적인 파괴로 추측한 바 있다.

한편 1797년에 신작申綽(1760~1828)은 「제인각사비후題麟角寺碑後」[23]라는 글을 남겼다. 이 글에서 그는 '비석의 글자가 이지러지고 떨어져서 문장을 읽을 수 없다'고 전제하면서, 남아 있는 몇몇 글자의 사례를 제시하고 간략한 설명을 덧붙였다. 그러나 신작의 글은 현장 답사를 기반으로 서술됐다기보다 그가 입수한 탁본을 바탕으로 한 것이고, 현재로서는 그 탁본 연대를 정확히 알 수 없다. 따라서 그것이 꼭 신작이 글을 썼던 1797년의 비의 상황을 반영하고 있는지는 의문이나, 어쨌든 신작이 본 탁본이 이뤄지기 전에 이미 비석은 크게 훼손되었음을 의심할 여지는 없다. 더구나 그 시기를 정확하게 알 순 없지만 한말 어느 때 일연의 부도가 있던 자리를 조상의 산소로 사용하려던 황보씨皇甫氏 일당의 습격을 받아 비석은 또 한번 수난[24]을 당했다.

그런데 이상하게도 1896년 팔공산의 회응晦應 강백講伯을 찾아가던 길에 인각사에 들렀던 안진호는 '『삼국유사』의 출현을 보고 보각국존의 비석을 일언하노라'[25]라는 글에서 이 비석에 대해 믿기 어려운 증언을 하고 있다. 그에 의하면 그때 인각사비는 자획이 마멸된 곳은 간혹 있었으나 비체碑體의 전형典型은 그대로 있었다는 것이다. 1630년 이전에 이미 파손되었고 1760년에는 열몇 덩어리로 깨져 있었는데 1896년에 비의 전형이 온전하다니, 이만저만한 모순이 아니다. 이것이 먹다가 반쯤 남은 사과를 두고 사과가 아직도 반이나 남았다고 생각하는 사람과, 이제 반밖에 남지 않았다고 생각하는 사람의 주관적 감각 차에서 온 것이라고 말하기는 어렵다. 그렇다면 어떻게 이러한 모순이 생겼을까? 결론부터 말한다면 이러한 현상은 안진호의 착각에서 일어난 것이 아닐까 싶다. 안진호가 인각사에 들렀던 것은 1896년이지만 이 기록을 남긴 때는 그로부터 무려 31년 후인 1927년이었고, 인각사에 들렀을 때 그의 나이는 열일곱 살에 불과했다. 더구나 그 당시 안진호는 '입산한 지 얼마 되지 않은 어린 나이였으므로 이 비석이 지닌 국보적 가치를 알지 못했다'고 고백하고 있기에 아마도 그가 무언가를 착각하고 있었다고 생각되는 것이다.

인각사의 일연생애관에 전시할 탁본을 만들기 위하여 종이를 비석에다 씌운 모습. 그러나 비석 상태가 워낙 좋지 않아 도저히 탁본을 뜰 수 없었다. 앞으로 어떤 경우에도 이 비석을 다시 탁본하는 간 큰 일을 해서는 안 된다.

1927년 의성 고운사에서 안진호는 주지인 만우화상萬愚和尙과 '세상에 보기 드문 보배'인 『삼국유사』가 간행된 것을 두고 담화를 나누다가 인각사비의 현황을 물었다. 그는 만우화상으로부터 '허, 부근 인민이 벼루 돌을 만든다고 다 깨뜨려가고 지금은 세로로 이 척尺 미만이 남아 있지'라는 대답을 들었다. 이런 뜻밖의 답을 들은 그는 '거꾸로 인각사비를 깨뜨린 인민의 선조의 비석이 타인에 의해 참혹하게 깨졌다면 그 느낌이 어떻겠느냐'고 반문하면서 통탄을 금하지 못했다. 안진호가 쓴 글의 끝머리에는 1916년 군위군수 주재영朱載榮이 지은 발문跋文•이 첨부되어 있는데, 이 글에서 그는 '자획이 마멸된 것이 대부분을 차지해 몇 년이 더 지나면 틀림없이 몰자비沒字碑가 될 것'이라고 증언하고 있다.

군위의 향토사학자였던 장제명은 고금을 통해 과거에 응시하는 사람들이 이 비석의 글씨를 갈아 마시면 국사國師의 신통력으로 급제하게 된다는 미신 때문에 인각사비가 훼손되어왔다고 기록하기도 했다. 최근에 와서는 비각을 세 번 돌면서 그때마다 비신碑身을 만지고 기원하면 복을 받게 된다는 신흥新興 미신의 등장으로 인해, 복을 비는 사람들이 비신을 향해 던져놓은 동전들이 비각 속에 어지럽게 흩어져 있다.

청정한 거울과 혼탁한 쇠가 원래는 다 같은 쇠붙이이고 혼탁한 물

• 부록에 수록된 '인각사 관련 자료 집성' 44번 참조. 그러나 이 발문은 안진호의 글에 대한 것이 아니라 뒤에서 언급할 보각국사비의 필사본(김혜월 본)을 널리 유포하면서 붙인 것이다.

과 청정한 물도 그 근원은 마찬가지다. 원래 같은 것임에도 불구하고 그 결과가 서로 다른 것은 갈고 갈지 않음과, 움직이고 움직이지 않음에 있다. 여러 부처와 중생의 본성도 바로 이와 같아서 다만 미혹에 빠져 있는지, 아니면 깨달음을 얻었는지로 구별될 뿐이다. 그러니 어느 누가 어리석은 사람과 지혜로운 사람이 종자가 따로 있다고 하겠는가.[26]

인각사비는 청정한 거울과 혼탁한 쇠붙이, 혼탁한 물과 청정한 물의 장중한 비유를 통해 부처와 중생이 원래부터 씨가 다른 것이 아니라는, 진리 앞에서의 인간 평등 선언에서 시작된다. 그리고 다음과 같은 작자 민지의 간절한 기원으로 끝을 맺는다.

겁화劫火•가 골짜기를 태워
산하가 모조리 잿더미가 되더라도
이 비석은 홀로 남고
이 비문은 마멸되지 않을지어다.[27]

그러나 간절한 기원에도 불구하고 이 비석은 완전히 파괴되고 말았다. 현존하는 비석에 남겨진 글자는 전면 227자, 후면 142자 등 369자 정도인데, 이것은 4000자가 넘는 전체 글자의 10분의 1에도 미치

• 세계가 파멸할 때 일어난다는 큰 화재.

인각사비의 뒷면을 촬영한 모습. 남아 있는 글씨가 비교적 또렷하게 포착되었다.

지 못한다.

비석이 이 모양이 된 일차적인 이유는 임진왜란이란 겁화를 만난 데서 찾아야겠지만, 불세출의 명필 왕희지의 글씨로 새겼다는 것도 결정적인 역할을 했다. 즉 천 년 전에 중국에서 살았던 왕희지가 천 년 뒤에 세워진 인각사비를 파멸의 구렁텅이 속으로 빠뜨렸던 셈이다. 더구나 위대한 고승에 대한 지성스런 마음의 가장 아름다운 표현 방식으로서 왕희지의 글씨를 집자한 것이, 결과적으로 이 비석의 운명을 가혹하고도 참담한 것으로 뒤바꿔놓았다는 아이러니 앞에서 망연자실의 비감을 느끼지 않을 수 없다.

4

사라진 글자를 찾아라

보각국사비가 마멸을 거듭하다가 마침내 처참하게 깨지자, 이 비석에 새겨놓은 일연 스님의 사연 많은 생애도 천 길 만 길의 어둠 속에 파묻혔다. 탁본을 무수히 했으니 그것들을 보면 알 수 있을 터인데, 스님의 생애가 어둠 속에 묻히다니? 도대체 어찌된 셈이냐고 의아해할지도 모르겠다.

당연히 생길 의문이긴 하나, 탁본이 남아 있다고 해서 스님의 생애를 알 수 있는 것은 아니었다. 우선 현존하는 것들은 대부분 비석이 완전할 때가 아닌 깨진 후에 탁본된 것들이다. 따라서 그것들은 어디까지나 깨지고 남아 있는 부분만 보여줄 따름이다. 더욱 본질적인 문제는 보각국사비를 탁본한 궁극적인 목적이 비석의 주인공인 일연의 생애에 대한 궁금증에 있는 것이 아니라, 서예용 법첩을 만드는 데 있었다는 사실이다. 법첩으로 쓰고자 한 것이기에 현존하는 자료는 대부분 글씨가 완전하게 남아 있는 부분을 중심으로 하여 탁본한 부분적인 자료에 불과하다. 게다가 그마저도 원래 탁본한 상태로 전해지는 것이 아니라, 보기에 편한 책자 형태의 법첩으로 변경되었다. 법첩을 만들 때 소가 풀을 뜯어 먹듯이 문장의 순서나 문맥의 흐름과는 상관없이 탁본이 잘된 부분만을 법첩의 크기에 맞추어 오려 붙이다보니, 문장의 전후 상하가 어긋남은 물론이고 비석의 앞면과 뒷면까지도 뒤죽박죽되어 있다. 이 같은 상황을 보다 실감나게 이해하기 위해 일찍부터 알려져 있던 탁본첩 몇 종의 상황을 표로 나타내면 다음과 같다.[28]

탁본첩 명칭	크기 (가로:세로)	면수	각 면 줄 수	각 줄 글자 수	글자 수 합계	비고
서울대 규장각본	13.5:24cm	22면	5줄	10자	1014	주로 뒷면
영남대 동빈문고본	11:22cm	19면	4줄	9자	655	앞면과 뒷면 섞임
황수영 본	20:30cm	10면	8줄	12-13자	966	앞뒷면 반반 섞임
박영돈 본	13:24cm	20면	5줄	11자	994	앞면
대동금석서	16:29cm	3면	6줄	12자	193	앞면 2면, 뒷면 1면

아직까지 확실하게 알 순 없지만 보각국사비의 앞면과 뒷면에 새겨진 글자들을 모두 합하면 최소한 4100자에 육박하고 있다. 그런데

각종 탁본에 남아 있는 글자 수는 그에 비해 턱없이 적고, 탁본 간에 겹치는 부분도 많다. 그런 까닭에 다수의 탁본이 남아 있다 해도 그것만으로는 비문의 내용을 파악할 수 없다.

게다가 조선시대에는 숭유배불 정책으로 인해 승려의 사회적 지위가 비참하게 추락했고, 『삼국유사』도 허황한 내용으로 점철된 황당무계한 책으로 평가절하되었다. 따라서 조선시대까지 이 비석의 주인공인 일연의 생애에 대해 적극적인 관심을 가진 사람은 없었고, 법첩들을 모아 보각국사비를 복원하는 것을 꿈에서조차 생각해본 사람도 없었다.

앞면의 복원

그러나 비석이 훼손되고 비문 전체에 대한 온전한 탁본이 하나도 없는 상황에서도 일연 스님의 생애는 진작부터 그 대강이 알려져 있었다. 왜냐하면 선사의 일생 행적을 기록한 비석의 앞면 기록 전체를 필사한 것 하나가 오대산 월정사에 보관되어 있었기 때문이다. 인각사와는 멀리 떨어져 있는 오대산 월정사에 어떻게 인각사비의 필사본이 보관되고 있었을까? 그 경위는 다음 글에서 살펴볼 수 있다.

> 이 비석은 세워진 뒤에 622년이란 오랜 세월이 흐름에 따라 글자의 획이 마멸된 것이 대부분임에도 불구하고 그것을 고증할 근거조차 없다. 만약 이와 같은 상태로 몇 년이 더 지나간다면 틀림없

이 글자 없는 비석이 되어버릴 터여서 항상 개탄스럽게 여겨왔다. 대정大正 5년(1916) 4월경에 강원도의 승려였던 이지암李芝庵이 인각사에 들렀다가 주지 대리로 있던 이지현李智賢에게 말했다. "강원도 오대산 월정사 승려인 김혜월金慧月은 나이가 101살인데도 아직 살아 있습니다. 지금으로부터 약 80년 전에 혜월이 인각사에 들렀다가 이 비석의 필사본을 보고 가져가서 지금까지 갈무리하고 있으니, 어찌 가서 찾아오지 않습니까." 지현이 그의 말을 듣고 기이하게 여겨 같은 해 8월 23일 이지암과 함께 월정사로 찾아갔더니, 마침 혜월은 일이 있어서 다른 산에 가고 없었다. 그러나 필사본은 상자 속에 갈무리되어 있었으므로 혜월의 상좌上佐 등에게 요청해 마침내 찾아서 돌아왔다. 지암과 지현의 부지런함과 수고로움을 정말 잊을 수가 없기도 하지만, 이 모든 것이 진실로 우연히 일어난 일이 아니니, 유적遺蹟이 나타나고 숨는 데도 아마도 운수란 게 있는가보다.[29]

인각사비의 필사본을 월정사가 소장하게 된 연유는 간단하다. 1916년에 나이가 101살이던 월정사 승려 김혜월이 대략 80년 전, 그러니까 20대의 청년 시절인 1836년경에 인각사에 들렀다가, 그곳에 소장되어 있던 이 비석의 필사본을 월정사로 가져갔던 것이다. 일연의 생애에 대해 적극적인 관심을 가진 사람이 거의 없던 시절에, 김혜월이 필사본을 가져가서 80년 동안이나 보관했던 것은 일연에 대한 적극적인 관심이자 애정의 표현이었다. 그러나 이 문제는 문화

비석의 앞면 모두를 필사한 필사본을 보관하고 있던 혜월 스님이 머물렀던 월정사. 혜월 스님 소장 필사본에는 약간의 오류가 있었으나, 앞면 모두를 담은 한국학중앙연구원 소장의 탁본이 발견되기 전까지 일연의 생애를 짐작할 수 있는 거의 유일한 자료였다.

재의 해외 유출과도 같은 것이므로 결코 바람직한 일이라고 할 수는 없다. 바로 이 잘못된 일을 바로잡는 데 팔을 걷어붙인 사람이 인각사 주지 대리 이지현이었다. 그는 교통이 불편했던 그 시절 머나먼 강원도 오대산까지 찾아가서 우여곡절 끝에 이 필사본을 다시 인각사로 가져왔는데, 이지현의 행위 또한 일연 스님과 인각사에 대한 뜨거운 애정과 관심의 소산임은 말할 것도 없다.

그러나 운명은 자갈밭에 떨어진 럭비공과 같아서 어디로 튈지 짐작하기 어려운 법. 결과만 두고 보면 이지현이 월정사에 있던 필사본을 인각사로 다시 가져온 것은 잘못된 일이었다. 돌아왔으므로 월정사에 이 필사본이 소장되어 있을 리 없고, 돌아왔음에도 불구하고 현재 인각사에 이 필사본이 없기 때문이다. 불행하게도 이 필사본은 인각사로 돌아온 후에 허망하게 분실됐지만• 그나마 다행스럽게도 필사본의 내용은 몇 가지 경로를 통해 세상에 알려질 수 있었다.

그 가운데 하나는 월정사에 있던 필사본이 인각사로 되돌아온 1916년, 당시 군위군수로 있었던 주재영朱載榮의 필사본에 대한 아주 적극적인 관심인데, 이에 대해서는 다음의 글이 참고가 된다.

> 근래에 고적보존회가 있어서 이 비석을 무궁토록 전하고자 했다. 한스러운 것은 그 필사본이 사이사이 좀 먹고 종이가 찢어진 곳이 많아서 추측해 메울 수가 없다는 것이다. 그러나 만약 김혜월의 필사본이 없었다면 비록 결본缺本이라도 얻으려고 애를 쓴들 어디에서 그것을 구할 수 있겠는가. 그러므로 이를 계기로 하여 이 필사본을 등사해 광범위한 유포를 도모하면서, 애오라지 그 전말을 위와 같이 적어 다음 세상의 김혜월을 기다리노라.[30]

• 이 등본이 월정사에 소장되어 있다고 기록하고 있는 문헌이 많으나 그것은 잘못됐다. 확인 결과 이 등본이 월정사에 없는 것은 물론이고 인각사에도 없으므로 현재로서는 그 행방을 알 수 없다.

김혜월 본의 가치를 알고 있었던 주재영은 필사본을 등사해 널리 유포하려 했다. 그러나 군위군수로 재직하고 있던 그가 아무리 노력해도 유포 범위가 군위와 영남을 중심으로 한 지역에 국한될 수밖에 없었을 터다. 이러한 맥락에서 볼 때 김혜월 본의 내용이 전국적으로 알려지게 된 것은 1918년 이능화의 『조선불교통사朝鮮佛教通史』에 이 필사본이 소개되고, 1919년 조선총독부가 간행한 『조선금석총람朝鮮金石總覽』*에 다시 수록되면서였다.

주재영의 글에서 살펴볼 수 있듯이 불완전한 부분이 없는 것은 아니지만 김혜월 본은 오랫동안 일연 스님의 생애를 알 수 있는 거의 유일한 자료였다. 그러던 중 1981년 정신문화연구원(현 한국학중앙연구원)이 비석이 깨지기 전에 앞면 전체를 탁본해 만든 법첩을 입수해 간행하면서, 적잖은 결함이 있던 이 필사본은 그 역사적 사명을 다했다. 이 탁본의 발견으로 보각국사비 앞면의 내용은 거의 정확하게 알 수 있게 되었으며, 더욱이 이 탁본의 발견은 원래 새겼던 왕희지의 글씨로 보각국사비를 인각사 뜰에 다시 세울 가능성을 열어준 출발점이 되기도 했다.

* 1919년에 간행된 『조선금석총람』에는 이 필사본이 월정사 소장으로 되어 있다. 따라서 1916년에 월정사에 있던 필사본을 인각사로 가져왔다는 기록과 얼핏 모순되는 것처럼 보인다. 그러나 『조선금석총람』이 간행된 것은 1919년이지만 자료 수집은 1913년에서 1916년 사이에 이루어졌다(『조선금석총람』 범례 제1항 참조). 즉, 조선총독부에서 자료를 수집할 당시에는 이 필사본이 월정사에 있었으므로, 그후의 변동 사항을 파악하지 못하고 월정사 소장으로 기록한 것으로 보인다.

뒷면의 복원

그러나 앞면의 내용을 알았다고 해서 인각사비가 바로 복원될 수 있는 것은 아니다. 비석 뒷면에 새겨진 내용은 아직도 어둠 속에 묻혀 있었기 때문이다. 더구나 뒷면은 전체 탁본은 물론이고 필사본조차 남겨지지 않았고, 일찍이 김상기에 의해 문제가 제기[31]되기 전까지는 앞면의 문장과는 작자가 다른 별도의 문장이 뒷면에 새겨져 있었다는 사실도 제대로 파악하지 못하고 있었다.

뒷면 가운데 산립山立이 서술한 부분은 그래도 전체가 문맥이 통하는 산문이므로 상대적이나마 복원이 쉬울 수도 있었다. 그러나 그 뒤를 이어 일연과 인연을 맺은 200명이 넘는 문도門徒들이 승속僧俗의 직위에 따라 나열되어 있는 부분은 골칫덩어리일 수밖에 없었다. 산발적으로 남아 있는 탁본을 통해 그들의 이름과 그 이름이 놓여 있던 위치를 모두 알아낸다는 것은 사실상 불가능한 일이었다.

이러한 상황 속에서 1979년 채상식에 의해 보각국사비의 뒷면 복원이 처음으로 시도되었다. 그는 그때까지 알려져 있던 몇몇 탁본을 참고해 뒷면 가운데 967자를 복원하는 개가를 올렸다.[32] 그러나 채상식이 복원한 것은 음기에 기록된 1700여 자 가운데 절반을 넘는 정도에 불과했다. 하지만 그의 연구는 비 뒷면의 복원을 위한 원초적인 출발점이자 후속 연구의 디딤돌이 되었다는 점에서 대단히 중요한 의의를 지닌다.

채상식에 이어 김상현은 1991년에 그동안 새로 발견된 것들을 포함한 10여 종의 탁본을 검토해 1380여 자를 복원하는 성과를 거두

한국학중앙연구원이 소장하고 있는 일연 비의 탁본첩. 앞면 모두를 탁본하여 순서대로 오려 붙여 법첩으로 만든 이 탁본첩의 발견으로 인하여 일연의 생애를 알 수 있게 되었다.

었으며,[33] 1995년 정병삼은 간송문고에 소장되어 있는 법첩을 발굴해 새로운 문도들을 확인하는 한편, 이 비석의 건립 일자인 '원정원년을미팔월일서자元貞元年乙未八月日書字' 라는 큰 글씨들이 뒷면 위쪽에 가로로 쓰여 있었음을 입증하기도 했다.[34] 이처럼 보각국사비의 뒷면을 복원하는 일은 애초부터 한 사람의 노력으로 손쉽게 해낼 수 있는 일이 결코 아니었으며, 많은 학자들이 새로운 법첩들을 발굴하고 보충 연구물을 내놓음으로써 조금씩 진전될 수 있었다. 나는 그들 가운데서도 비석의 복원에 최후의 일각까지 최선을 다했던 재야학자 박영돈을 특별하게 소개하고 싶다. 비석 복원에 세운 공로도 대단하지만, 그가 쏟은 시간과 열정에 대해 경의를 표하고 싶기 때문이다.

1936년 충남 논산에서 태어난 박영돈[35]의 공식적인 학력은 초등

학교 졸업이 전부다. 이처럼 가방 끈이 짧았기 때문에 그의 이름 앞에는 언제나 재야在野라는 관형어가 붙어다닌다. 하지만 그는 수시로 학계를 깜짝 놀라게 할 정도의 학문적 역량을 지닌 서지학자 겸 금석학자요, 수만 권의 책과 수백 점의 탁본을 소장한 모범 장서가이기도 하다. 어디 그뿐이랴. 그는 먹고사는 현실적인 문제 때문에 문화재위원에 위촉되고도 정중하게 사양할 수밖에 없었던 전직 은행 수위이기도 하다.

박영돈이 정상적으로 공부를 할 수 없었던 것은 창씨개명을 거부하면서 일제에 항거하는 오연한 지절을 지녔던 아버지로 인해 집안이 완전히 몰락해버렸기 때문이다. 하지만 그는 어린 시절부터 닥치는 대로 책을 수집하고 읽으면서 내부에서 들끓는 지적 욕망을 충족시켜나갔다. 유달리 편지 쓰기를 좋아했던 그는 17세 소년 시절부터 박종화, 서정주, 김동리, 오영수, 이동주, 조지훈, 신석정, 이영도, 오지호, 박종홍, 손우성 등 당대의 예술계와 학계를 주름잡던 거물들에게 펜팔을 신청해 편지를 주고받았으며, 그들로부터 받은 것이 지금까지도 그의 서재에 소중하게 갈무리되어 있다. 특히 그의 '정신적 어머니'였던 시조시인 이영도와는 서로 엄마와 아들로 부르는 각별한 인연을 맺었으며, 이영도가 별세했을 때는 삼년상을 치르기도 했다. 이런 끈끈한 인연으로 이영도로부터 물려받은 박화성, 최정희, 장덕조, 이철경, 임옥인, 한무숙, 천경자, 박경리, 최미나, 왕수영 등의 편지 12통이 근자에 공개[36]되어 문단의 화제가 되기도 했다.

1963년 그가 군에서 제대한 후 청마 유치환이 교장으로 근무하고 있던 경남여고의 정원사로 취직할 수 있었던 것도 바로 이 편지 덕분이었다. 박영돈은 청마와 가까웠던 이영도가 그를 위해 다리를 놓아주었기에 젊은 날부터 청마와 편지로 인연을 맺었다. 그런데 박영돈이 정원을 가꾸는 데 각별한 관심과 능력이 있음을 알고, 청마가 편제에도 없는 정원사 자리를 만들어 그를 취직시켜주었던 것이다.

청마와의 만남은 박영돈의 개인사에 커다란 전환점을 마련해주었다. 청마의 집무실에는 거대한 탁본이 하나 걸려 있었는데, 그것은 전남 해남에 있는 이순신 장군의 명량대첩비鳴梁大捷碑 탁본이었다. 이것을 보는 순간 마음에 감동의 파문이 일어남을 느낀 그는 이내 탁본의 세계로 빠져들었으며, 그것이 그가 금석학자로 변신하게 된 출발점이었다. 이왕 정원사가 되었으니 우리나라 최고의 정원사가 되겠다는 야망으로 정원 가꾸는 일과 관련된 고서를 찾아 헤매다가, 현재 보물 1290호로 지정된 강희안姜希顔(1417~1464)의 『양화소록養花小錄』 초간본을 발견한 것이 그를 서지학의 세계로 입문하게 했다.

청마가 떠난 뒤 경남여고를 그만둔 박영돈은 이영도의 도움으로 부산은행 수위로 취직했으며, 이 직장에서 1967년부터 1994년까지 27년 동안 근무하면서 시간이 날 때마다 고서점을 줄기차게 들락거렸다. 그러던 그가 일연과 인연을 맺는 난데없는 운명과 맞닥뜨린 것은 30대 중반인 1971년 어느 날이었다. 그날 박영돈은 인사동에 있는 고서점 통문관通文館의 주인 이겸로李謙魯로부터 곰팡내 물씬 풍기는 탁본첩 하나를 입수했다. 혼자서 아무리 용을 써봐도 그 뜻을 알 수 있는 곳이 거의 없었으므로 이 탁본첩은 그의 서재에서 10여 년 동안이나 방치되었다. 그러던 어느 날 탁본첩을 금석학의 대가 황수영에게 기증했는데, 이를 받은 황수영이 그것을 보고 하는 말이 이랬다.

"『삼국유사』를 지은 보각국사 일연의 비명입니다. 이 비석이 아주 처참하게 파괴되는 바람에 그 내용을 제대로 알 수 없어서 안타깝기가 이루 말할 수 없는 상황인데, 이 탁본은 일연의 비석을 복원하는 데 큰 도움을 줄 수 있는 소중한 자료가 되겠군요."

황수영의 말을 들은 박영돈은 천하의 보배를 가지고 있으면서도 그것이 보배인 줄을 모르고 남에게 양도해버린 자신에 대해서 분노와 수치를 느꼈다. 씁쓸한 허탈감과 함께 불같은 오기가 불끈, 하고 일어나는 순간 그는 보각국사비를 자신의 손으로 복원하는 데 일생을 걸기로 결심했다. 비석의 탁본들을 차례대로 붙여나가면 될 터이므로 크게 어려울 것이 없으리라는 생각이 들기도 했다. 그러나 알려진 탁본이 손꼽을 정도에 불과했던 그 당시에 보각국사비의 복원을 시도한다는 것은 무모하기 짝이 없는 일이었다. 그럼에도 불구하고 그는 1984년 8월 인각사를 직접 참배한 뒤 그해 가을부터 이 일에 착수해 발분망식 상태에 들어갔다. 우선 그는 비석 복원에 필요한 각종 탁본을 수집하는 데 동분서주했고, 수집된 탁본들에 뒤죽박죽되어 있는 글자들을 정확하게 모자이크해 원래 비석의 모습으로 짜 맞추는 일에 고심참담한 연구를 거듭했다.

마침내 1986년에 비석의 앞면을 완성한 박영돈은 바로 이해부터 여러 차례에 걸쳐서 뒷면의 복원도 시도했다.[37] 이 일에 도움을 얻기

일연 비의 복원에 오랜 시간과 열정을 바쳤던 박영돈 선생.

위해 수십 차례 이리에 살고 있던 한학자 지산芝山 이병훈李炳薰을 찾아가 자문을 구하기도 했다. 그러나 200명이 넘는 승속의 문도들 이름이 등장하는 비석 뒷면을 복원하는 일은 앞면의 복원과는 차원을 달리하는 것이었으며, 고려시대 고승들의 비석에 문도들을 배열하는 보편적 형식이 없었으므로 더욱 어려운 일이었다.

이 지난한 일을 완성하는 데 무엇보다도 절실하게 요구되는 것은 새로운 탁본을 발굴하는 일이었다. 때마침 김상영의 주도로 중앙승가대학교에서 1992년과 1999년 두 차례에 걸쳐서 간행한 『인각사보각국사비첩麟角寺普覺國師碑帖』에 모두 26종의 탁본이 수록됨으로써 연구에 큰 도움을 주었다. 그러나 그것만으로는 도저히 갈증을 잠재울 수 없었던 그는 우리나라와 일본에 소장된 탁본들을 두루 구입하는 한편, 미국 버클리 대학 아사미문고에 소장되어 있던 3종의 탁본까지 입수하는 집요한 열정을 보여주었다.

무려 30여 년에 걸친 천신만고의 노력과 주변의 도움으로 박영돈은 불완전하긴 하나 비석의 앞면과 뒷면 모두를 원형대로 복원했다. 박영돈이 왕희지 집자비의 탁본을 다시 집자해 만들었다는 뜻에서 '박영돈 집자본'으로 불리는 이 복원본이 완성되자, 2004년부터 정병삼이 중심이 되어 30여 종의 탁본을 토대로 박영돈 집자본의 잘잘못을 한 자씩 따져 들어가는 축자 심의에 돌입했다. 이러한 과정에서 채상식이 비문의 내용과 모양이 함께 판독되어 있는 상하이도서관 소장의 보각국사 비문 11종(앞면 3종, 뒷면 8종)을 제공함으로써 문도들의 명단을 확인하는 데 결정적인 기여를 했다.

이런 과정을 통해 적지 않은 글자들이 수정되었고, '박영돈 집자본'도 10여 차례나 다시 제작된 끝에 앞면 2395자, 뒷면 1670자, 합계 4065자로 구성된 최종 집자본이 완성되었다. 누가 보더라도 비문의 복원에 매달린 학자들은 주어진 조건 속에서 혼신의 힘을 다했고, 이제 인각사 뜰에 보각국사비를 다시 세울 수 있게 된 것이다.

마침내 2006년 11월 13일, 최종적으로 가다듬은 박영돈 집자본을 토대로 미륵당 터 동남쪽 화산의 발꿈치에 장대한 귀부龜趺(돌거북이 받침) 위에 비신碑身과 이수(용을 새긴 비석의 머리 부분)가 차례로 놓여 있는 보각국사비가 중건되었으며, 같은 달 24일 성대한 제막식이 열렸다. 그해는 마침 일연이 태어난 지 800돌이 되는 해여서 비석을 복원한 의미가 더욱 깊기도 했다. 고려시대 비석들의 양식적 특징을 검토한 끝에 귀부는 전남 강진의 백련사에 있는 백련사사적비를, 이수는 충북 영동의 영국사에 있는 원각국사비를, 비신 가장자리의 문

여러 학자들이 오랜 시간에 걸쳐 연구한 결과를 토대로 인각사에 새로 복원한 일연의 비. 돌거북과 이수가 어우러져 장대한 모습을 보여준다.

백련사 풍경과 백련사 사적비의 돌거북이. 새로 복원된 일연비의 거북이는 바로 이 거북이를 모델로 했다.

양은 원진국사비를 모델로 했다.

최상급의 충남 보령산 오석으로 만든 비신은 육영수 여사의 비문을 새긴 이재영이 각고의 노력 끝에 왕희지의 필의筆意에 가깝게 새겼으며, 화강암으로 만들어진 귀부와 이수는 무형문화재 42호로 지정된 석장石匠 이재순이 맡아서 완성했다. 비석의 글씨는 주로 보각국사비의 탁본에서 집자했지만, 그 글씨가 온전하지 못한 경우 다른 곳에 있는 왕희지의 글씨를 찾아 보충하는 등 최선의 노력을 기울였다. 인각사의 숙원일 뿐만 아니라 민족의 숙원이기도 했던 사업이 여러 학자의 노력 끝에 열매를 맺자, 언론과 국민은 이 뜻 깊은 사업에 뜨거운 박수를 보냈다.

아쉬움을 남긴 복원 보각국사비

그러나 복원된 보각국사비는 여러모로 아쉬움과 의문을 남긴 것도 사실이다. 탁본에는 분명히 남아 있으나 끝내 제자리를 찾지 못한 글자도 여럿 있다. 특히 뒷면의 경우 복원에 참여한 학자들조차 '90 퍼센트 이상이 복원되었을 뿐이며, 따라서 복원이 아니라 재현에 불과하다' 고 말하고 있기도 하다.

우선 복원된 비석에는 '보각국사비명普覺國師碑銘' 이라고 큰 글씨로 쓴 제액이 전면 상단에 한 줄로 가로 쓰여져 있으나 원래 그것이 한 줄인지 아니면 두 줄로 쓰여 있었는지, 혹은 또다른 형태였는지 확인할 길이 없다. 귀부와 이수가 있는 고승의 비석들은 대부분 이수의 한가운데 사각형의 공간을 만들고 그 안에 제액을 쓰며, 그렇지 않을 경우는 앞면의 상단에 한 줄이나 두 줄로 제액을 쓰는 것이 일반적이다. 복원된 인각사비의 경우는 보경사 원진국사비(1224), 월남사 진각국사비(1250), 동화사 홍진국사비(1298) 등 비슷한 시기에 세운 고승의 비석들이 제액을 한 줄로 썼기에, 한 줄로 썼을 가능성이 높다고 판단[38]하여 그렇게 쓴 것인데, 그것이 과연 옳은지는 누구도 장담할 수 없다. 복원된 비석처럼 이수가 있었다면 그 한복판에 제액을 새겼을 가능성은 없는지 모르겠다.

그러나 무엇보다도 의아하게 생각되는 것은 장대하게 자리 잡은 귀부 위에 비신이 놓이고, 그 위에 이수가 얹혀 있는 새로 복원된 비석의 형태다. 이는 통일신라와 고려시대 고승들의 탑비가 지닌 일반적인 형태이긴 하나, 그렇다고 보각국사비도 과연 이런 것이었는지는 의문이 남는다. 물론 실물을 본 사람이 없고 그에 대한 기록도 전혀 남아 있지 않아 누구도 그렇지 않다고 장담할 순 없지만, 나는 그렇지 않다는 쪽에 무게를 두고 싶다.

만약 귀부와 이수가 있었다면 인각사 부근에 남아 있는 것이 정상이다. 설사 어떤 연유로 크게 파손되었다고 하더라도 그 잔재라도 남아 있는 것이 일반적이다. 그러나 보각국사비가 인각사의 중심 사역인 극락전 앞에 있었음에도 인각사 주변에 귀부와 이수가 없고, 여러 번 발굴 조사가 이루어졌음에도 그 파편조차 발견된 적이 없다.

전국 각처의 유적지에 흩어져 있는 신라와 고려시대 비석들을 보면 귀부와 비신, 이수가 모두 현장에 남아 있는 경우도 있지만 그 일부만 발견되는 예도 많다. 가령 태종 무열왕릉비(국보 제25호), 고달사 원종대사비(보물 제6호, 975년), 실상사 증각대사비(보물 제39호), 무장사 아미타불조상사적비(보물 제125호), 연곡사 현각선사비(보물 제152호, 979년), 연곡사 동부도비(보물 제153호), 쌍봉사 철감선사비(보물 제170호, 868년), 태안사 광자대사비(보물 제275호, 950년), 선림원지 홍각선사비(보물 제446호, 886년), 흥법사 진공대사비(보물 제463호, 940년), 칠장사 혜소국사비(보물 제488호, 1060년) 등은 귀부와 이수만 현장에 남아 있고, 경주 서악리 귀부(보물 제70호), 흥덕왕릉 귀부, 영암사지 귀부 2기(보물 제489호) 등은 비신을 포함한 윗부분을 잃어버린 채 거북이만 남아 있다.

다시 말해 비석이 파손되거나 또다른 연유로 사라진다 하더라도 귀부와 이수는 현장에 남아 있는 경우가 대부분이고, 이수가 없어진

다 해도 돌거북이는 현장에 남겨지기 마련이다. 왜냐하면 돌거북이는 운반이 불가능할 정도로 무겁고 거대한 데다, 귀부를 제외하고는 달리 사용할 데가 없기 때문이다. 반면에 비신은 일부나마 남아 있는데 귀부와 이수가 흔적조차 없이 사라진 경우는 찾아보기 매우 어렵다. 따라서 만약 보각국사비가 귀부와 이수를 갖춘 형태였다면, 이는 좀처럼 찾아볼 수 없는 희귀한 예에 해당된다. 물론 희귀하지만 잠재적 가능성을 처음부터 부정할 수는 없다. 그러나 여러 가지 정황을 고려할 때 확률적으로 보각국사비에는 이수와 귀부, 혹은 최소한 귀부가 원래부터 없었을 가능성에 더 무게를 두고 싶은 것이다.

이러한 추측에 신뢰를 더하는 것은 고려시대 고승 비석의 양식적 변화•이다. 물론 보각국사비가 세워지던 고려시대의 비석들도 귀부와 이수를 갖춘 형태가 많긴 하지만, 그러한 와중에 고려후기를 전후해 비석 양식에 변화의 조짐이 현저하게 드러나기 시작했던 것도 사실이다. 가령 보각국사비보다 110년 먼저 세워진 서봉사지 현오국사비(1185년, 보물 제9호)는 대략 장방형의 대석 위에 윗변 양각을 귀접이한 규형圭形의 비신을 세워두고 있으며, 보각국사비보다 나중에 세워진 억정사 대지국사비(1393년, 보물 제16호), 보광사중창비(1358년, 보물 제107호), 청룡사 보각국사비(1394, 보물 제658호)도 모두 이

• 참고문헌의 「일연 스님 탑비 복원에 대한 유감」(2009) 참조. 자신이 운영하는 블로그에 이 글을 올린 '한국 사람'은 몽고 전후의 경제적 상황, 고승 비석의 양식적 변화, 보각국사 부도와의 조화 문제 등을 전반적으로 고려할 때 복원된 보각국사비의 내용에는 큰 문제가 없을지 몰라도 귀부와 이수의 형식은 잘못되었다고 비판한 바 있다. 이하 복원된 비석과 관련된 필자의 글은 이 글에 크게 의지했음을 밝혀둔다.

러한 형태를 취하고 있다.

한편 선봉사 대각국사비(1132년, 보물 제251호), 창성사 진각국사비(1386년, 보물 제14호), 신륵사 보제존자석종비(1379년, 보물 제229호), 신륵사대장각기비(1383년, 보물 제230호) 등은 장방형 대석 위에 비신을 세우고 그 위에 지붕을 덮은 형태다. 그러니까 보각국사비를 전후로 해서 이미 귀부 대신 장방형 대석 위에 비석을 세우고, 이수 대신 지붕을 덮거나 혹은 지붕도 덮지 않고 귀접이를 하는 형태로 마무리된 비석이 상당한 형세를 이루었던 것이다. 따라서 보각국사비도 귀부와 이수가 아예 없거나 이수 대신 지붕을 덮은 형태의 아주 소박한 비석이었을 가능성을 배제할 수 없으며, 그것이 『삼국유사』와 일연이란 인물이 풍기는 분위기에 걸맞은 형식이기도 하다.

설사 보각국사비에 이수와 귀부가 있었다고 해도 복원된 것과는 다른 모습일 가능성이 높다. 사진에서 볼 수 있듯이 복원된 귀부와 이수는 조각이 대단히 입체적인 데다 장식성이 강한데, 아마도 원래 보각국사비의 모습은 그렇지 않았을 것만 같다. 다소 추상적이지만 그 일차적인 근거는 『삼국유사』라는 책과 일연이란 인물이 풍기는 이미지에서 찾을 수 있다. 그러나 추상적인 것은 증거가 되기 어려우므로 구체적인 물증을 제시하라면 이 비석과 비슷한 시기, 이 비석을 세운 주체와 같은 주체들이 비슷한 장소에 세운 보각국사정조지탑, 즉 일연의 부도를 그 증거로 제시할 수 있다.

뒤에서 자세하게 언급하겠지만 일연의 부도는 그 조각이 매우 평면적이고 전체적인 분위기가 단순 소박하다. 아마도 국보나 보물로

왼쪽 위에서부터 억정사 대지국사비, 보광사중창비, 청룡사 보각국사비. 오른쪽 위에서부터 선봉사대각국사비, 창성사 진각국사비, 보제존자석종비. 사진에서 보듯이 고려시대의 비석들은 귀부와 이수가 없고, 머리를 올리더라도 소박하게 올린 것이 적지 않다.

일연의 비 귀부와 이수 부분을 확대 촬영하였다.

지정된 팔각원당형 부도 가운데 가장 소박한 형태에 속할 것이다. 만약 그렇다면 같은 사람들에 의해 비슷한 시기와 장소에 세워졌던 국사의 비석도 소박한 형태였을 가능성이 높고, 비석과 부도탑은 짝을 이루므로 원만하게 조화를 이루었을 터이다. 예컨대 탁본에서 볼 수 있는 제액 속의 '보각국사'라는 글씨와 부도탑에 새겨진 '보각국사'라는 글씨가 모두 안진경체로 쓰여져 있는 데다 전체적인 분위기와 필의筆意도 비슷하다. 이것은 결국 부도탑을 세운 사람과 비석을 세운 사람의 미감이 비슷했음을 의미하는 것이기도 하다.

그런데 새로 복원한 보각국사비와 부도탑을 나란히 세운다면 조화를 이룰까? 이 둘은 아무래도 부조화스럽다. 같은 건립 주체에 의해 세워진 일연의 부도와 복원된 비석이 부조화를 이룬다면 그것은 결국 복원된 비석에 잘못이 있다는 뜻이 될 것이다. 왜 이런 결과가 나왔을까? 그 일차적인 원인은 아마도 비석의 내용을 복원하는 데 중점을 두다보니 형식에는 상대적으로 소홀했다는 데서 찾을 수 있을 듯하다. 언론 보도들도 내용의 복원에 대해서는 지대한 관심을 표명하면서도 형식에 대해서는 거의 언급이 없었다. 이것은 결국 이 비석의 복원을 바라보는 시각이 크게 편향되어 있었음을 뜻하며, 그것이 바로 이러한 결과를 가져온 또다른 이유 아닐까.

마지막으로 한 가지만 첨언하자. 보각국사비를 복원하는 것은 뜻 깊은 일이지만, 깨진 파편에 불과할지언정 남아 있는 비석을 적절하게 보존하는 것보다 더 중요하다고 할 수는 없다. 우리나라 보물 제428호로 지정되어 있는 것도 새로 복원한 보각국사비가 아니라 어디까지나 깨진 옛날 비석이다. 그런데 기이한 것은 새로 비석을 세우는 데는 그토록 많은 시간과 열정, 비용을 투자하면서 세운 지 800년이 넘은 옛날 비석은 완전히 방치되어 있다는 점이다.

가본 사람은 알겠지만 깨진 비석은 정면 1칸 측면 1칸의 손바닥만 한 비각 속에 있다. '보호' 라는 이름 아래 나무 창살 속에다 감금한 데다, 우악스러운 쇠자물통 두 개로 꼼짝달싹 못하도록 확실하게 잠가놓았다. 하지만 비각이 너무 작다보니 어처구니없게도 나무창살 사이로 얼마든지 비석을 만질 수 있다. 게다가 앞서 언급한 김혜월 본 비문 전체를 담은 세 개의 나무 액자가 비각 안에 걸려 다시 햇빛을 가리고 있어서 환한 봄날에 보아도 비각 속은 어둡고 칙칙하다. 더구나 작은 바람에도 쓰러질 것 같은 조그만 비각 앞에 거대한 국사전이 들어서면서 비각은 이제 국사전의 넓은 치맛자락 뒤에 꽁꽁 숨었다. 폭우라도 쏟아지면 국사전 지붕에서 떨어지는 빗물까지 모두 뒤집어쓸 것 같은 형국이고, 장마철이 되면 비석이 언제나 물기에 축축하게 젖어 있다. 비참하게 깨져버렸다고 해서 나라에서 정한 보물을 이토록 푸대접하는 것은 도리가 아닐 것이다.

인각사비를 보존하고 있는 비각. 정면 1칸 측면 1칸의 자그마한 비각은 곧 바람에 쓰러질 것 같다.

5

보각국사 부도탑의 석조 예술

인각사 경내에 새로 세워진 국사전 오른편에, 상대석과 지붕돌이 매우 두꺼워 둔중한 느낌을 주는 부도 한 채가 천근만근의 적막 속에 서 있다. 1289년 일연이 입적하자 당시 국왕이던 충렬왕은 그에게 '보각普覺'이란 시호와 함께 '정조靜照'라는 탑호를 내렸고, 이에 따라 '보각국사정조지탑'이라는 다소 긴 이름을 갖게 된 일연 스님의 부도다.

자세히 살펴보면 이 부도는 자연석을 사용한 지대석 위에 굽어보는 연꽃 16장을 선각으로 새긴 하대석을 올리고, 그 위에 다시 8면으로 이루어진 중대석을 올렸다. 중대석의 각 면에 사각형 모양의 공간을 만들고 그 속에 짐승을 한 마리씩 새겨넣었는데, 십이지상十二支像 가운데 여덟 짐승을 새긴 것 같다고 하나 정확히 어떤 짐승인지 알아보기 어렵다. 중대석 위에는 위로 보는 연꽃 8장을 새겨놓은 상대석

일연 부도의 상단과 탑신. 희미하게 보각국사정조지탑이라고 써놓은 글씨와 사천왕상 조각이 보인다.

을 올렸고, 그 위에 다시 팔각형의 몸돌塔身石을 올려놓았다. 몸돌의 정면에는 일연 스님 부도의 공식 명칭인 '보각국사정조지탑普覺國師靜照之塔'이라는 여덟 자가 넉 자씩 두 줄 세로로 적혀 있고, 뒷면에는 문비門扉를 새겨놓았다. 나머지 여섯 면 가운데 정면과 뒷면 양쪽에는 사천왕상을, 그 밖의 두 면에는 보살상을 하나씩 새겨놓았다. 몸돌 위에는 8각형의 두터운 지붕돌을 올려놓았는데, 높이 들린 지붕돌의 모퉁이마다 고사리 모양의 귀꽃들을 새겼고, 그 위에 다시 지붕돌과 꼭 같은 모양의 아주 조그마한 지붕돌을 올렸다. 그 위에 다시 위로 보는 연꽃을 올리고, 그 연꽃 위에 여의주가 빛을 뿜는 모양의 수연水煙을 올려놓았는데, 사방 어디서 보더라도 모양이 동일하게 되어 있다.

이러한 면모를 종합해볼 때 일연의 부도는 통일신라시대에 완성된 팔각원당형 부도의 형식을 비교적 충실하게 계승하고 있다. 그러나 화려하고도 장중할 뿐만 아니라 입체적 장식미를 자랑해왔던 앞 시대의 것들과 비교해볼 때, 이 부도는 전체적인 이미지가 단순 소박할 뿐 아니라 갖가지 조각도 매우 평면적이다. 중대석과 몸돌에 짐승과 보살상을 새겨넣었지만, 물상物像 그 자체를 조각한 것이 아니라 물상이 아닌 부분을 파내는 형식을 취하고 있어 입체성을 제대로 드러내지 못한다. 하대석과 상대석의 연꽃들도 선線으로 드러냈지 연꽃을 조각한 것은 아니므로 평면성을 면할 수 없었으며, 지붕돌의 귀꽃도 섬세하게 새긴 것이 아니라 만드는 흉내만 내다 말았다. 게다가 사용한 돌의 석질 또한 견고하지 못하고 푸석푸석한데, 이 점은 왕명

우여곡절 끝에 인각사 뜰에 세워진 일연의 부도.

일연 부도의 탑신석에 새겨져 있는 사천왕상 가운데 하나.

으로 왕희지의 글씨를 집자하여 국사의 비를 세우면서 깨지기 쉬운 허술한 돌을 사용하고 만 것과 같은 경우다. 특히 짐승들이 새겨져 있는 중대석은 만지면 모래가 묻어나올 정도로 석질이 떨어져, 국사의 부도를 만드는 데 왜 이런 돌을 사용했는지 알다가도 모를 일이다. 따라서 이 부도를 얼핏 보면 이렇다 할 솜씨도 없는 석공이 눈에 띄는 돌에 별다른 정성도 들이지 않은 채 '대강 철저히' 만들어 버린 것이 아닐까, 하는 의구심마저 든다. 그러나 왕희지의 글자를 집자하여 비석을 세우는 놀라운 정성을 기울였을 뿐만 아니라 일연이 입적에 든 이후에도 인각사는 크게 번성했으므로, 그의 부도를 솜씨 없는 장인이 '대강 철저히' 만들었을 리는 없다. 이 점을 무엇보다도 분명하게 보여주는 것은 부도의 중대석과 몸돌에 새겨진 각종 조각들이다.

앞서 언급한 것처럼 중대석에는 석질이 매우 나쁜 돌에 평면적으로 짐승들을 새겼으므로 얼핏 보면 윤곽이 잘 드러나지 않지만, 탁본을 해서 찬찬히 살펴보면 별다른 기교를 부리지 않았는데도 그 표정과 몸짓에 아연 생기가 약동하고 있다. 더욱더 주목되는 것은 이 부도의 몸돌에 새겨놓은 사천왕상과 보살상들이다. 대개 이런 종류의 조각상들이 경직된 자세로 뻣뻣하게 서 있는 것과는 달리, 이 조각상들은 매우 유연하고 자연스럽다. 시선들도 조금씩 다른 방향을 응시하고 있어 다채롭게 느껴질 뿐만 아니라 키의 크기에도 변화를 주었다. 극히 정적인 것에서부터 완벽한 S라인을 이루는 신체 굴곡이 역동적으로 드러나고 치맛자락을 힘차게 휘날리는 동적인 것에 이르기까지 움직임의 정도도 각양각색이다. 게다가 표정들도 깜찍하고 귀여워서 호호 불어주고 안아주고 싶은 것에서부터 점잖다 못해 무덤덤한 것에 이르기까지 편폭의 차가 대단히 크다. 꼭 같은 크기의 사각형 속에다 새겼음에도 불구하고 한복판에 일률적으로 세우지 않고 공간 구성을 다양하게 하기도 했다.

그런데 정말 놀라운 것은 이처럼 변주를 보이면서도 한 종이에 모두 탁본해서 살펴보면 전체적으로 묘한 조화를 이룬다는 점이다. 이 조각들이 지닌 이런 미학적 특징을 상징적으로 보여주는 것은 함께 새겨진 자물통 모양의 문비門扉다. 이 자물통은 기본적으로 좌우 동형의 형태를 취하면서도, 데칼코마니 형의 완벽한 좌우 동형이 아니라 도처에서 크고 작은 변화를 주고 있다. 이렇게 볼 때, 이 부도를 만든 사람은 '솜씨 없는 장인'이 아니라 실로 범상치 않은 예술가였다고 생각되며, 이 점은 부도의 우동마루를 타고 내려오는 고혹적인 곡선과, 모퉁이마다 살짝 들어올려 삽상한 맛을 내고 있는 지붕돌의 처마 선에서도 다시 한번 확인할 수 있다.

일연 부도의 각 부를 나타낸 그림. 중대석과 탑신석에 각각 문양이 새겨져 있다. © 경북대박물관

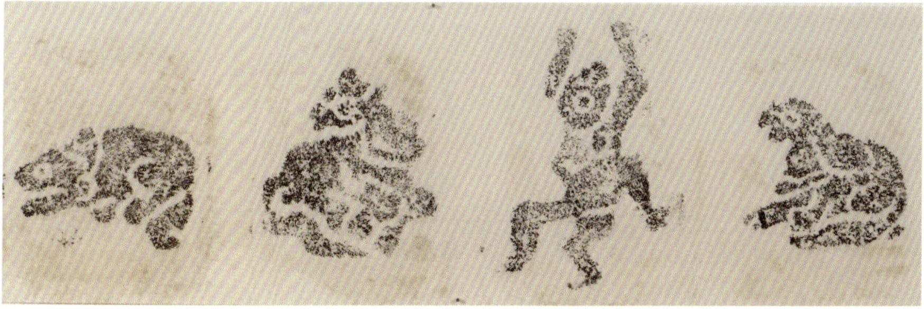

일연 부도의 중대석에 새겨진 동물들의 탁본. 십이지十二支 가운데 여덟 개라고 추측하고 있다. 그러나 12지 가운데 여덟 개만 골라 새긴 사례가 없을뿐더러, 십이지 가운데 어떤 동물을 새긴 것인지도 확실치 않은 등 의문의 여지가 있다.

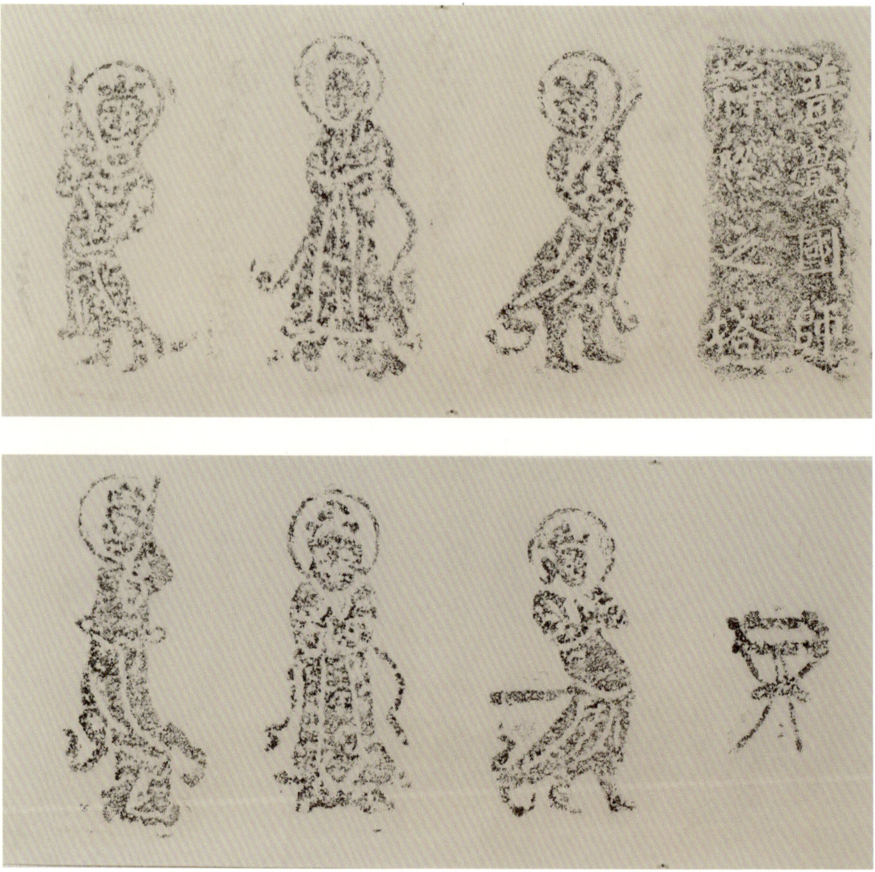

팔각형으로 이루어진 일연 부도의 탑신석에 새겨진 조각의 탁본들. 정면에 '보각국사정조지탑' 이라는 글씨가 있고, 시계 반대 방향으로 사천왕상, 보살상, 사천왕상, 문비, 사천왕상, 보살상, 사천왕상이 차례로 새겨져 있는데, 조각 솜씨가 범상하지 않다.

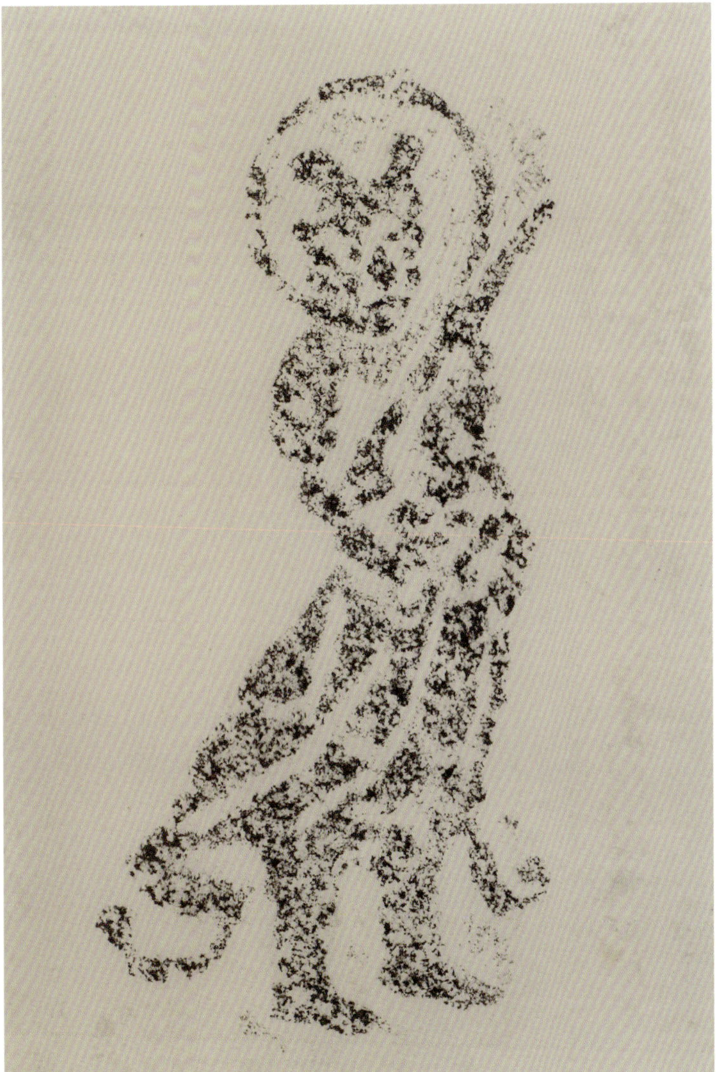

일연의 부도를 만든 사람은 이토록 빼어난 조각 솜씨를 가진 예술가였다. 그러므로 이 부도를 솜씨 없는 장인이 '대강 철저히' 만들었다고 생각해선 안 된다.

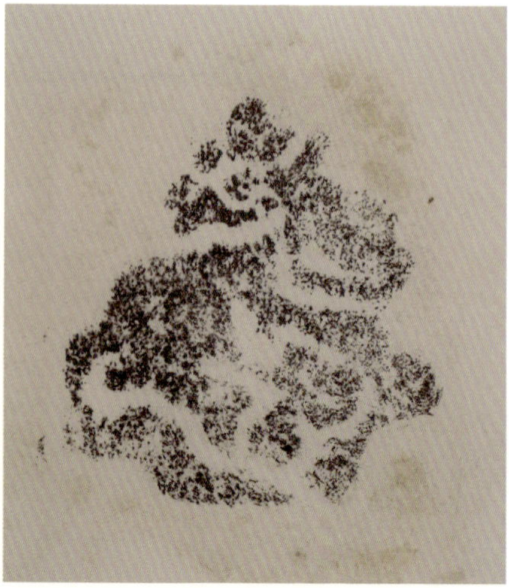
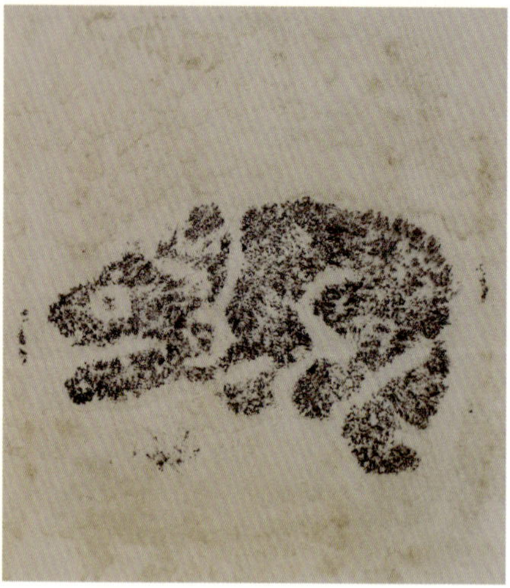
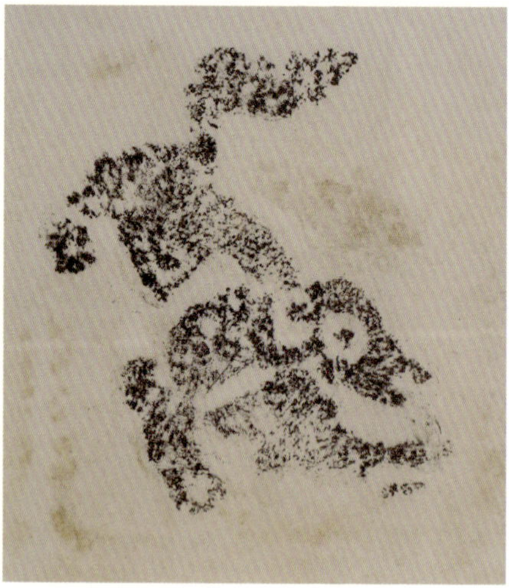

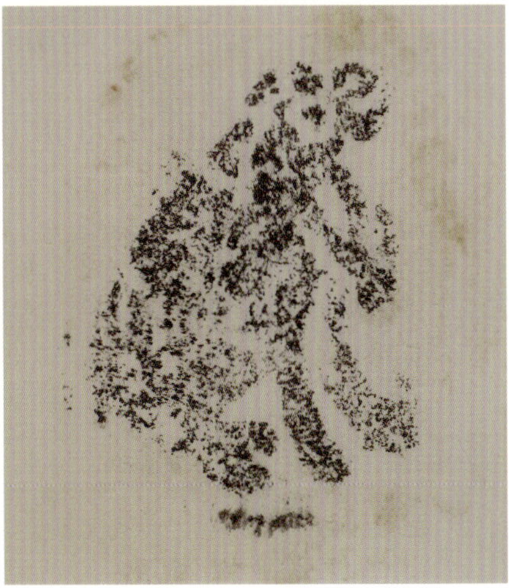

그럼에도 불구하고 이 부도가 전반적으로 단순하고 소박한 형태를 취하게 된 이유는 무엇일까? 그것은 무엇보다도 사치와 화려함을 싫어하고 서민적인 소박함을 좋아했던 일연의 삶과 호응시킨 것이 아닐까 싶고, 사용한 돌의 석질 문제도 같은 맥락에서 이해할 수 있다. 게다가 부도가 양식적으로 서서히 퇴화해가던 고려후기 조각사의 흐름과 맞물려 있기도 하고, 원나라 지배 아래라는 역사적 조건 속에서 곤궁한 삶을 살 수밖에 없었던 당시 사회의 분위기와도 무관하지는 않을 것이다.

6

칠전팔기의 보각국사 부도

이 부도는 원래 인각사에서 위천을 따라 1.1킬로미터쯤 올라가면 나타나는 화북 3리에 있었다. 화북 3리는 마을의 공식 이름이고 자연부락의 명칭으로는 부부缶缶마을이라 부르는데, 여기서 말하는 부부는 지아비와 지어미가 아니라 장구다. 마을의 이름은 화산에서 갈라져 내려온 마을 뒷산의 지리적 형세가 장구를 치는 사람의 모습을 닮은 데서 기인했다고 하며, 장구를 치면 둥둥 소리가 난다 해서 둥둥이마을이라는 별도의 애칭도 갖고 있다.

일연의 부도가 있던 곳은 소나무가 듬성듬성 심겨진 둥둥이마을 바로 뒷산인데, 부도가 있었다는 이유로 '부도등'이라 불리기도 한다. 큰 도로에서 꼬불꼬불 따라가는 곡선 거리로 300미터쯤이라 5~6분이면 휘파람을 불면서 갈 수 있지만, 막상 가보면 찾기가 그리 쉽지 않다. 그래도 가봐야 할 곳이니까, 둥둥이마을 어귀 쉼터 정

원래 일연의 부도가 서 있었던 둥둥이마을 전경. 맨 오른쪽에서 왼쪽으로 뻗어내려온 산자락 중턱에 부도가 있었다.

자에서 마을 안쪽으로 뻗어 있는 길을 어슬렁어슬렁 따라가다가 잡초가 무성한 길이 나오거든 일단 길을 따라 골짜기 쪽으로 내려가보라. 한때 일연의 부도가 쓰러져 있었다는 이유로 '부도골'로 불리는 이 골짜기에 도랑물을 건너는 아주 자그만 다리가 하나 나타나는데, 건너가고 싶어도 이 다리를 건너가면 못 찾는다. 그러니 절대 건너지 말고 있는 듯 없는 듯한 개울 옆의 조그만 오솔길을 그대로 죽 따라가볼 것. 그 길이 안내하는 대로 가파른 산비탈을 잠시 오르면 달성서씨의 가족 묘역이 광활하게 펼쳐지는데, 마을 사람들의 증언에 의하면 동쪽에 있는 무덤군 가운데 제일 뒤에 있는 '처사달성서공휘상은지묘處士達城徐公諱相殷之墓'가 있는 언저리가 바로 일연 스님의 부

일연 스님의 부도가 있던 자리에는 풀이 무성한 채 무덤이 들어서 있다.

도가 있던 자리라고 한다.

일연의 부도는 그가 입적한 지 석 달 뒤인 1289년 10월 바로 이곳에 세워졌다. 절의 주변에 부도를 세우는 일반적인 관례와는 달리 일연의 부도를 인각사에서 멀찍이 떨어진 이곳에 세우게 된 이유는 일연 비 뒷면에 다음과 같이 기록되어 있다.

스님이 입적할 때 뭇사람들과 작별한 뒤 눈을 감고 기氣가 끊어진 지 이미 오래였다. 지금 선원사禪源寺에 있는 정공頂公이 소리도 제대로 안 나오는 목소리로 "부도탑을 세울 곳을 여쭈어보지 못했으니 후회막급이요" 하고 말하니, 뭇사람들도 이구동성으로 안타까

> 워했다. 그런데 바로 그때 일연 스님이 적정寂定 상태에서 고요히 깨어나서 뭇사람들을 둘러보고, "여기서 동남쪽으로 4~5리쯤 가면 수풀이 우거진 산록이 기복을 이루면서 오래된 무덤 같은 곳이 있는데, 그곳이 정말 명당이니 거기에 부도를 안치토록 하라" 하시고는 다시 종전처럼 눈을 감았는데, 흔들어보았더니 이미 입적한 상태였다.[39]

부도비가 세워진 자리는 일연 스스로가 평소에 봐두었던 명당 터였다. 그러나 그런 까닭에 이 부도의 운명도 난데없는 방향으로 흘러가기 시작했다. 19세기 이전의 문헌들에서는 기록이 발견되지 않기 때문에 그동안 이 부도가 어떻게 버텨왔는지를 알 수 없지만, 기록이 남겨진 한말 이후만 하더라도 이 부도는 파멸적 추락과 기사회생의 헐떡거림을 되풀이했다.

그것을 가장 상징적으로 보여주는 사건은, 안동 길안면 진성이씨眞城李氏 집안 출신으로서 그 당시 의성 고운사에 주석하고 있었던 포운抱雲 이도진李道晉(1850~1902) 스님과 관련된 일화일 것이다. 그는 조선후기 불교에 대한 양반의 횡포가 극심하던 상황 속에서 이에 격렬하게 대항함으로써, 이 일대에서 '불세출의 가람伽藍 수호자'로 널리 알려진 인물이었다. 특히 그가 사찰 주위의 나무를 베어 땔감으로 쓰려는 양반들과 맞서 싸우지 않았다면, 오늘날 우리는 의성 고운사나 수정사 부근에서 그토록 거대한 나무들을 다시는 볼 수 없었을 것이다. 조선후기 유불 갈등의 내용과 성격을 선명하게 보여준다는 점에서 사료로서도 높은 가치를 지닌 그의 일화들은 1937년 강유문姜裕文에 의해 간략하게 정리된 바 있는데, 그 가운데 인각사와 관련된 내용을 쉬운 말로 옮기면 이렇다.

의흥 인각사는 『삼국유사』의 저자인 보각국존 일연선사의 비가 있는 사찰이므로 더욱더 소중히 보호해야 마땅하다. 그럼에도 황보씨皇甫氏 일족이 세력으로 승려들을 억누르고 보각국존 부도 자리에다 자기네 조상들의 묘를 들였다. 이에 도진 등 여러 승려가 궐기해 대구의 감영에 고소하고 의흥현감의 힘을 빌려서 황보씨의 묘소를 파내어버렸다. 이 일의 주역을 담당했던 도진이 비용 정리차 잠시 인각사에 머물러 있을 때, 조상의 묘가 승려들에 의해 파헤쳐졌다는 소문을 들은 황보씨 일족은 격노해 손에 곤봉 등을 들고 '먼저 승려의 두목인 도진을 죽여라' 하고 외치면서 떼거리로 인각사에 모여들었다. 그들은 정말 공교롭게도 바로 도진에게 다가와서 '도진이 지금 어디 있냐' 고 따지고 들었고, 도진은 천연스럽게 '도진이 지금 막 저쪽으로 달아났다' 고 대답했다. 황보씨 일족은 도진이 가리키는 곳을 향해 쏜살같이 달려가버렸으므로 도진은 그 틈에 뒷산으로 몸을 피해 겨우 죽음에서 벗어날 수 있었다. 그러나 사찰림 속에 황보씨의 묘가 들어오지 못한 대신 황보씨 일당의 습격을 받아 전각과 보각국존의 비석이 많이 파괴되었다고 한다.[40]

황보씨가 일연의 부도를 쓰러뜨리고 그 자리에 자기네 조상들의 묘를 들인 것을, 이도진을 중심으로 한 승려들이 황보씨 조상의 무덤을 파내고 부도를 다시 세웠다는 이야기다. 이 마을에 사는 김기환씨에 의하면, '승려들이 산소 주변에 말뚝을 치자 무덤의 주인공인 황보씨 조상의 시체가 저절로 튀어나왔으므로 승려들이 그 시체를 불태워버렸다'는 전설이 전해온다 하니, 사실 여부를 떠나서 승려들이 느낀 분노의 정도를 알 만하다.

그러나 수난은 한 번으로 끝나지 않았다. 송파松坡 장제명蔣濟明이 1981년에 간행한 『인각사지麟角寺誌』에 따르면 이 부도가 겪은 수난은 참담하기 그지없는 것이었다. 혹시 앞서 언급한 도진 사건과 같은 것인지는 알 수 없지만, 영천의 모씨某氏도 이 터가 명당임을 알고 부도를 넘어뜨린 뒤 그 자리에 조상의 묘소를 들였으나 절의 승려가 원래 자리에 다시 부도를 세운 적이 있었다. 그런 일이 있은 후 이번에는 의성의 모씨가 부도를 골짜기로 넘어뜨리고 그 자리에 조상의 묘를 썼으나, 의흥현감의 명령에 의해 부도는 제자리에 다시 세워졌다.

그러나 후에 대구에 사는 달성서씨가 고가로 이 산을 매입해 부도를 원래의 자리에서 서쪽으로 60미터 떨어진 지점으로 옮겨 세운 뒤 부도 자리에서 지신을 크게 밟고 조상의 산소를 들여놓았다. 부도가 있던 자리는 지금도 달성서씨의 가족 묘소인데, 그 가운데 두 기는 '아은스딩 에리자벨' 부부 등 천주교 신자 부부가 합장된 묘소다. 우리 정신사에 찬란하게 빛나는 별인 『삼국유사』를 지었던 위대한 고승 일연의 부도가 있던 곳이 오랜 세월의 흐름과 함께 천주교 신자들의 묘소가 되다니, 이런 경우를 두고 상전벽해桑田碧海라고 하는 것인가. 일연이 아무리 '삼계三界가 환몽幻夢'임을 투철하게 깨달았던 드높은 고승이라 하더라도, 입적 후에 자신의 부도가 있던 자리에 후천개벽後天開闢이라고 불러도 좋을 이런 변화가 일어날 줄은 꿈에도 생각지 못했을 것이다.

원 위치를 떠나 외로움을 견디며 낙엽 지는 가을마다 그것이 울음인 줄도 모르고 흐느끼고 있던 일연의 부도는 경술국치(1910)를 당한 4~5년 뒤 하룻밤 사이에 일본인들에 의해 도괴倒壞되었다. 사리장치를 훔치려고 수많은 석탑이 이 무렵 '왜놈들의 독수毒手에 희생'된 것과 같은 경우였다. 경술국치 직후 일본인들에 의해 도괴된 탑은 그후 40여 년간 아무도 돌보지 않은 채로 그 자리에 방치되어 있었다.[41] 미술사학자이자 역사가로서, 아직도 역사학도들의 책상머리를 떠나지 않고 있는 『국사대사전國史大事典』의 편찬자이기도 한 이홍직이 1958년 3월 현장을 답사했을 때, 일연선사의 부도는 원래 위치에서 서쪽으로 60미터 떨어진 지점에 여기저기 흩어져 있었고, 어찌된 셈인지 부도 상륜부의 꼭대기 돌은 인각사 뜰에 나뒹굴고 있었다. 그는 당시의 현장 상황과 소감을 비감어린 표현으로 기록했다.

솔밭 구릉 위로 올라가니 과연 몇 개의 석물이 왜송矮松과 잔디풀 사이에 흩어져 있었다. 땅에 묻힌 대석臺石 위에 팔각 대석이 있었는데 그 밖에도 이보다 약간 큰 팔각 중대석中臺石과 팔각주석柱石

두 개, 그리고 옥개석屋蓋石이 굴러 있었다. 두 팔각주석 중 한 개에는 상부 중앙에 지름 17.5센티미터에 깊이 9센티미터가 되는 구멍이 있으니 이것이 사리가 장치된 탑신인 것은 분명했고 다시 잔디풀에 파묻힌 일면一面에는 글씨가 새겨져 있었다. 우리는 주의하여 보기 좋게 한번 굴려보니 과연 '보각국사정조지탑普覺國師靜照之塔'이라고 두 줄로 음각돼 있어 일연선사의 부도임을 확인하게 되었다. (…) 우리 민족의 일원으로서 일연선사의 사리탑이 이렇게 되어 있는 것조차 모르고 오늘까지 있었다는 것은 참 미안스러운 일이었다. 나는 이 부도를 냉정한 미술품만으로는 볼 수 없는 심정으로 다시 한번 보살피며 사리가 놓여 있던 구멍을 응시했다. 민족으로서 미안한 일이다. 이 슬픈 사실을 나는 전 국민에게 알리고 싶었다. 금년의 고적수리 사업 중 꼭 이 사리탑은 세워야겠다고 당국에 보고했고 또 반드시 실현하도록 우리도 감독할 것이다. 화천 동구를 되돌아오는 차 안에서 나는 침통한 감상感傷에 묵묵했다.[42]

이 글의 마지막 대목에 이르면 대상에 대한 지극한 애정을 품은 사람이 아니고서는 쓸 수 없는 아픔이 느껴진다. 그도 그럴 것이 이홍직은 고등학교에 재학 중이던 일제강점기에 한 일본인 영어 교사로부터 『삼국유사』를 소개받아 이 책과 깊은 인연을 맺었고, 6·25 전쟁을 계기로 『삼국유사』와 또다른 인연을 맺었다. 6·25 전쟁 때 국립박물관에서 근무했던 그는 9·28 수복 얼마 전까지 박물관을 지켰으나 생명의 위협을 느끼고 며칠간 몸을 피했는데, 그때 그는 현재 널리 유포된 정덕본正德本보다 훨씬 오래된 여말선초본麗末鮮初本『삼국유사』를 박물관 금고에 보관하고 떠났다. 서울이 수복된 9월 28일 아침 여전히 삼엄한 분위기가 감돌던 박물관으로 돌아갔을 때, 박물관은 적도賊徒들에 의해 파괴되어 있었고『삼국유사』를 보관했던 금고는 부숴진 채 박물관 뜰 한복판에 뒤집혀 있었다. 그런데 놀랍게도『삼국유사』는 뜰에 팽개쳐져 있었기에 이 책은 피비린내 나는 전쟁을 무사히 건널 수 있었던 것이다.[43]

1·4 후퇴 때 그는 가족들과 함께 전투가 가장 치열했고 생사가 엇갈렸던 경기도 용인에 있는 선영先塋의 묘막墓幕으로 피난해『삼국유사』의 색인을 만들고, 아이들에게『삼국유사』이야기를 해주면서 굶주림과 초조함을 견뎌냈다. 이렇게 작성된『삼국유사』색인은 1953년『역사학보歷史學報』제5집에 수록되었는데, 이홍직이 그때 쓴 서문 가운데 이런 내용이 있다.

> 어떠한 형태로서나 결국 민족은 영원히 남을 것이며 우리 민족의 대표적 문화유산인『삼국유사』도 민족과 더불어 영원히 그 존재를 차지할 것이다. 그리고 장차 우리 민족의 손으로 더 깊이 다각적으로 연구될 것을 기다리고 있다. 민족의 숙명적 고난을 그 강토 안에서 감수甘受함이 그 민족으로 태어난 사람으로서 충실한 길이라고 생각한 나로서는『삼국유사』만을 몸에 지니고 생사의 노선路線에 방황한 것 또한 무의식중의 소치였다.[44]

일연의 『삼국유사』와 이처럼 기이하고도 남다른 인연을 맺었던 그가 폐허가 돼버린 인각사와 도괴되어 있는 일연의 부도를 보았을 때 그 느낌이 어떠했겠는가. 그는 흩어진 석재들을 비탄에 젖어 바라보면서 글을 남겼고, 부도의 복원을 굳게 다짐했던 것이다.

그러나 이홍직의 남다른 애정과 노력에도 불구하고 일연의 부도는 그후로도 4년 동안 복원되지 못하고 현장에 방치되었다. 그러다 1962년 김로숙金魯淑과 장제명 등 고로 면민들이 도비 20만 원을 보조받아 이 부도를 현장이 아닌 인각사 정문 도로가에 있던 석종형 부도지에 옮겨 세웠다. 그후 1978년에 정부 보조를 받아 명부전 앞으로 옮겨졌다가, 국사전이 새로 들어서면서 그 빗물을 피하기 어렵게 되자 지금의 위치로 다시 옮겨졌다.

부도비가 있던 자리를 두고 이토록 처절한 쟁투가 계속된 것을 보면 일연의 말대로 부도 자리는 대단한 명당임이 분명하다. 하지만 그 바람에 부도가 파란만장했던 부침을 겪은 것을 보면 그 자리가 결코 명당 터가 아니라는 생각도 든다.

그러나 설사 명당이 아니라 해도 일연의 부도는 본래 자리로 돌아가야 한다. 그 이유는 단순히 '모든 사물이 제자리에 놓여 있을 때 가장 아름답다'는 일반적인 명제 때문만은 아니다. 그보다는 오히려 그곳으로 돌아오기를 오늘도 간절히 기다리고 있는 분이 있기에 하루 빨리 되돌아가야만 하는 것이다.

7

왜 인각사였을까

일연의 부도비가 제자리로 돌아오기를 간절하게 기다리는 사람이 있다니, 그가 대체 누구인가? 결론부터 말한다면 바로 일연의 어머니다. 일연의 어머니가 기다리고 있다니, 그것이 무슨 소린가? 이러한 물음에 답하기 전에 먼저 불교의 효도 관념에 대한 최소한의 언급이 필요할 듯하다.

효는 일반적으로 유교 윤리로 이야기되고 있지만 불교에서도 위경僞經이든 아니든 『부모은중경父母恩重經』과 같은 경전을 통해서 누누이 효를 강조해왔다. 그러나 세속을 떠난 입산수도와 부모에 대한 효도가 충돌 없이 양립하기가 매우 어렵다는 것도 부정할 수 없는 사실이다. 이에 석가모니가 살아 있을 때부터 출가가 효도와 상반된다는 이유로 사회적인 비판을 받았으며, 유교 윤리의 하나로 효를 존중하던 중국과 우리나라에서는 더욱더 비난받을 여지가 많았다. 더구나 승려가 이 양

자택일의 선택 앞에서 수도를 위해 부모를 버리고 입산하는 것은 실제로도 흔히 있는 일이었으며, 설화의 형태로 전하는 것도 얼마든지 찾을 수 있다. 가령 동산洞山과 황벽黃檗이 출가해 그 어머니를 죽게 했다거나, 언제나 출가를 꿈꾸면서도 아버지와 함께 어부생활을 하던 현사玄沙가 어느 날 아버지가 물에 빠지자, 이때야말로 출가할 절호의 기회라고 생각하고 물속에서 허우적거리며 살려달라고 애원하는 아버지를 내버려둔 채 입산했다는 이야기가 그것이다.

이러한 맥락에서 볼 때 어머니에 대한 일연의 효심은 입산수도하는 선승禪僧으로서는 놀랍고도 남다른 데가 있었다. 이 점은 민지가 지은 비문에도 두 차례 언급되어 있는데, 하나는 "어머니를 봉양함에 순수하여 한결같이 효도를 했으며 목주睦州 진존숙陳尊宿의 풍모를 사모해 스스로 목암睦庵이란 호를 붙였다"[45]는 대목이다. 여기서 말하는 진존숙은 황벽선사의 수좌首座로 있다가 고향인 목주 개원사開元寺 주지로 옮겨가서 깊은 밤에 부지런히 짚신을 삼아 곡식으로 바꾸어 어머니를 봉양했고, 어머니가 별세한 후에도 짚신 꾸러미를 남몰래 지고 나가 큰길가에 있는 나뭇가지에 걸어놓음으로써 이름 모를 길손을 도왔다는 인물이다. 말하자면 일연은 진존숙의 소탈하고도 서민적인 정취와 남다른 효행을 귀감으로 삼았던 것이다.[46]

불교적 신이사관神異史觀에 입각하여 서술된 『삼국유사』는 모두 아홉 항목으로 구성되어 있는데, 그 가운데 '효선孝善'이란 항목을 별도로 마련해 진정眞定, 김대성金大城, 향덕向得, 손순孫順, 빈녀貧女 등의 효행을 비중 있게 기록한 것도 같은 맥락에서 이해할 수 있다. 그

중에서도 진정 스님과 그의 어머니 이야기는 효행과 출가라는 양립하기 어려운 모순을 변증법적으로 초월하는 과정을 감동적으로 보여주고 있다는 점에서나, '어머니에 대한 일연의 마음이 행간에 짙게 깔려 있다는 점'[47]에서 주목할 만하다. 뿐만 아니라 이 작품은 『삼국유사』에 수록되어 있는 서사작품 가운데 단연 뛰어난 것인데도, 아직 많은 사람의 가슴에 파고들지 못한 게 아쉽다.

법사 진정은 신라 사람이다. 승려가 되기 전에 그는 군대에 편입되어 있었는데, 집이 가난해 장가조차 들지 못했다. 군 복무를 하고 남은 여가에 품팔이를 해 곡식을 받아 혼자되신 어머니를 봉양했는데, 집안의 재산이라고는 다리가 부러진 솥 하나가 있을 뿐이었다. 하루는 어떤 승려가 찾아와서 절을 지을 쇠붙이를 구하니 어머니는 그 솥을 시주해버렸다. 얼마 후 진정이 밖으로부터 돌아왔으므로 어머니는 사연을 이야기하고 아울러 자식의 마음이 어떤지를 걱정했다. 진정은 얼굴에 기쁜 빛을 띠고 이렇게 말했다.
"부처님의 일에 시주를 했으니 이처럼 큰 다행이 어디 있겠습니까. 비록 솥이 없다고 한들 무엇을 걱정하겠습니까."
진정은 질그릇 동이로 솥을 삼아 음식을 익혀 어머니를 모셨다.
일찍이 그가 군대에 있을 때 어떤 사람이 의상법사가 태백산에 계시면서 설법을 해 사람들을 이롭게 한다는 말을 듣자마자 곧 그를 사모하는 마음이 생겼다. 그러므로 진정은 어머니에게 말했다.

"효도를 마친 뒤에 의상법사에게 몸을 던져 머리를 깎고 도를 배우고 싶습니다."

그러자 어머니가 말했다.

"불법은 만나기 어렵고 인생은 너무나도 빨리 지나가는데 네가 '효도를 마친 뒤에' 라고 말한다면 또한 늦지 않겠느냐? 내가 죽기 전에 네가 도를 깨달았다는 소식을 듣고 싶으니 신중히 생각하여 우물대지 말고 빨리 가는 것이 옳을 것이다."

진정이 말했다.

"어머님 늘그막에 오직 제가 옆에 있을 뿐인데, 어머니를 버리고 출가하는 것을 어찌 차마 할 수 있겠습니까?"

어머니가 말했다.

"아아 만약 나 때문에 출가에 방해가 된다면 나로 하여금 지옥에 떨어지는 결과를 초래하게 할 것이니, 비록 살아서 가지가지 맛있는 음식으로 봉양을 한다고 하더라도 어찌 그것이 효도가 될 수 있겠느냐. 내가 남의 문 앞에서 구걸을 해서 입고 먹더라도 천수를 누릴 수는 있을 것이니, 진정으로 나에게 효도를 하려거든 그러한 말일랑은 하지 말아라."

진정이 오래도록 골똘하게 생각하거늘 어머니가 바로 일어나서 자루에 저장된 곡식을 모두 다 거꾸로 쏟으니 쌀 일곱 움큼이 있거늘 바로 그날 모두 주먹밥을 지어놓고 말했다.

"네가 음식을 익혀 먹으면서 가다가 그 지체되는 시간의 차이로 도를 깨닫지 못할까 걱정이다. 내가 보는 앞에서 하나를 먹고 나머지 여섯을 전대에 넣어서 속히 가거라."

진정이 눈물을 훌쩍이면서 굳이 사양하며 말했다.

"어머니를 버려두고 출가를 하는 것도 자식 된 도리로 차마 하기 어려운 일이거늘, 얼마 되지 않는 미음과 며칠분의 식량마저 모두 싸가지고 가버린다면 세상 사람들이 나를 보고 얼마나 욕을 하겠습니까."

진정은 이처럼 세 번이나 사양했으나 어머니는 세 번을 다시 권했다. 진정은 어머니의 뜻을 어기기가 어려워 밤낮으로 길을 달려 사흘 만에 태백산에 도착해 의상에게 투신해 머리를 깎고 제자가 되어 이름을 '진정'이라고 했다.

3년이 지난 후 어머니의 부음이 날아오자 진정은 가부좌를 틀고 선정禪定에 들어가 7일 만에 비로소 일어났다. 이를 두고 어떤 사람은 "추모해 상심하는 마음으로 가슴이 찢어지는 듯해 거의 견딜 수가 없을 지경이었으므로 선정을 통해 그 아픈 마음을 물로 씻어내었다"고 했다. 또 어떤 사람은 "선정을 통해서 어머니가 어디에 환생하시는지 살펴보았다"고 했고, 또다른 사람은 "중도의 이치로써 명복을 빌었다"고도 했다.

진정은 선정을 끝낸 뒤에 의상에게 사실을 알렸다. 의상은 무리를 이끌고 소백산의 추동錐洞으로 와서 초가집을 짓고 3000명의 무리를 모아 약 90일 동안 화엄경을 강론했다. 강론이 끝나자 그 어머니가 꿈에 나타나서 말했다.

"아들아, 나는 이미 하늘나라에 태어났노라!"[48]

사랑하기 때문에 하는 행위 중에도 알고 보면 그것이 사랑이 아니라 상처가 되는 경우가 있듯이, 효도라고 생각하고 하는 것이 도리어 불효가 되는 일도 있다. 효도는 기본적으로 부모의 마음을 기쁘게 하는 행위이므로 행위의 주체는 자식이지만, 그것이 진정한 효도인지를 판단하는 기준은 부모의 마음이다. 그럼에도 살아생전에 아들이 도를 깨치는 걸 보고 싶어서 하루라도 빨리 출가하라고 독촉하는 어머니의 모습과, 홀로 된 어머니를 끝까지 모신 뒤에 입산하겠다고 버티는 아들의 모습은 모두 아름답다. 어릴 때 입 속에 담고 다녔던 한 편의 동시처럼.

먼 길

아기가 잠드는 걸
보고 가려고
아빠는 머리맡에
앉아 계시고

아빠가 가시는 걸
보고 자려고
아기는 말똥말똥
잠을 안 자고

– 윤석중

대구의 비슬산 아래 위치한 인흥사 터. 일연이 『삼국유사』 편찬의 토대가 된 것으로 추증되는 『역대연표歷代年表』를 간행했던 유서 깊은 곳이나 지금은 파손된 탑 하나가 남아 있을 뿐이고, 그 빈터에는 남평문씨 고택이 들어서 있다.

하지만 그런 아들을 끝까지 설득하고 가진 것을 죄다 주면서 수도의 길로 나서게 하는 어머니의 사랑은 더욱더 위대하다. 더구나 아들이 길을 가는 도중 밥을 해 먹다가 지체되는 시간만큼 도를 깨치지 못할까봐 일곱 덩이 주먹밥을 챙겨주는 어머니의 모습은 눈물겹게 아름답다. 훗날 진정이 의상대사의 10대 제자 가운데 한 사람이 될 수 있었던 것도 바로 이러한 어머니의 간절한 마음이 그 바탕에 있었기 때문이리라.

일연이 불과 아홉 살의 어린 나이로 어머니 곁을 떠나게 된 속사정을 알 길은 없지만, 이 이야기의 밑바탕에는 어머니를 향한 일연선사의 간절한 마음이 메아리로 깔려 있다. 그러나 일연은 어머니의 부음에도 하산하지 않았던 진정과는 다른 방식으로 어머니에 대한 효도를 다했다. 그는 승려로서 최고의 영광인 국사로 책봉되어 개경開京에 머무르고 있던 1283년, 78세의 나이로 아흔다섯이었던 어머니를 봉양하기 위해 고향으로 돌아왔다. 그리하여 그 이듬해에 아흔여섯의 나이로 어머니가 세상을 떠날 때까지 79세의 국존의 몸으로 어머니를 손수 모셨던 것이다.

어머니가 돌아가신 바로 그해에 조정에서는 인각사를 수리하는 한편, 100여 경頃의 토지를 하사하고 일연이 머물 곳으로 삼게 했는데, 왜 하필이면 인각사였을까? 결론부터 말한다면 인각사가 자신이 속한 가지산문의 사찰이었기 때문일 것이다. 그러나 운문사, 오어사, 인흥사, 용천사 등 직접적인 인연이 있고 가지산문에 소속된 사찰이 영남지역에 한둘이 아닌데 왜 하필 인각사였을까?

이러한 의문에 대해 나는 일연이 어머니의 묘소를 자신의 부도가 있던 건너편 산골짜기의 높은 능성에 모셨다는 데서 답변의 실마리를 찾고자 한다.• 즉 그는 평소에도 자주 왕래하던 인각사 부근의 명당 터를 유심히 봐두었다가 어머니가 돌아가시자 묘소를 그곳에 모시고, 돌아가신 뒤에도 어머니를 뵙기 위해 인각사에 머무른 것으로 여겨지는 것이다.

• 이병휴 등도 일연이 인각사에서 만년을 보내게 된 이유의 하나로 '그의 어머니의 무덤이 인각사 가까이 있었기 때문'이라고 언급한 바 있다(참고문헌의 이병휴·한기문, 251쪽).

일연이 중건하고 이름을 불일사佛日寺로 바꾸었던 비슬산 용천사. 지금은 원래 이름인 용천사로 불리고 있다.

그러한 의미에서 나는 일연이 자신의 부도를 세우도록 지시한 장소의 선택도, 명당이기도 하거니와 건너편 산에 계신 어머니를 죽어서도 바라보며 모시고 싶었던 간절한 효심의 소산으로 보고 싶다. 이러한 맥락에서 이 마을에 전해지는 갖가지 전설에 주목할 필요가 있다. 여든에 가까운 생애를 일연의 부도가 있던 둥둥이마을에서 살아온 김기환씨에 의하면, 섣달 그믐날 밤이 되면 일연의 부도와 그 어머니의 산소 사이를 기묘하게도 도깨비불 같은 것이 왔다 갔다 했다는 전설이 전해오고 있다고 한다. 같은 마을에 살고 있는 정재춘(65세)씨는 인각사와 부도가 있던 곳 그리고 어머니 묘소는 삼각형의 꼭짓점을 이루는데, 인각사 석등에 불을 켜는 순간 그 불빛이 부도와 어머니 묘소를 향해 일제히 뻗쳤다는 전설도 전해지고 있다 한다. '일연의 부도에 반사된 아침 햇살의 광채가 어머니가 계시는 건너편 산으로 뻗쳐갔는데, 이것은 죽어서까지 어머니를 모시고 싶어했던 일연의 효성의 소산'[49]이라는 전설도 빠뜨릴 수 없다.

이러한 전설이 역사적 사실이든 아니든 간에 그 자체가 이미 역사이며, 그 속에는 이 부도의 위치가 어머니의 묘소와 관련 있음이 오롯하게 함축되어 있다. 만약 그렇다면 죽어서도 어머니를 모시고 싶어했던 일연을 위해서라도 그의 부도는 원래 자리로 돌아가지 않으면 안 된다. 눈앞에 아들을 두고 간절한 마음으로 바라보고 싶어하는 어머니를 위해서라도….

그러므로 이제라도 이산가족보다 더 아프게 헤어져서 오랜 고독을 견뎌야 했던 어머니와 아들이 다시 뜨겁게 만날 수 있도록 다리를 놓아주는 것이 옳다. 그것이야말로 자칭 만물의 영장들이 언제나 큰 소리로 외치면서도 좀처럼 실현하지 못하고 있는 인도주의가 아니겠는가.

8

일연 어머니 묘소를 찾아서

일연의 어머니가 누워 계신다고 전해오는 묘소로 가는 길에는 처음부터 끝까지 안내판 하나 세워져 있지 않다. 그런 까닭에 위치를 알고 있는 극소수의 마을 사람들을 길잡이로 삼지 않는 한 한 번에 묘소를 찾기란 어렵다. 거의 20년 전 몹시도 무덥던 여름날이었다. 총각 시절, 손목 한번 잡아보지 못하다가 어찌어찌하다가 수저를 같이 쓰게 된 여인과 일연의 어머니를 처음으로 찾아간 적이 있다. 그때 어디쯤 있다는 어느 노인의 말만 듣고 묘소를 찾기 위해 가파르고 길조차 나 있지 않은 산을 샅샅이 뒤지다가 더위를 먹고 혼이 난 기억이 지금도 생생하다.

일연 스님 어머니의 묘소를 찾기 위해서는 일단 스님의 부도가 서 있었던 둥둥이마을 앞을 흐르는 위천을 건너야 한다. 위천을 가로지른 다리를 건너 병풍바위 쪽으로 내려가다보면 오른쪽으로 큰 골짜

일연 스님 어머니 묘소로 올라가는 초입의 모습.

기가 나타난다. 강을 사이에 두고 일연 스님의 부도가 있던 둥둥이마을 뒷산과 정면으로 마주보는 골짜기로서, 일연 스님 어머니의 산소가 있다는 연유로 마을 사람들이 '능골'이라 부른다.

같은 도랑물을 대여섯 번 건너면서 스님의 어머니 묘소로 향하는 오솔길 주변은 계절에 따라 변화가 무쌍하다. 봄가을에는 도시락을 손에 들고서 처녀 총각이 함께 오르기에 알맞은, 정취가 드높은 길이다. 아주 아늑하고 포근한 길이므로 아직은 서먹서먹한 처녀 총각도 내려올 땐 틀림없이 손을 맞잡고 고은의 「그 꽃」을 읊조리게 되리라.

내려갈 때
보았네
올라갈 때
보지 못한
그 꽃

하지만 여름철이 되어 초목이 무성하게 자라고 나면 이 오솔길은 단 한 점의 햇살도 내려앉기 쉽지 않은, 무섭도록 고요한 길이 되고 만다. 인적도 없는 절대 고요 속에서 꿩이 쇳소리로 꿩, 꿩 울어대면 간이 콩알만 해지기도 하고, 도처에 거미가 그물을 치고 기다리고 있는 탓에 생태계의 질서를 어지럽히는 가정파괴범이 되지 않고서는 올라갈 수 없는 길이다.

따라서 일연 스님 어머니를 뵙고 싶으면 지하에 계신 천수보살이 천만으로 그 몸을 나토셔서, 천만의 손으로 빚어낸 새싹들을 일시에 지상으로 밀어올리는 봄철에 가는 것이 제격이지 싶다. 아니면 풀무치 한 마리가 긴 포물선을 그리면서 머나먼 저승으로 날아가고, 어찌된 셈인지 한쪽 다리가 떨어지고 없는 방아깨비가 더러는 피고 더러는 지는 구절초 꽃밭 위를 풀쩍 뛰어다니는 가을철에 가는 것도 그런대로 괜찮다.

일연 스님 어머니 묘소로 올라가는 길에서 만나게 되는 들꽃들.

가을 언덕에서

지는 꽃 피는 꽃이 어우러진 천지天地간에
주체 못할 기쁨으로 떠나는 신행新行이 있고
쓸쓸히 이승을 뜨는 꽃상여도 있어라.

바위마저 꿰비칠 듯 투명한 이 가을날
익은 상수리 다시 뿌리께로 놓이는데
목숨이 육신肉身을 벗고 가는 곳은 어디뇨.

구절초九折草 눈이 부신 맞은편 등성이로
불현듯 적막寂寞을 깨고 풀무치 날아간다
미답未踏의 그 한 쪽 끝을 저는 안다는 듯이.

– 조동화

이런 시조라도 읊조리면서 조그만 오솔길을 20분쯤 올라가면, 골짜기 양쪽에서 가파르게 이어지던 산이 좌우로 벌어지는 정면에 키 작은 조선 소나무들이 무성하게 덮인 산등성이가 나타난다. 막상 올라가보면 또다시 멀고 가까운 산들이 첩첩이 솟아 있지만, 밑에서 쳐다볼 때 바로 이 산의 정상 부분에 해당되는 봉우리에 스님 어머니의 묘소가 있는데, 그곳으로 가는 길은 아무 데도 없다.

말을 바꾸면 길이 아닌 곳도 아무 데도 없기에 무조건 정상을 향

늦가을 귀뚜라미의 울음처럼 애잔한 분위기를 풍기는 일연 어머니의 묘소. 비석도 없이 봉분만 덩그러니 남아 있는데, 언제 보아도 봉분에는 풀이 자라지 않는다.

해 경사 40도의 가파른 산자락을 10분쯤 돌진하다보면 무덤 하나를 만나게 된다. 좌청룡과 우백호를 제대로 거느린 한 줄기 산이 내달려 오다가 기운이 울컥, 맺힌 곳에 늦가을 귀뚜라미의 다 죽어가는 울음소리처럼 애잔하고도 처연하게 엎드린 조그만 무덤 하나. 인각사의 파란만장한 역사에 무슨 유감이라도 있었는지 언제 보아도 잔디가 없고, 붉은 흙이 연방 무너져 내리는 초라한 흙무덤이다.

단기 4330년 6월에 군위군수 홍순홍洪淳弘이 이 무덤 앞에 '낙랑

군부인이씨지묘樂浪郡夫人李氏之墓' 라고 적혀 있는 상석을 가져다놓지 않았다면, 찾아도 그것이 일연 스님 어머니의 묘소라고 생각하기는 정말 어렵다. 그런 까닭에 내가 그 여인과 함께 이곳을 처음 찾았을 때 이토록 초라하게 방치된 무덤 앞에서 비감에 잠길 수밖에 없었다.

고개를 돌려 어머니의 묘소와 마주보고 있는 일연의 부도 쪽을 바라보았더니, 학이 날개를 펴듯 장중하게 펼쳐진 화산 자락에 마지막 저녁 햇살이 환하게 떨어지고 있었다. 오래도록 살펴봐도 일연 스님의 부도가 있던 둥둥이마을 뒷산 자락은 다른 산자락에 가려 보일 듯 말 듯 보이지 않았다. 무성하게 자란 나무가 없다면 혹시 보일 수도 있겠지만, 보이지 않으면 또 어떠랴. 어머니를 여기에 모셔두고 인각사로 돌아간 일연 스님이, 여든 살의 늙은 몸을 이끌고서 날마다 이 무덤이 보이는 인각사 뒷산으로 올라가서 어머니를 향해 절을 올렸다는 이 고을 전설을 음미해보면, 어머니의 묘소가 보이지 않더라도 일연의 영혼은 아침마다 부도에서 슬며시 나와 뒷산으로 슬슬 올라가서는 여기에 계신 이 어머니에게 큰절을 두 번 올렸으리라. 살아 있을 때 그랬던 것처럼.

생각이 여기에 미쳤을 때, 바로 저 화산 너머 내 고향 영천 땅에 외롭게 계시는 우리 어머니와 함께, '나무〔木〕 위에 서서〔立〕 바라본다〔見〕' 는 구조를 가진 '어버이 친親' 자가 떠올랐다. 아들에게 있어서 어버이란 누구인가? 길 떠난 아들을 방에서 기다릴 수 없어서 마당에 나가 기다리고, 마당에 나가 기다리다 지쳐서 대문 밖에 나가 기다리고, 대문 밖에 나가 기다리다 지쳐서 동구 밖에 나가 기다리

어머니 묘소에서 일연의 부도가 서 있었던 둥둥이마을 쪽을 바라본 풍경. 일연의 부도가 있었던 자리가 보일 듯 말 듯하다.

고, 동구 밖에 나가 기다리다 지쳐서 정자나무 꼭대기, 그 제일 높은 곳에 올라가서 길 떠난 아들이 돌아오기를 목을 길게 빼고 기다리는 사람. 그런 사람이 어버이이므로 나의 아버지와 어머니는 오늘도 동구 밖에 있는 정자나무 꼭대기에 올라서서 한없이 기다리고 계시리라. '어무이, 아부지요오' 하고 목이 터지도록 부르면서 그의 아들이 달려오기를.

그 무슨 효자도 못 되면서 이런 상상을 하며 화산 너머로 오래도록 시선을 던지고 있는 나의 마음을 아는지 모르는지, 함께 온 여인이 이렇게 말을 걸어왔다.

"『삼국유사』를 지은 일연 스님의 어머니라면 민족의 어머니라 해도 되겠죠. 그분이 민족의 어머니라면 우리의 어머니이기도 합니다. 어머니를 찾아왔으니 절부터 먼저 올리는 것이 순서에 맞지 않겠어요?"

그 바람에 나는 다시금 숙연한 마음이 들어서 그분에게 두 번 큰절을 올렸다. 그러고는 어둠이 밀려오는 산자락을 내려와서, 산 너머에 있는 내 고향을 향해 차를 몰아 내달리기 시작했다. 숨이 막히도록 달려갔더니 동구 밖 정자나무 꼭대기에 올라가 계시던 어머니께서 아들을 먼저 발견하고는 서둘러 내려와서, 시치미를 딱 떼고 이렇게 말씀 하시는 것이었다.

"너거도 묵고 살기 바쁠 낀데…… 말라꼬 또 왔노, 말라꼬 또 왔어."

제4장

인각사를 어떻게 복원할 것인가

내가 그동안 어루만져오던 이 답사기를 마지막으로 다듬기 위해 인각사로 갔던 날 저녁 무렵에는 겨울답지 않게 날씨가 포근했다. 오후 한때 펄펄 내리던 눈도 일찌감치 멎고 티 없이 갠 서녘 하늘에 저녁노을이 몽환처럼 걸려 있었다. 나는 아직도 군데군데 눈이 쌓여 있는 학소대의 위태로운 벼랑 위를 가까스로 기어올라가 영광과 몰락의 희비쌍곡선을 그으면서 숨 가쁘게 달려왔던 인각사를 오래도록 바라보았다.

바로 그 순간 끊임없는 반대에도 불구하고 수시로 제기되는 댐 건설 계획에 인각사가 수몰 공포로 벌벌 떨고 있던 어느 해 여름, 학소대 벼랑 아래 텐트를 치고 하룻밤을 보냈던 일이 떠올랐다. 그날 밤 조선 낫 같은 초승달과 함께 무수한 별들이 물소리 속에 거꾸로 처박혔고, 개구리 울음소리는 기괴하고도 장엄한 교향곡처럼 벼랑에 반사되어 멀리까지 울려 퍼졌다. 그동안 나라와 민족은 물론이고 개인을 위해서도 큰 도움이 되지 않는 일들로 시달리고 있던 나에게도 모처럼 안식과 평화가 밀려왔다.

하지만 그날 밤 잠을 잘 수 없었다. 마치 밀려드는 저녁노을을 필사적으로 절 밖으로 쓸어내는 아흔아홉 살 늙은 스님처럼 애잔한 모습으로, 찾아오는 답사객들을 두서없이 맞이하고 있는 인각사. 이렇게 참담하게 방치된 곳이 『삼국유사』를 낳은 민족의 성지란 말인가. 오랜 역사와 세월의 쌓임이 권위와 전통으로 승화되지 못하고 쓸쓸한 소멸로 이어지는 정신사의 우울한 좌표에 새삼스레 아팠다.

그러나 이제 국사전이 들어서고 보각국사비가 복원되는 등 천 년 동안 흥망성쇠를 거듭했던 인각사가 복원을 위한 기지개를 펴고 있다. 이제 인각사는 민족의 성지에 걸맞게 거듭나야 하며, 나는 일찍이 「인각사 연구」[1]라는 논문에서 이를 위해 몇 가지 방안을 제시한 바 있다.

그 가운데는 보각국사비의 복원 문제도 포함되어 있는데, 그것은 이미 이루어졌다. 복원과 함께 내가 제안했던 것 중 하나는 보각국사비를 법첩으로 만들어 서예계에 널리 보급하는 일이었다. 왕희지의 진적이 모두 사라져버린 현재로서는 보각국사비의 글씨가 왕희지의 글씨 가운데서도 매우 뛰어난 것으로 여겨지고, 따라서 그의 글씨를 배우는 사람들이 이왕이면 일연의 일생 행적을 담은 보각국사비를 법첩으로 삼게 하자는 취지였다. 다행스럽게도 한문학자로서 서예에도 깊은 관심을 가지고 있는 나의 직장 선배 김남형이 이 일을 멋지게 이루어주었다. 다만 보급이 제대로 이루어지지 못해 활용도가 높지 못한 것이 아쉬울 따름이다.

현재로서는 볼거리가 별로 없는 인각사에 박물관을 짓자는 것도 제안 가운데 하나였다. 물론 현재 인각사가 소장하고 있는 전시품이 거의 없는 상황이기는 하다. 그러나 발굴 과정에서 쏟아져 나온 엄청난 양의 출토품과 전국 각지에 산재해 있는 보각국사비의 탁본들 그리고 『삼국유사』를 비롯한 일연의 저서 및 그와 관련된 연구서 등을 모아서 전시하고, 일연의 흔적이 남아 있는 전국 각지의 유적지를 촬영해 생애의 순서대로 배치한다면 특색 있는 박물관이 될 수도 있다는 취지였다. 물론 내가 제안했기 때문에 그렇게 된 것은 아니겠지만, 이런 소망은 '일연생애관'의 건설로 이어졌다. 그러나 현재 일연생애관은 그 규모가 너무나도 소박한 데다 진품이 하나도 없는 등 전시품도 빈약해 공간과 내용 양 측면에서 대대적인 확충이 필요하다.

사역 내에 있는 석조물들을 가장 적절하고도 의미 있는 공간으로 위치를 조정하는 것 역시 전문가들이 이마를 맞대고 풀어야 할 숙제다. 모든 문화재는 원래 자신이 있었던 위치로 돌아가는 것이 가장 바람직하다는 대원칙에 입각해서 보면, 마당의 석불과 각종 부도들은 원래 위치로 돌아가야 한다. 그러나 그들이 반세기 동안 인각사와 함께 살아온 역사 또한 무시할 수 없기에, 위치를 재조정한다 해도 어디까지나 사역 내의 적절한 곳으로 옮기는 게 최선일 것이다.

하지만 여러 차례 자리를 옮겼다가 조사전의 중창으로 다시 옮겨진 일연의 부도, 조사전의 치맛자락 뒤에 꼭꼭 숨어 있는 보각국사비, 다시 세워진 보각국사비 등은 위치 조정을 고려해봐야 한다. 먼저 최근에 새로 세워진 보각국사비는 인각사의 중심 사역에서 동쪽에 위치하고 있으나 도세순의 일기에 의해 극락당 앞에 있었음이 확인되었다. 따라서 이 비석은 현재 인각사의 중심 영역인 조선시대의 극락전 터 앞으로 위치를 조정하는 것이 바람직하다. 처참하게 깨진 보각국사 일연의 비는 사역을 벗어날 경우 탁본 등으로 인한 훼손 가능성이 남아 있어 빠른 시일 내에 사역 안의 적절한 위치에 비각을 새로 짓고 이건하거나, 새로 지은 박물관으로 입주를 하는 것이 옳을 듯하다.

그러나 일연 스님 부도의 경우는 사리장치를 이미 도난당했고, 더 이상 훼손될 여지가 별로 없다고 판단되기에 일연이 직접 선택했던 맨 처음 장소로 되돌아가는 게 옳다고 본다. 만약 그것이 불가능하다면 부도를 인각사에 남겨둔 채 원래 자리에 꼭 같은 부도를 다시 세우는 방안이라도 마련해야 하리라. 부도를 세운 장소의 선택이 죽어서도 어머니를 모시고자 했던 일연의 간절한 효심의 소산일 가능성이 높다는 점에서 더더욱 그렇다. 부도가 어머니의 묘소와 마주보고 있는 원위치로 옮겨지면 이 일대는 살아 있는 '효孝의 교육장'으로 승화될 수도 있을 것이다.

아울러 제안하려는 것은 이곳을 찾아오는 사람들이 인각사만 보고 휑하니 돌아가지 않도록 주변의 답사 코스를 개발하는 일이다. 우선 원래 부도가 있었던 둥둥이마을 뒷산으로 가는 길과 일연 스님 어머니의 묘소로 전해지는 산소로 가는 길을 자연을 훼손하지 않으면서도 다니는 데 불편함이 없을 만큼만 가다듬어주었으면 좋겠다. 그곳은 모두 전망이 빼어난 데다 가는 길도 운치가 있으며, 특히 왕복 한 시간 정도가 소요되는 일연 스님 어머니의 묘소로 가는 길은 잘 다듬어놓기만 하면 보기 드물 정도로 한적하고 격조 높은 오솔길이 될 수 있다. 한 가지 더 보탠다면 지금은 가는 길이 없지만 인각사 뒷산으로 오르는 오솔길을 만들 필요가 있다. 모친상을 치른 뒤에 일연 스님이 노구를 이끌고 아침마다 올라가서 산소를 향해 큰절을 올렸다는 전설이 어려 있는 곳이기 때문이다. 이렇게 되면 인각사는 뒷산과 부도탑이 있는 곳 그리고 어머니의 산소를 다녀오면서 일연 스님의 효성과 『삼국유사』를 되새김질하는 더욱 의미 있는 답사지가 될 것이다.

여기에 화산산성과 압곡사, 괴산리 절터, 화북 2리 절터 등 고로 지역의 유적지를 보태고, 새로 생기는 화북댐과 아미산 등의 자연 경관을 덧보태자. 여기에 또다시 인각사로 가는 길 언저리에 있는 거조암 영산전(국보 제14호)과 군위삼존석굴(국보 제109호) 등 주변 유적지를 보탠다면 인각사와 그 부근을 답사하는 데 이틀이 걸릴 수도 있다.

다음은 인각사를 전면적으로 복원하는 문제다. 복원을 위해서는 원래 모습을 제대로 아는 것이 무엇보다 중요하며, 따라서 첫 삽질은 인각사 사역 전체에 대한 종합적이고도 체계적인 발굴에서 시작되어야 한다. 물론 그동안에도 인각사 일원에 대한 발굴 조사가 여러 번 이뤄졌고, 상당한 성과를 거두기도 했다.

논으로 변한 화북 2리 절터에 남은 석물들.

그러나 그것은 거시적인 계획에 따른 단계적인 발굴이 아니라, 경비가 조달될 때마다 감당할 수 있을 만큼만 발굴하고 말았다는 느낌이 없지 않다. 게다가 건물의 창건이나 이건 등 사찰 환경의 변화에 따라 해당 부분에만 국한된 발굴을 하는 경우도 있었다. 따라서 이미 발굴단에서도 누누이 지적한 대로 인각사 사역 전체에 대한 종합적인 발굴이 요청되며, 이때 사역의 범위는 도로 건너편 농경지와 뒷산의 일부, 동쪽의 기와굴을 포괄하는 최대한의 범주로 설정되어야 한다.

특히 도세순의 일기에 '인각사의 크고 높은 전각의 단청이 위천에

인각사로 가는 길 부근에 위치한 거조암. 은해사의 말사로 되어 있으나 우리나라 조계종의 시원적 발상지일 뿐만 아니라 고려시대 건물인 국보 제14호 영산전靈山殿과 각양각색의 표정을 가진 오백 나한상羅漢像 등을 보유하고 있어 결코 어디에도 뒤질 절이 아니다. 영산전을 배경으로 하여 승무가 한창이다.

비쳤다' 는 기록을 통해서 보면 길 건너편 농경지에도 건물들이 들어서 있었음이 분명하며, 따라서 이 지역에 대한 체계적인 발굴을 서둘러야 한다. 언젠가 박영돈이 지적한 것처럼 인각사 사역을 관통하고 있는 도로를 홍수의 피해를 막을 수 있는 범위 내에서 최대한 위천 쪽으로 옮기는 것도 해결해야 할 과제의 하나다. 그렇게 되면 도로 지역에 대한 발굴이 가능할 뿐만 아니라 인각사 사역 전체를 분리하지 않고 종합적으로 재정비하는 데에도 결정적인 도움을 줄 것이다.

마지막으로 제기하고 싶은 것은 인각사를 전면적으로 복원할 때, 어느 시대의 인각사를 기준으로 삼을 것인가에 대한 문제다. 이러한 의문에 대해서는 우리 정신사에서 인각사가 지닌 위상이 가장 높았던 시기, 즉 『삼국유사』를 지은 일연이 주석하고 있었던 고려후기의 인각사를 복원하는 것이 가장 바람직하다는 데 의견이 일치하고 있다. 그러나 고려후기 인각사에 서 있었던 건물들 모두를 다시 세우는 것이 과연 바람직한 복원일까?

그렇지는 않을 것이다. 왜냐하면 어떤 건물이 세워지는 데에는 역사적 필연성이 있어야 하는데, 그것이 시대마다 같을 수는 없기 때문이다. 다시 말해 실용적인 목적이든 심미적인 목적이든 지금 이 시대에 필요하지 않는 건물들을, 고려후기에 있었다는 이유 하나만으로 다시 세운다면 국민의 혈세를 낭비해 애물단지를 만들 가능성이 높다. 재정적인 측면을 떠나서 보더라도 지나치게 규모의 거대화와 화려함을 지향함으로써 오늘날 여러 사찰이 본연의 분위기를 크게 훼손했던 전철을 밟게 될까 두려운 마음도 없지 않다.

신라 최대의 사찰이었던 황룡사 터(사적 제6호). 장육존상, 9층 목탑, 49만 근에 달하는 동종 등이 있었던 신라 최대의 사찰이었으나 1238년 몽골의 침입으로 모두 잿더미가 되고, 지금은 광활하고도 황량한 절터로 남아 있다.

그런 까닭에 인각사의 건물 복원은 거대화를 지향할 것이 아니라 사역 중심부의 꼭 필요한 건물에 국한하는 것이 좋을 듯하다. 그 대신 사역의 외곽지역에 박물관, 삼국유사 연구원, 사찰체험 및 삼국유사 교육관 등을 세워 불교와 『삼국유사』의 대중화에 적극적이고도 능동적으로 나서는 것이 어떨까? 그렇게 해야 인각사가 민족의 역사에 대해 각별한 애정을 지녔던 일연의 정신을 계승하는 교육의 장으로서 그 역할을 다할 수 있을 것이다.

마지막으로 첨언하고 싶은 것은 그렇게 할 경우 남아 있게 될 빈 건물 터의 활용 문제다. 그것은 실용적인 목적으로 사용하지 말고 정서적인 목적으로 사용하는 것이 좋을 듯하며, 황룡사 터처럼 적절하게 가다듬어 비워두는 것도 한 가지 방법이다. 그렇게 한다면 우리는 늦가을 저녁놀 아래 광활하게 펼쳐진 빈터를 지켜보면서 부침을 거듭했던 인각사의 흥망성쇠를 되새김질할 수 있을 것이다.

물론 이런 일들이 이뤄지기 위해서는 막대한 경비가 필요하고, 그런 것은 인각사나 그 본사인 은해사가 감당할 수 있는 것이 아니기에 관계 기관의 적극적인 도움이 요구된다. 특히 발굴이 시급한 길 건너편의 농경지역과 부도의 원 위치에 해당되는 지역이 사유지로 되어 있기에 토지를 매입해야 하고, 천정부지로 값이 뛰어오른 탁본을 구입하는 일도 쉽지 않다. 그러나 인각사는 무수한 절 가운데 하나가 아니라 우리 정신사에서 큰 비중을 차지하는 '특별한 절'이다. 그런 까닭에 이런 어려움을 주체적이고도 능동적으로 극복해 '특별한 의미'를 지닌 공간으로 다시 태어나게 해야 할 것이다.

이런 몇 가지의 변변치도 못한 생각을 하며 어둠이 짙어오는 학소대 벼랑 위에 오래도록 서 있다가, 문득 밀려오는 다급한 마음에 서둘러 집으로 돌아와서 이 보잘것없는 글에 마침표를 찍었다. 그러고 나서 숙제를 다 끝낸 어린아이처럼 홀가분하게 잠자리에 들었다가 정말 알다가도 모를 이상한 꿈을 하나 꾸었는데, 그래서인지 그다음 날 아침 신문에 간밤의 꿈을 닮은 시 한 수가 올라와 있었다.

소

소가
우두커니
마구간에 혼자 앉아
내리는 함박눈을 그렁그렁… 쳐다본다
아침에 내리는 눈을,
아침도
아니
먹고,

– 이종문

학소대 쪽으로 바라본 인각사. 휑한 경내가 안쓰러울 정도다.

주註

제1장

1 『삼국유사』 제5권, 감통感通 제7 참조.

제2장

1 이 책의 부록으로 수록된 인각사 관련 자료 집성 2번 참조(이하 '인각사 관련 자료 집성'을 '관련 자료'로 줄여서 표기함).
2 관련 자료 2번 참조.
3 관련 자료 16번 참조.
4 관련 자료 50번 참조.
5 관련 자료 49번 참조.
6 참고문헌(이하 논저는 참고문헌의 논저임) 이병휴 · 한기문, 1993, 248쪽.
7 문명대, 2001 등.
8 불교문화연구소, 2009, 1~3.
9 관련 자료 1번 참조.
10 김영수, 1938.
11 이병휴 · 한기문, 1993, 248쪽.
12 불교문화연구소, 2009, 1~3.
13 관련 자료 2번 참조.
14 조춘호, 1997, 293쪽.
15 관련 자료 5번 참조.

16 관련 자료 2번 참조.

17 관련 자료 2번 참조.

18 관련 자료 2번 참조.

19 불교문화연구소, 2009, 1~3.

20 관련 자료 2번 참조.

21 『삼국유사』 제5권, 첫머리 참조.

22 관련 자료 6번 참조.

23 김상현, 1991, 58~61쪽.

24 관련 자료 6번 참조.

25 관련 자료 4번 참조.

26 관련 자료 7번 참조.

27 『太宗實錄』 제13권, 太宗 6년 3월 丁巳 條.

28 관련 자료 12번 참조.

29 관련 자료 12번 참조.

30 『世宗實錄』 제 24권, 世宗 6년 4월 庚戌 條.

31 관련 자료 29번 참조.

32 관련 자료 28번 참조. 원문에는 모두 합하면 10결 24부라고 되어 있으나 이것은 계산상의 오류다(이수환, 2001, 86쪽).

33 관련 자료 29 및 52번 참조.

34 관련 자료 29번 참조.

35 관련 자료 27번 참조.

36 관련 자료 19번 참조.

37 관련 자료 23번 참조.

38 관련 자료 22번 참조.

39 관련 자료 19번 참조.

40 관련 자료 19번 참조.

41 『삼국유사』 3권, 탑상 제4 調信 條. 황패강 번역.

42 관련 자료 23번 참조.

43 관련 자료 23번 참조.

44 관련 자료 24번 참조.

45 관련 자료 25번 참조.

46 관련 자료 23번 참조.

47 관련 자료 29번 참조.

48 관련 자료 30번 참조. 여러 기록을 검토해보면 이 자료에 나오는 금당이 바로 극락전이다.

49 관련 자료 38번 참조.

50 관련 자료 38번 참조.

51 관련 자료 30번 참조.

52 관련 자료 33번 참조.

53 관련 자료 33번 참조.

54 관련 자료 36번 참조.

55 이종문, 2005 참조.

56 관련 자료 29번 참조.

57 관련 자료 29번 참조.

58 관련 자료 38번 참조.

59 蔣濟明, 1965, 沿革 條 참조.

60 이병휴 · 한기문, 1993, 256쪽.

61 관련 자료 47번 참조.

62 관련 자료 50번 참조.

63 경북대학교박물관, 1993, 28쪽.

64 蔣濟明, 『麟角寺誌』, 3쪽.

65 蔣濟明, 『麟角寺誌』, 3쪽.

66 경북대학교박물관, 1993, 29쪽.

67 한국정신문화연구원, 1984.

제3장

1 김현준의 책 278~280쪽의 내용을 바탕으로 하여 요약한 것이다.

2 김현준, 292쪽.

3 윤경렬, 『경주남산 하나』, 대원사, 1989, 102쪽(송재학, 1997, 51쪽에서 재인용).

4 관련 자료 2번 참조.

5 박지원, 『연암집』 제7권.

6 관련 자료 32번 참조.

7 관련 자료 36번 참조.

8 관련 자료 41번 참조.

9 관련 자료 22번 참조.

10 관련 자료 35번 참조.

11 관련 자료 18번 참조.

12 관련 자료 20번 참조.

13 관련 자료 21번 참조.

14 관련 자료 42번 참조.

15 관련 자료 16번 참조.

16 관련 자료 17번 참조.

17 보각국사비와 부도의 훼손 과정에 대해서는 김상현이 간단하게 언급한 바 있다(김상현, 1991).

18 관련 자료 22번 참조.

19 관련 자료 32번 참조.

20 관련 자료 25번 참조.

21 관련 자료 35번 참조.

22 관련 자료 36번 참조.

23 관련 자료 40번 참조.

24 관련 자료 46번 참조.

25 관련 자료 45번 참조.

26 관련 자료 2번 참조.

27 관련 자료 2번 참조.

28 한국정신문화연구원, 1981, 11쪽 참조.

29 관련 자료 44번 참조.

30 관련 자료 44번 참조.

31 김상기, 1961.

32 참고문헌, 채상식, 1979, 1980.

33 참고문헌, 김상현, 1991.

34 참고문헌, 정병삼, 1995.

35 이하 박영돈의 삶과 보각국사비를 복원해 나가는 과정은 참고문헌의 박영돈의 글들과 정병삼(2006), 호영송(1996)의 글, 언론에 보도된 자료들을 바탕으로 종합 정리한 것임.

36 『문학의 문학』 2008년 겨울호.

37 박영돈, 1986, 1992.

38 정병삼, 2006, 35~41쪽.

39 관련 자료 3번 참조.

40 관련 자료 46번 참조.

41 관련 자료 47번 참조.

42 관련 자료 47번 참조.

43 이홍직, 1960, 99~101쪽.

44 이홍직, 1960, 101~103쪽.

45 관련 자료 2번 참조.

46 민영규, 1983.

47 민영규, 1983.

48 『삼국유사』 5권, 孝善 제9, 「진정사 효선쌍미」 참조.

49 한국이동통신대구지사, 180쪽.

제4장

1 이종문, 2001.

참고문헌

경북대학교 박물관 · 군위군, 『華山麟角寺』, 1993
고운기, 『일연』, 한길사, 1997
권상로, 『韓國寺刹全書』, 동국대출판부, 1979
군위군 · 재단법인대한불교조교종 유지재단 문화유산발굴조사단, 『麟角寺』, 2004
군위군, 『군위의 鄕脈』, 1983
김두진, 「一然의 生涯와 麟角寺」, 경상북도·군위군, 『麟角寺』, 2001
김상기, 「古搨麟角寺碑」, 考古美術 2권 10호, 1961
김상현, 「麟角寺 普覺國師碑 陰記 再考」, 한국학보 62호, 1991
김용섭, 『한국 중세 농업사 연구』, 지식산업사, 2000
金映遂, 「曹溪禪宗에 就하야-五敎兩宗의 一派 朝鮮佛敎의 根源」, 진단학보 9호, 1938
김현준, 『사찰 그 속에 깃든 의미』, 교보문고, 1996
조선총독부 내무부 지방국, 『朝鮮寺刹史料 上』, 1911
朝鮮總督府, 『朝鮮金石總覽上』, 아세아문화사, 1976
경상북도 · 중앙승가대학불교사학연구소, 『華山麟角寺』, 1999
경상북도 · 군위군, 『麟角寺』, 2001
도세순(도두호 역), 『용사일기』, 새박, 2009
문명대, 「麟角寺 佛像 彫刻의 考察」, 경상북도 · 군위군, 『麟角寺』, 2001
문화재청 · 재단법인 대한불교조교종 유지재단 문화유산발굴조사단, 『한국의 사찰 문화재』(대구광역시 · 경상북도 1, Ⅰ), 2007
문화재청 · 재단법인 대한불교조교종 유지재단 문화유산발굴조사단, 『한국의 사찰 문화재』(대구광역시 · 경상북도 1, 자료집), 2007

민영규, 「一然과 陳尊宿」, 학림 5호, 1983
박영돈, 「高麗 麟角寺 普覺國師碑銘」, 고서연구 86호, 1986
———, 「신자료를 통해서 본 麟角寺 普覺國師碑 陰記」, 비블리오필리 3호, 1992
———, 『麟角寺一然老師塔碑重刻資料集』(증보판), 靑柴山房, 2006
———, 「野山樵人書室記」, 『상서』 7권, 한국장서가회, 1986
———, 「晉山世稿 初版本 購入 顚末」, 『상서』 5권, 한국장서가회, 1983
송재학, 『그가 내 얼굴을 만지네』, 민음사, 1997
중앙승가대학불교사학연구소, 『麟角寺普覺國師碑帖』, 1992
———————————, 『一然의 生涯와 思想』, 1995
오출세, 「인각사 주변의 민속」, 경상북도 · 군위군, 『麟角寺』, 2001
윤경렬, 『경주남산』, 대원사, 1989
은해사 일연학연구원 · 중앙승가대학불교사학연구소, 『麟角寺普覺國師碑帖(續集)』, 2000
이병휴 · 한기문, 「麟角寺의 寺格과 變遷」, 경북대학교 박물관 · 군위군, 『華山麟角寺』, 1993
이수환, 『조선후기 서원 연구』, 일조각, 2001
이영도 외, '이영도가 소장하고 있던 12통의 편지', 『문학의 문학』, 2008년 겨울호
이종문, 「鍪藏寺碑를 쓴 書藝家에 關한 한 考察」, 『漢文古典의 實證的 探索』, 계명대 출판부, 2005
———, 「이렇다 할 볼거리는 없어도 사무치게 그리워서 다시 가는 인각사 ①」, 『사람의 문학』, 2000년 겨울호
———, 「이렇다 할 볼거리는 없어도 사무치게 그리워서 다시 가는 인각사 ②」, 『사람의 문학』, 2001년 봄호
———, 「인각사연구」, 한문학연구 15집, 계명한문학회, 2001
李弘稙, 「倒壞된 一然禪師의 舍利塔-麟角寺를 찾아서」, 사상계 1958년 6월호
———, 「三國遺事에 얽힌 因緣」, 연세춘추 1958년 1월 15일.
———, 『讀史餘滴』, 일조각, 단기 4293(1960)
인각사, 『麟角寺普覺國師碑帖 影印 · 譯註』, 2008
張濟明, 『華山麟角寺誌』, 1965, 프린트 본.

———, 『麟角寺誌』, 1981, 프린트 본.
재단법인 불교문화재연구소, 『군위 인각사지 5차 연장 발굴조사 지도위원회』, 2009
——————————, 『군위 인각사지 5차 연장 발굴조사 지도위원회 자료집』, 2009
——————————, 『군위 인각사지 5차 발굴조사 출토유물 설명회』, 2009
정병삼, 「一然 碑文의 檀越」, 『한국학연구』 5집, 숙명여대 한국학연구소, 1995
———, 「일연선사비의 복원과 고려 승려 비문의 문도 구성」, 한국사연구 133, 2006
조춘호, 「軍威 一然碑의 解釋上의 몇 問題에 대해」, 대동한문학 9집, 1997
채상식, 「普覺國尊 一然에 對한 硏究」, 한국사연구 26집, 1979
———, 『麟角寺 普覺國尊 一然 碑 陰記에 대해」, 어문연구 25·26호, 1980
최원규, 「조선후기 서원전의 구조와 경영」, 『손보기 박사 정년기념 한국사학논총』, 1988
한국사람, 「일연 스님 탑비 복원에 대한 유감」, http://blog.naver.com/seong-ho0850, 2009
한국이동통신대구지사, 『내 고향 의미 찾기』, 경북중부권역편
한국정신문화연구원, 『普覺國師碑銘』, 1981
한국정신문화연구원, 『한국구비문학대계(韓國口碑文學大系)』 7-11~12. 경상북도 군위군편, 1984
호영송, 『이 사람이 사는 법』, 해돋이, 1996
황수영, 「高麗 麟角寺 普覺國師碑銘 解題」, 한국정신문화연구원, 『普覺國師碑銘』, 1981
———, 「一然禪師 浮屠의 調査」『考古美術』39輯, 1963, 경북대박물관·군위군, 『華山麟角寺』, 1993

부록

인각사 연혁

642년(신라 선덕여왕 11): 의상대사에 의해서 창건되었다는 기록이 있다.

643년(신라 선덕여왕 12): 원효대사에 의해서 창건되었다는 기록이 있다.

통일신라시대: 발굴 결과 인각사 터에 그 당시 지방에서는 보기 드문 규모의 거대한 사찰이 있었음이 확인되었다.

9세기 초: 구산선문九山禪門 중의 하나인 가지산문迦智山門의 3조三祖 보조선사普照禪師 체징體澄(804~880)이 인각사에서 수행했을 것이라는 추측이 있다.

1284년(충렬왕 10): 이해로부터 보각국사 일연이 만 5년 동안 이 절에서 주석하면서 두 번에 걸쳐서 구산선문 전체 모임을 열었으며, 이로 인해 인각사는 선종의 중심 사찰로 부각되었다.

1289년(충렬왕 15): 7월에 일연이 입적하자, 나라에서는 보각普覺이란 시호諡號와 정조靜照라는 탑호塔號를 내렸다. 10월에 그의 부도가 인각사에서 1.1킬로미터 떨어진 화북 3리 둥둥이마을 뒷산에 세워졌는데, 그곳은 일연의 어머니 묘소로 전해오는 산소가 있는 골짜기와 마주보고 있는 곳이다.

1295년(충렬왕 21): 칙명을 받아 민지閔漬가 지은 보각국사 일연의 비문을, 죽허竹虛가 집자集字한 왕희지王羲之의 글씨로 아로 새겨서 인각사에 세웠다.

1632년(공민왕 11): 구산선문의 우두머리가 된 조계曺溪 도대선사都大禪師 서공諝公이 인각사에 무무당無無堂을 완성하고 낙성식을 겸한 총림집회叢林集會를 열었다.

1406년(태종 6): 숭유배불의 기치를 내건 조선왕조가 전국에 있는 무수한 사찰 가운데 242개만을 공인했는데, 그 가운데 인각사가 포함되지 못했다.

1407년(태종 7): '지난해에 공인 사찰 242개를 선정할 때 유서 깊은 큰 사찰이 탈락되어 승려들의 불평이 많다'는 이유로 83개를 대체했는데, 이때 인각사는 새로 대체된 83개 사원 가운데 조계종 소속의 사찰에 포함되었다.

1424년(세종 6): 조선왕조는 242개의 사찰 가운데 선종 사찰 18개와 교종 사찰 18개 등 36개 사찰만을 남기기로 결정했는데, 인각사는 그 36개 사원에 포함되지 못했다.

1555년(명종 10): 명종이 포은 정몽주를 모시기 위해 영천군 임고면에 세운 임고서원에 사액을 하면서, 김천 직지사, 하양 환성사, 영천 운부사의 위전과 함께 인각사의 위전을 임고서원에 소속시켰다.

1595년(선조 28): 인각사의 전각 단청이 학소대 밑 개울에 비쳤다는 기록을 감안하면 이 때까지도 인각사는 상당 규모의 사찰로 존재하고 있었다고 생각된다. 이 무렵 보각국사비가 극락전 앞에 서 있었고, 일연과 관련된 여러 문서가 인각사에 남아 있었다.

1597년(선조 30): 왜적의 방화에 의해 인각사가 완전히 불타버렸으며, 보각국사비도 결정적인 손상을 입었다. 왜적이 인각사에 방화를 한 것은 인각사가 아군의 화약제조창 역할을 했기 때문으로 판단된다.

1610년(광해군 2)경: 의흥 선비들이 인각사가 원래 포은 정몽주를 모시는 임고서원의 위전이 있던 곳이라는 이유로, 빈터로 남아 있는 인각사에 포은을 모시는 서원을 세우기로 의견을 모으고 먼저 재사齋舍를 지었다.

1629년(인조 7): 인각사에 서원을 세우는 것이 온당하지 않다고 여긴 선비들이 승려 신희申熙로 하여금 선비들이 지은 재사를 뜯어내고 절을 세우려고 하였다.

1630년(인조 8): 승려 의상義尙이 내수사內需司에 글을 올려 서원을 세우려는 선비들을 극렬하게 비판하는 한편, 승려들을 지지하는 선비들이 신희로 하여금 인각사 터에 절을 짓게 함으로써 정유재란 때 불탄 인각사가 30여 년 만에 중건되었다.

조선후기: 인각사의 소유권을 두고 임고서원과 감영 및 병영 사이에 지속적인 분쟁이 일어났으며, 그 결과 인각사는 여러 번 소속이 바뀌었다.

효종(1649~1659): 인각사가 중수되었다는 기록이 있다.

1677년(숙종 3): 80여 명의 승속僧俗이 참여해 극락전을 세웠다.
1699년(숙종 25): 의흥현감 박성한朴聖漢에 의해 증축되었다는 기록이 있다.
1721년(경종 21): 강설루 중수와 함께 기울어진 법당을 고치는 한편, 무너져가는 승방僧房과 종루鐘樓에 채색을 하고 스러져가던 불상을 다시 보존했다.
1782년(정조 6): 집이 무너지고 기왓장이 떨어져 내리는 등 인각사가 거의 폐사 상태에 도달했다.
1790년(정조 14): 30여 명의 승려가 참여해 기와가 무너져 내리고 목재들이 꺾어지고 있던 극락전을 중수했다.
1890년(고종 27)경: 일연의 부도가 서 있던 자리를 조상의 묘소로 사용하려다가 실패했던 황보씨皇甫氏의 침입을 받아 일연의 비와 전각이 파괴되었다.
1911년: 일제의 사찰령寺刹令에 따라 30개의 본사本寺가 제정될 때, 인각사는 본사에 들지 못하고 은해사銀海寺의 말사末寺가 되었다.
1918년: 월정사 승려 김혜월이 보관해오던 보각국사비 앞면 필사본이 이능화의 『조선불교통사朝鮮佛教通史』에 소개되고, 1919년 조선총독부가 간행한 『조선금석총람朝鮮金石總覽』에도 수록되면서 일연의 생애가 학계에 알려졌다.
1932년: 대문을 세우고 '화산인각사華山麟角寺'라는 현판을 달았다.
1934년: 대웅전이 붕괴되었다.
1958년: 요사채가 붕괴되었다.

1962년: 둥둥이마을 뒷산에 도괴되어 있던 보각국사의 부도를 인각사로 옮겼다.

1963년: 인각사 주지 양호산이 고로면 괴산리에 있던 석불을 인각사로 옮겼으며, 이 무렵을 전후해 인근에 흩어져 있던 조선시대 부도 3기도 인각사로 옮겨졌다.

1963년: 인각사에 대해 뜨거운 애정을 지니고 있던 향토사학자 장제명蔣濟明의 주도로 강설루, 극락전, 미륵당, 보각국사 비각碑閣 등을 보수했고, 산령각을 새로 지었다.

1965년: 보각국사비와 부도가 보물 제428호로 지정되었다.

1967년: 군위군수 홍순홍洪淳弘이 일연 어머니의 묘소로 전해오는 무덤 앞에 '낙랑군부인이씨지묘樂浪郡夫人李氏之墓'라고 적힌 상석을 놓았다.

1971년: 극락전과 명부전의 기와를 갈고 우물 하나를 새로 팠다.

1973년: 신도회장 임기동이 사재를 희사해 인각사 석탑(부도를 말함) 두 개를 이건하고 풍치림을 조성했으므로 송덕비를 세웠다.

1978년: 정부의 보조를 받아 명부전과 극락전을 보수했다.

1981년: 정신문화연구원에서 일연의 비석이 아직 깨어지기 전에 앞면 전체를 탁본해 만든 법첩을 입수해 간행하였다.

1991년: 요사채를 이건하였다.

1992년: 중앙승가대학에서 보각국사비 탁본을 수록한 『인각사보각국사비첩麟角寺普覺國師碑帖』을 간행함으로써 보각국사비 복원에 큰 도움을 주었다.

1991년: 경북대박물관에서 요사채 신축 예정지, 강설루 이건 예정지, 대웅전 터를 시굴 조사를 시행하였다.

1992년: 경북대박물관에서 대웅전 터, 극락전과 명부전 부근, 석탑 주변 마당, 대웅전과 강설루 사이 등을 발굴 조사하였다.

1993년: 경북대박물관이 1991년과 1992년의 조사 결과를 담은 보고서인 『화산인각사華山 麟角寺』를 간행하였다.

1997년경: '화산인각사華山麟角寺' 란 현판이 달려 있던 대문이 붕괴되었다.

1997년: 인각사 내에 일연학연구원이 창립되었다.

1998년: 중앙승가대학 불교사학연구소가 인각사의 사역 확인을 위한 시굴 조사를 하고, 1999년 그 결과를 담은 『화산인각사華山麟角寺』를 간행하였다.

1999년: 중앙승가대학에서 보각국사비 탁본을 수록한 『인각사보각국사비첩麟角寺普覺國師碑帖 속續』을 간행함으로써 보각국사비 복원에 큰 도움을 주었다.

2000~2001년: 대한불교조계종 문화유산발굴조사단이 인각사지 종합 정비 계획을 위한 지표 조사를 하고, 2001년 그 결과를 담은 『인각사麟角寺』를 간행하였다.

2001년: 국사전이 새로 지어졌다. 이해로부터 인각사에서 해마다 백일장, 『삼국유사』 및 일연 관계 학술세미나, 문학상과 학술상 시상, 산사음악회 등을 주요 내용으로 하는 삼국유사 문화제를 열고 있다.

2002년: 대한불교조계종 문화유산발굴조사단이 인각사의 사역 확인을 위한 시굴 조사를 하고, 2004년 그 결과를 담은 『인각사 麟角寺』를 간행하였다.

2004년: 극락전이 해체되었다.

2004~2009년: 대한불교조계종 문화유산발굴조사단과 (재)불교문화재연구소가 여러 번에 걸쳐 인각사지 정비사업 부지 내의 문화유적 발굴조사를 벌여 많은 유물을 발굴했으며, 특히 (재)불교문화재연구소가 벌인 2008년 조사 때 금동병향로 1점, 청동정병 2점, 청동향합 1점, 청동이중합 1점, 청동반자 1점 등 하나하나가 국보 또는 보물급인 통일신라시대의 불교 의식구를 발굴하였다.

2006년: 인각사 미륵당 터 동남쪽 화산 아래 많은 학자들의 각고의 노력 끝에 보각국사비를 복원했다.

2008년 12월: 월간 『인각사』를 창간했다.

2009년: 미륵당이 해체되고 일연선사 생애관, 일연학 연구원, 공양간이 새로 지어졌다.

일연 연보

1세 1206년(희종 2): 6월 경주의 속현이던 장산군章山郡(경북 경산)에서 아버지 김언필金彦弼과 어머니 이씨李氏 사이에서 탄생했다. 법명法名은 견명見明이고 자는 회연晦然이며, 후에 법명을 일연一然으로 바꾸었다. 스님의 어머니가 태양이 집 안으로 들어와 3일 동안 배를 비추는 꿈을 꾼 뒤에 임신을 해 낳았다고 하며, 그런 까닭에서인지 어려서부터 비범한 면모를 보였다.

9세 1214년(고종 1): 어려서부터 세속세계를 싫어했던 그는 이해에 머나먼 해양海陽(전라도 광주. 남해라는 설도 있음) 땅 무량사無量寺로 찾아가서 밤새도록 단정히 앉아 있곤 했다.

14세 1219년(고종 6): 신라 말기의 구산선문 가운데 최초의 산문인 가지산문을 개창한 도의道義선사가 머물렀던 설악산 진전사陳田寺로 찾아갔다. 거기서 대웅장로大雄長老로부터 머리를 깎고 득도得度한 후 구족계具足戒를 받았으며, 이로 인해 그가 일생 동안 몸담았던 가지산문과 첫 인연을 맺었다. 한동안 진전사에 머물렀던 그는 바람처럼 구름처럼 선방禪房을 떠돌아다니면서 참선으로 명성을 떨쳤으며, 여러 승려들이 그를 구산九山 사선四選의 우두머리로 추대하였다.

22세 1227년(고종 14): 선불장選佛場에 나아가 상상과上上科에 합격하였다.

31세 1236년(고종 23): 언제부턴가 포산包山(대구의 비슬산)의 보당암寶幢庵에 머무르면서 참선에 마음을 두기 시작했다. 이해에 몽고군의 침입을 피할 곳을 찾다가 무주암無住庵에 머물도록 하라는 문수보살文殊菩薩의 계시를 받았으나 무주암의 위치를 알 수가 없어 같은 산 묘문암妙門庵에 머물렀다.

32세 1237년(고종 24): 묘문암의 북쪽에 무주암이 있다는 걸 비로소 알고 그곳으로 거처를 옮겼다. 무주암에서 '현상계現象界가 줄어들지도 않고 본체계本體界가 늘어나지도 않는다生界不減 佛界不增'는 말을 화두로 하여 정진하던 어느 날 문득 환하게 도를 깨닫고는 "오늘에야 비로소 삼계三界가 환몽幻夢과 같음을 알았고, 대지가 추호秋毫의 막힘도 없음을 보았다"고 하였다. 이해에 삼중대사三重大師가 되었다.

41세 1246년(고종 33): 선사禪師가 되었다.

44세 1249년(고종 36): 상국相國 정안鄭晏(?~1251)의 부름을 받고 그가 세운 남해南海 정림사定林寺의 주지로 취임하였다. 정안은 남해에서 팔만대장경의 간행을 주도했던 인물이고, 정림사는 대장경의 간행을 주도한 사찰로 판단된다. 게다가 일연이 주지로 부임한 1249년은 팔만대장경의 완성을 위한 막바지 작업에 박차를 가하고 있을 때였기에, 일연은 정림사에서 대장경의 간행에 일정한 역할을 한 것으로 보인다.

51세 1256년(고종 43): 윤산輪山 길상암吉祥庵에서 『중편조동오위重編曹洞五位』를 편찬하였다.

54세 1259년(고종 46): 대선사가 되었다.

55세 1260년(원종 1): 『중편조동오위』의 서문을 썼다.

56세 1261년(원종 2): 왕명을 받고 당시 수도였던 강화도의 선월사禪月社에 주석하면서 보조국사普照國師 지눌知訥의 법통法統을 계승하였다.

59세 1264년(원종 5): 여러 번 요청한 끝에 남쪽으로 돌아와 오어사吾魚社에 머물다가, 얼마 후 만회萬恢 스님의 사양으로 비슬산 인홍사仁弘社의 주지가 되자 학도들이 구름처럼 모여들었다.

63세 1268년(원종 9): 운해사雲海寺에서 선종과 교종의 명망 있는 스님 100명을 모시고 대장경 낙성법회를 열 때 일연이 조정의 명을 받고 주맹主盟하였다. 시인이기도 했던 일연은 이 무렵을 전후하여 서울에 머무르는 동안 자연스럽게 정치계의 고위 인사들과도 시문을 주고받으면서 폭넓게 교유한 것으로 보이며, 정치권과의 교류는 중앙정권에 자신의 정치적 터전을 확대해나가는 데도 적지 않은 도움을 주었던 것으로 여겨진다.

69세 1274년(원종 15년, 충렬왕 즉위): 비슬산에 있는 인홍사를 확대 중건하고 조정에 보고하자, 절 이름을 인흥사仁興寺로 바꾸고 왕의 친필 현판을 하사하였다. 아울러 용천사湧泉寺를 중수하고 그 이름을 불일사佛日社로 바꾸었다.

72세 1277년(충렬왕 3): 왕명을 받고 운문사雲門寺 주지가 되어 현풍玄風을 크게 떨쳤으며, 왕이 일연을 그리워하는 시를 지어 보냈다.

73세 1278년(충렬왕 4): 인흥사에서 『삼국유사』 편찬의 토대가 된 것으로 보이는 『역대연표歷代年表』를 간행하였다.

74세 1279년(충렬왕 5)경: 「인천보감 후지人天寶鑑 後識」를 썼다.

76세 1281년(충렬왕 7): 경주로 행차한 임금의 부름을 받고 가서 크게 존경을 받았으며, 일연의 「불일결사문佛日結社文」을 쓰고 날인해 절에서 보관하게 하였다.

77세 1282년(충렬왕 8): 왕명을 받고 개경에 있는 대궐로 가서 법문을 하였다. 왕은 일연을 광명사廣明寺에 머무르게 하고, 몸소 방문해 법의 요체를 묻기도 했다.

78세 1283년(충렬왕 9): 일연의 사양에도 불구하고 국존國尊(國師)에 책봉하고 호號를 원경충조圓徑沖照라 하였다. 이해 늙으신 어머니를 봉양해야 한다는 이유로 고향으로 돌아가려 하자 왕이 허락하고 근시近侍 좌랑佐郞 황수명黃守命에게 명령을 내려 호위하게 하였다.

79세 1284년(충렬왕 10): 어머니가 아흔여섯의 나이로 별세하자, 조정에서는 인각사를 일연이 머무를 곳으로 삼게 했다. 근시 김용검金龍劍에게 명령해 인각사를 수리하게 하는 한편, 100여 경의 토지를 하사했다. 인각사에 머물렀던 5년 동안 일연은 두 번에 걸쳐서 구산선문 전체 모임을 열었는데, 사찰의 성대함이 근래에 없었던 일이었다고 한다.

84세 1289년(충렬왕 15): 이해 7월 늦더위가 기승을 부리는 가운데 평소처럼 제자들과 선문답을 하며 담소를 나누다가 입적했는데, 향년은 84세, 법랍法臘은 71세였다. 나라에서 보각普覺이란 시호와 정조靜照라는 탑호를 내렸으며, 10월에 인각사에서 1.1킬로미터 떨어진 부부마을 뒷산에 부도탑인 '보각국사정조지탑普覺國師靜照之塔'을 세웠다. 그가 남긴 저서는 100여 권에 이르나 오늘날 전해지는 것은 『중편조동오위』 2권과 『삼국유사』뿐이다.

1295년(충렬왕 21): 칙명을 받아 민지閔漬가 지은 보각국사 일연의 비를, 죽허竹虛가 집자한 왕희지 글씨로 아로새겨서 인각사에 세웠다.

인각사 관련 자료 집성

1. 金穎,「新羅國武州迦智山寶林寺諡普照禪師靈塔碑銘 幷序」• (884)

從襁褓之年 宛有出塵之趣 登齠齔之歲 永懷捨俗之緣 二親知其富貴難留財色莫繫 許其出家遊學 策杖尋師 投花山權法師座下.

• 朝鮮總督府,『朝鮮金石總覽上』, 아세아문화사, 1976, 62쪽.

2. 閔漬(1248-1326):「普覺國師碑銘 陽記」•(1295)

普覺國師碑銘

高麗國 華山 曺溪宗 麟角寺 迦智山下 普覺國尊碑銘 幷序

宣授朝列太夫 遙授翰林直學士 正獻太夫 密直司 左承旨 國學太司成 文翰侍講學士 充史館修撰官 知制誥 知版圖司事 世子右諭善太夫 賜紫金魚袋 臣 閔漬 奉勅 撰

夫淸鏡濁金 元非二物 渾波湛水 同出一源 其本同而末異者 在乎磨与不磨 動與不動耳 諸佛衆生 性亦如是 但以迷悟爲別 孰云愚智有種 以至愚望大覺 勢絶霄壤 及乎一廻機 便同本覺 自迦葉微笑 達磨西來 燈燈相續 直至于今者 皆以此也 傳其心 得其髓 廻慧日於虞淵 曜神光於桑域者 惟我國尊有焉 國尊諱見明 字晦然 後易名一然 俗姓金氏 慶州章山郡人也 考諱彥弼 不仕 以師故 贈左僕射 妣李氏 封樂浪郡夫人 初母夢日輪入屋 光射于腹者 凡三夜 因而有娠 泰和丙寅六月辛酉誕焉 生而俊邁 儀表端嚴 豊準方口 牛行虎視 小有出塵志 年甫九歲 往依海陽無量寺 始就學而聰警絶倫 有時 危坐盡夕 人異之 興定己卯 就陳田長老大雄 剃度受具於是 遊歷禪肆 聲價藉甚 時輩推爲九山四選之首 丁亥冬 赴選佛場 登上上科 厥後 寄錫于包山寶幢庵 心存禪觀 丙申秋 有兵亂 師欲避地 因念文殊五字呪 以期感應 忽於壁間 文殊現身曰 無住北 明年夏 復居是山妙門庵 庵之北 有蘭若 曰無住 師乃悟前記 住是庵 時常以生界不減佛界不增

• 석상인,『麟角寺普覺國師碑帖』, 인각사, 2008. 띄어쓰기는 필자.

之語 參究之 忽一日 豁然有悟 謂人曰 吾今日 乃知三界如幻夢 見太地無纖豪礙 是年 批授三重大師 丙午 加禪師 己酉 鄭相國晏 捨南海私第爲社曰定林　請師主之 己未 加太禪師 中統辛酉 承詔赴京 住禪月社 開堂 遙嗣牧牛和尙 至至元元年秋 累請南還 寓吾魚社 未幾 仁弘社主萬恢 讓師主席 學侶雲臻 戊辰夏 有朝旨 集禪教明德一百員 設大藏落成會於雲海寺 請師主盟 晝讀金文 夜談宗趣 諸家所疑 師皆剖釋如流 精義入神 故無不敬服 師 主仁弘十一年 是社創構既遠 殿宇皆頹圮 又且湫隘 師並重新恢廓之 仍奏于朝 改號仁興 宸書題額以賜之 又於包山東麓 重葺涌泉寺爲佛日社 上卽祚四年丁丑 詔住雲門寺 大闡玄風 上 日深傾注 以詩寄云密傳何必更摳衣 金地遙招亦是奇 欲乞璉公邀闕下 師何長戀白雲枝 辛巳夏 因東征 駕幸東都 詔師赴行在 及至 疏請陞座 倍生崇敬 因取師佛日結社文 題押入社 明年秋 遣近侍將作尹金顒 賫詔 迎至闕下 請於大殿設禪喜溢龍顏 勅有司 舘于廣明寺 入院日夜半 有人立方丈外 曰善來者三 視之無有也 冬十二月 乘輿親訪 咨問法要 明年春 上謂群臣曰 我先王 皆得釋門德大者 爲王師 德又大者 爲國師 在否德 獨無可乎 今雲門和尙 道尊德盛 人所共仰 豈宜寡人 獨蒙慈澤 當与一國共之 於是 遣右承旨廉承益奉綸旨 請行闔國尊師之禮 師上表固讓 上復遣師 牢請至三 仍命上將軍羅裕等 册爲國尊 號圓徑冲照 册訖 四月辛卯 迎入大内 躬率百僚 行摳衣禮 改國師爲國尊者 爲避大朝國師之號也 師素不樂京輦 又以母老 乞還舊山 辭意甚切 上重違其志而允之 命近侍佐郎黃守命護行 下山寧親 朝野嘆其希有 明年母卒 年九十六 是年 朝廷以麟角寺 爲下安之地 勅近侍金龍劒 修葺之 又納土田百餘頃 以賫常住 師入麟角 再闢九山門都會 叢

林之盛 近古未曾有也 越己丑六月 示疾 至七月七日 手寫上太內書 又命侍者 作書寄相國廉公 告以長法 因與諸禪老 問答移晷 是夜 有長星大尺圍 隕于方丈後 翌日乙酉 晨起盥浴而坐 謂衆曰 今日吾當行矣 不是重日耶 云不是 曰然則可矣 令僧撾法鼓 師至善法堂前 踞禪床 封印寶 命掌選別監金成固重封畢 謂曰 適値天使來 見老僧末後事 有僧出問 釋 尊示滅於鶴林 和尙歸眞於麟嶺 未審相去多少 師拈柱杖 卓一下云 相去多少 進云 伊麼則 今古應無墜 分明在目前 師又卓一下云 分明在目前 進云 三角麒麟入海中 空餘片月波心出 師云 他日歸來 且与上人 重弄一場 又有僧問 和尙百年後 所須何物 師云 只這箇 進云 重与君王 造箇無縫塔様 又且何妨 師云 甚麽處去來 進云 也須問過 師云 知是般事便休 又有僧問 和尙在世如無世 視身如無身 何妨住世 轉大法輪 師云 隨處作佛事 問答罷 師云 諸禪德 日日報云 痛痒底 不痛痒底 模糊未辨 乃拈拄杖 卓一下云 這箇是痛底 又卓一下云 這箇是不痛底 又卓一下云 這箇是痛底 是不痛底 試辨看 便下座 歸方丈 又坐小禪床 言笑自若 俄頃 手結金剛印 泊然示滅 有五色光 起方丈後 直如幢 其端熤熤如炎火 上有白雲如蓋 指天而去 時秋暑方熾 顔貌鮮白 支體瑩澤 屈伸如生 遠近觀者如堵 丁亥 闍維拾靈骨 置于禪室中 門人 賚遺狀印寶 乘傳以聞 上震悼 遣判觀候署事令倜 展飾終之禮 又命按廉使 監護喪事 仍降制 謚曰普覺 塔曰靜照 十月辛酉 塔于寺之東崗 享年八十四 臘七十一 師爲人 言無戲謔 性無緣飾 以眞情遇物 處衆若獨 居尊若卑 於學 不由師訓 自然通曉 既入道穩實 而縱之以無礙辯至古人之機緣語句 盤根錯節 渦旋波險處 抉剔疏鑿 恢恢焉遊刃有餘 又於禪悅之餘 再閱藏經 窮究諸家章疏 旁涉儒書 兼貫百家 而隨方利物 妙

用縱橫 凡五十年間 爲法道稱首 隨所住處 皆爭景慕 唯以未叅堂下爲恥 雖魁傑自負者 但受遺芳餘潤 則莫不心醉而自失焉 養母純孝 慕睦州陳尊宿之風 自號睦庵 年及耄期 聰明不小衰 教人不倦 非至德眞慈 孰能如是乎 初龍釰之來也 馬山驛吏夢 人曰 明日當有天使 修曇無竭菩薩住處 行過此 明日果至 以師之行己利人觀之 是夢豈虛也哉 其餘異跡奇夢頗多 恐涉語恠 故略之 師之所著 有語錄二卷 偈頌雜著三卷 其所編修 有重編曺洞五位二卷 祖派圖二卷 大藏須知錄三卷 諸乘法數七卷 祖庭事苑三十卷 禪門拈頌事苑三十卷等 百餘卷 行于世 門人 雲門寺住持大禪師清玢狀師之行 聞于上 上令臣撰辭 臣學識荒淺 不足以光揚至德 故過延數年 請旣不已 命亦難忤 謹爲之序而 銘之曰

勝幡西振 舌覆大千 唯是法印 密付單傳 竺乾列宿 中夏五葉 世隔人同 光光相接 曺溪一派 東浸扶桑 孕生智日 我師克昌 去聖逾遠 世道交喪 不有至人 群生安仰 惟師之出 本爲利他 學窮內外 機應万差 曉了諸家 搜玄索妙 剖釋衆疑 如鏡斯照 禪林虎嘯 教海龍吟 飈起雲合 學侶駸駸 拔陷拯淪 玄功盖代 五十年間 被人推戴 上將請益 思共元元 册爲國尊 尊中又尊 寶藏當街 慈航當渡 窮子始歸 迷津爭赴 長星忽墮 法棟已摧 去來由己 其去何催 眞空不空 妙有非有 絶跡離名 然后可久 上命旣迫 臣無以辭 把龜毛筆 書沒字碑 劫火洞燒 山河皆燼 此碑獨存 斯文不磷 元貞元年乙未八月日 門人 沙門竹虛 奉勅集晋右將軍王羲之書 門人 內願堂兼住持通奧眞靜太禪師 清玢 立石

3. 山立「普覺國師碑銘 陰記」•(1295)

元貞元年 乙未八月日書字

普覺國尊碑陰記 雲門寺住持通奧眞靜大禪師 山立述

新天子卽祚元年乙未夏四月初 麟角長老過余曰 先師入滅 忽忽六七年矣 國朝恩禮不渝 命重臣撰碑 勒諸琬琰 樹于本院 仍勅門徒 替代相承 以奉香祀 飾終之禮畢矣 列公徒于碑之陰 使後世知 絡誦副墨 元有由緒 子能爲吾輩記之乎 余頷之曰善 國尊在世時 山立 以因緣差奪 未獲詣門徒之列 常以爲恨 幸託不朽之囑 庶亦結當來攀附之 不承命 謹稽首拜手再拜而言曰 和尙門風 廣大悉備 不可得而思儀也 則止曰一 國尊之衆人師之可也 然尊之焉 師之焉 未必不由醯醯 而蚋聚要其來 但履踐篤實一去來 同夢等彼已 智悲行願喜 有所感而致之耳 今案行狀 於其終也 辭衆斂目 氣絶已久 今禪源頂公 失聲曰 立塔之所 未暇諮禀 悔將何及 衆辭皆同師從寂定中 安詳而起 顧謂衆曰 此東南行四五許里 有林麓起伏隱 若古塚 是眞吉祥之地 可安置也 復斂目如初 撼之已逝矣 事涉怪異 碑文略之昔有廣福禪者 臨茶毗於柴棚上 復起囑維那 藍行者米錢 史傳稱 又何疑也 又茶毗 將入塔 今雲興印公 住庵時適夢 師至迎勞問所曰 茶毗而復起此理如何 師云不死故 進云 恁麼則火不能燒 師云如是如是 又問明日立塔 未審師還無 師云入進 云與麼則塔却活 和尙也答語 不記 又問夢同列

• 석상인, 『麟角寺普覺國師碑帖』, 인각사, 2008. 띄어쓰기는 필자.

答云同 印公覺而異之曰 荼毘還 立塔卽入 淸風去來 白雲出沒 其惟至人乎 乃作讚以追敬之 又山立 伏覩機緣 頗異尋常 以爲凡夫地上 必不能至是知他是何等位中人耶 常自懷疑 一日 夢至古刹 當陽設寶蓮花座 師坐於其上 似若休息 頃之下座 徐步庭際 山立與仁興麟公隨之 仁余曰 你看我和尙已證聖果 故跣足不穿 山立心敬之 前疑永釋 據此數段最後因緣雖曰夫子之墻數仞 亦可窺其髣髴矣 所以云一去來 同覺夢 智悲行願喜有所感而致之耳 神人稱符兵而迎衛 山靈告檀越而輪粮 端坐而火燄逆吹臨去而金幢倒地 如斯靈蹤異瑞 皆聖末邊事 此不具引 或曰如上數事 是皆昏擾夢想感 或拂棒喝之曰 不然 或昏平界 常夢五十日一覺 以覺時爲虛夢時爲實則 此覺夢虛實 亦未可定 又我國尊 親證三世如幻夢 出生入死常行夢幻佛事 此亦師之慈化 雖有能至 是何等懷疑 何致疑於其間乎 斯皆黑白 所以愛慕歸附 如有驅策而不能以已者也 其常隨親附 得皮得髓 副法諸德 執事弟子 幷受法乳卿士大夫 具列如後

大禪師

靈覺寺宏訓　寶鏡寺神可　迦智寺慧林　麻谷社守倪　法興寺旱雲　仁興社禪麟　迦智寺月藏　雲興社洞愚　朱勒寺永怡　龍巖寺淵如　花藏社六藏無爲寺守精　普濟寺法流　海龍王勁芬　天龍社谷之　麟角寺淸玢　聖住寺惠如

禪師

見巖社覺靈　桃源社慈一　祖崙社之純　登億寺大因　妙德寺禪演　載岳

社禪錟 月星寺立其 香山寺天怡 龍華寺呂桓 吾魚社戒岑 道峯寺守琛 中嶺寺冲悟 師子院志于 深山寺冲淵 瓊嵓寺守淵 兄巖寺慈忍 清源寺仁應 瑩原寺信丘 普門社灰喜 居祖社天杲 麟角寺定生 智論寺玄安 雲住寺清遠 佛日社英淑

首座

弘化寺宣印 法緣寺印西

山林

元應 心賁 禪朗 天朴 時守 知恢 道淵 行伊 可月 禪璉 大迷 聞一 松智 祖南 仁照 悅如 戒崇 雪其 志因 孜信 旋息 瑩其 心贊 肉幻 神閑 夢玄 元希 幻雲 宣弘 祖閑 宏智 弘令 由巳 可恒 竹盧 兌宜 神日 天宏 日卑 英印 摩訶

三重

心聞 智慈 由壯 神英 西去 景伊 曉聰 可千 大休 性賢 湛之 自松 太印 自侶 仁正 贊英 良之 夢由 月珠 大眞 宗資 祖宣

大選

玄智 德守 信令 道閑 弘調 祖云 中契 命印 坦弘 鹿之 性通 智桓 祖松 日桓

入選

弘敏 可觀 可悅 可安 宏右 法常 知永 祖詢 令月 行莊 令世 覺生 智玄 昇遠

參學

日廻 竹之 志溫 可弘 性廻 印昭 益玄 白如 神贊 覺玄 守訥 令規 仁渙 閑世 孝大 廻正 善平 明戒 已成 得心 信如 仁元 志安 法奇 惠見 玄照 學山 遠宣 中世 眞眼

一品

門下侍中判翰林院事李藏用 僉議中贊上將軍洪子藩 僉議中贊判典理事元傅 僉議中贊上將軍宋松禮

二品

僉議贊成修文殿大學士任翊 僉議贊成事修文殿大學士上將軍鄭可臣 門下侍郎平章事寶文覺大學士金坵 僉議贊成事集賢殿大學士朴恒 大匡僉議贊成事上將軍廉承益 知僉議侍郎贊成事金璉 參知政事上將軍李應韶 參知政事上將軍朴松庇 知僉議事大學士上將軍金周鼎 知僉議事寶文署大學士張鎰 知僉議事寶文署大學士朱悅 知密直事左常侍上將軍崔有渰 副知密直司事上將軍朴之亮 副知密直司事上將軍羅裕 副知密直事監察大夫閔萱 副知密直司事上將軍金頵 副知密直事上將軍李德孫

三品

判秘書寶文署學士貢文伯　上將軍吳睿　上將軍鄭守祺　上將軍李英柱　寶文署學士金砥　國子祭酒知制誥崔寧　衛尉尹崔資奕　秘書尹知制誥吳漢卿　司宰尹柳琚

四品已下

金吾衛將軍朴　典理摠郎金元具　近侍中郎將金龍劒　郎將崔有　佐郎李世祺　祗侯尹奕　博士金元祥　翰林金　朝奉郎金旨

4. 高麗史

- 제 29권, 世家 29권, 忠烈王 8년(1282) 冬十月: 壬寅 迎僧見明于內殿.
- 제 29권, 世家 29권, 忠烈王 8년(1282) 十二月: 乙未 王與公主 幸廣明寺 訪僧見明
- 제 29권, 世家 29권, 忠烈王 9년(1283) 三月: 庚午 以僧見明 爲國尊
- 제 57권, 志 11권, 章山郡 條: 章山郡 本押梁小國 一云押督 新羅祇味王 取之置郡 景德王 改爲獐山郡 高麗初 更今名 顯宗九年來屬 明宗二年 置監務 忠宣王卽位 避王嫌名 改慶山 忠肅王四年(1317) 以國師一然之鄕 陞爲縣令官 恭讓王二年 以王妃盧氏之鄕 陞知郡事 別號玉山.

5. 李承休(1224~1300): 「次韻李柳兩令公唱和詩幷序」[•]

禪門韻士見明 雲其跡而雨話於南方 二十餘年矣 下詔徵入 今止佛華寺 慶原李侍中 始寧柳平章 聯鞍訪道 柳首唱而李和之 明公與從遊 李諫議(諱松棔) 金大司成(諱坵) 相率繼韻 通爲一軸 流傳洛下 笙簧萬口 承休 伏覩盛事 不揆賤劣 謹課成若干首 奉獻于兩令公鈞階之下

• 『動安居士集行錄』 제2권.

6. 李齊賢(1287~1367): 「有元高麗國曹溪宗慈氏山瑩源寺寶鑑國師碑銘幷序」•

近世有大比丘 推明佛祖之道 以開來學 曰普覺國尊 其徒蓋數百千人 而能鑽堅挹深 妙契啐啄者 惟寶鑑國師爲然 國師諱混丘 字丘乙 舊名淸玢 俗姓金氏 考贈僉議評理諱弘富 淸風郡人也 娶黃驪閔氏女 禱于福靈寺觀音像 以忠憲王二十七年辛亥七月二十七日誕焉 幼與群兒戲 聚瓦石爲塔廟 休則面壁若有思念 形貌端嚴 性又慈祥 故親戚目爲小彌陀 十歲投無爲寺 禪師天鏡祝髮 以九山選首 登上上科 棄去從普覺學 自詭非睹閫奧不止 始普覺夢一僧來 自謂五祖演 詰朝師往謁 心獨怪之 及是 嘆其敏而勤 語衆曰 吾夢有徵矣 洎嗣席開堂 其帥衆規繩 講若畫一 而雍容閑雅過之 忠烈王賜伽梨法服 累下批至大禪師 德陵卽政 特授兩街都僧統加大師子王法寶藏海國一之號 皇慶癸丑 德陵謝位 處永安宮 屢遣中使釐而致之 從容談道 或至日暮 於是諗國王 以祖宗舊例 册命師爲悟佛心宗解行圓滿鑑智王師 兩王同摳衣請益 前古未有 旣數年 乞退甚懇 許之因命住瑩源寺 寺本禪院 元貞中 爲智者宗所有 以師故始復其舊焉 至至理二年冬十月 感疾移錫于松林寺 修遺書 封印付侍者 越三十日 盥浴說法別衆 其略曰 荊棘林中下脚 干戈叢裡藏身 今日路頭 果在何處 白雲斷處是靑山 行人更在靑山外 旣乃還方丈 據床而逝 師沈厚寡言 學無不窺爲詩文富贍 有語錄兩卷 歌頌雜著二卷 新編水陸儀文二卷 重編指頌事苑

• 『益齋亂藁』 제7권, 碑銘.

三十卷行叢林間 中吳蒙山異禪師嘗作無極說 附海舶以寄之 師默領其意 自號無極老人 報年七十三 僧夏六十三 王聞訃追悼 贈謚寶鑑國師 塔曰 妙應 仍命臣某書其德行于碑 臣聞佛氏喜言福智 修己而物應者也 缺一於二 不足以自立 寧能信於人乎 師凡七增秩 六錫號 九歷名藍 再住內院 爲一國釋林之首 受兩王函丈之禮 人無異論 咸謂之宜 非所謂福智二嚴者疇克如是哉 其撰詞刻石 傳示後世 臣可以無愧矣 銘曰 敻彼心宗 逾海而東 厥派惟九 道義其首 繩繩仍昆 代有哲人 守正矯失 雲門之一 博學篤行 麟角之明 顯允鑑智 侯其嫡嗣 淵乎其懷 卓乎其才 爰踵其 惠王 諱 于禰于祖 旣主宗盟 諸方盡傾 旁涉書史 研精究理 奮筆爲文 秋濤春雲 王于體貌 寵以嘉號 匪惟寵之 北面以師 釋林慶賴 師不自大 掛錫雲山 陰福區寰 慧晷忽匿 王心是惻 俾臣作銘 揚芬億齡 匪學斯悖 匪思斯憒 有緇其衣 勖哉我希

7. 李穡(1328~1396):「麟角寺無無堂記」•

釋氏 域外之敎也 而軼域中之敎而獨尊焉 何也 域中之人爲之也 其禍福因果之說 旣有以動人之心 而趨釋氏者 率皆惡常厭俗 不樂就名敎繩墨豪傑之才也 釋氏之得人才如此 無怪其道之見尊於世也 余是以不拒釋氏甚 或與之相好 蓋有所取焉耳 今曺溪都大禪師諝公新被寵命 領袖九山見上于洛水之上 賜坐從容 可謂榮矣 而視其德 無異平昔 信乎淡然無所累矣 余游洛西諸山 偶至南長 僧窓公一見欣然 以所住麟角寺無無堂記爲請 具語其所以 蓋本寺佛殿據高 中庭而塔 左以廡 右以膳堂 左近右遠 布置不稱 是以 立無無堂于膳堂之左 於是 左右相距均矣 其爲屋 以楹計之爲五百三 以間計之 爲五者二 此公之創立新巧也 經始於辛丑之八月 訖功於今歲之七月 而八月甲子 爲叢林法會以落之 旣有此屋 則膳堂左徧又俠 少移之就右 則布置制度無可議者 然力或莫能繼 不能不有望於後之人此又公之意也 余惟公信道篤 故譽日廣 爲善勤 故事易就 凡所以扶宗樹敎者甚多 他釋子無敢望焉 矧麟角未有求心之所哉 是以 時雖多故 不輟工役 承上意行淸規 嘉惠後學 惟恐不及 公之用心勤矣 敢不敬書以告繼公者哉 若其無旡之意 居是堂者皆知之 玆不論著云 至正壬寅 記

• 『牧隱集』 牧隱文藁, 제1권.

8. 元天錫(1330~?):「二月有日…」*

二月有日 曺溪參學允珠自嶺南來 過予因示師尊隣角大禪翁所贈詩 曰 一顆摩尼光爍圓光難比荊山璞 天涯地角任縱橫 覓向衣中成大錯 華尙書之元欠韻曰 久混泥沙猶灼爍 何人解採石間璞 請師彫琢近承明 百獻吾知無一錯 次韻 二首

非色非空常炳爍 元非美玉亦非璞 廓然瑩澈大千中 動用周旋何有錯 不假磨礱輝景爍 此珠光彩勝良璞 何須韞櫝久深藏 待價沽哉眞不錯

* 『耘谷行錄』 제1권.

9. 元天錫, 「送曺溪參學亢珠遊嶺南詩 幷序」•

佛之跡在乎世久矣 其留而存者佛之言也 言之著者爲經 翼而成者爲論 其道蓋本乎孝敬 積以衆德 歸於無爲耳 敷演敎誡 傳於世間者 離爲二門 一曰禪 一曰敎 敎則前所謂逕論是也 禪則四十九年三百餘會 最後靈山會上拈花 而示飮光微笑 自玆以降 西乾四七 東震二三 祖祖相傳 用之不盡 隨機應變 妙用縱橫 以利自他者是也 今有上人早留心於禪道 寄跡于曺溪 遊於隣角大禪翁之門下 晝夜服習 修而行之 以植德本 越今年正月 赴澹禪會于京師普濟寺 罷會而還 覲於慈堂 不遠千里而來 此其本乎孝敬者歟 若然則將一心歸無爲 到必無疑矣 忽一日 乃手其杖肩其箱而過予曰 我今欲向嶺南 請子一句以爲行路破寂之資 仍示同袍禪者仁斐所贈絶句詩一首 僕頑鈍甚矣 於章句間無所用心 何敢當也 然觀其行聽其言 誠有感於予心者 由禮而不敢讓焉 次其韻作二絶以贐行 於其涉江登山摸狀物像悽愴超忽之際 以其所遇之景吟看 幸甚幸甚

指點前頭列岫青 曉晴幽谷踏溪聲 淡煙細草春風路 竹杖青箱稱野情

無孔笛中吹古調 沒絃琴上弄新聲 行行好向煙蘿去 一片閑雲不世情

• 『耘谷行錄』 제1권.

10. 韓修(1333~1384):「代書寄麟角住持」•

江陽去歲旅懷寬 穎有彌天釋道安 一幅嗣音如對面 兩封珍貺勸加湌

• 『柳巷集』, 詩.

11. 李崇仁(1349~1392): 「送鏡上人還山仍作三絶寄麟角定覺兩禪」•

冗中又過一年春 蒼狗浮雲世態新 缾錫飄然不知處 如師眞箇是高人 不見深公今二春 料應詩語更淸新 上方白日無餘事 坐同京都數故人 右寄麟角

• 『陶隱文集』 제3권, 詩.

12. 太宗實錄*(1407)

議政府 請以名刹 代諸州資福 從之 啓曰 去年寺社革去之時 自三韓以來大伽藍 反在汰去之例 亡廢寺社 差下住持者 容或有之 僧徒豈無怨咨之心 若擇山水勝處大伽藍 以代亡廢寺院 則庶使僧徒 得居止之處 於是諸州資福寺 皆代以名刹 曹溪宗 梁州通度寺 松生雙巖寺 昌寧蓮花寺 砥平菩提岬寺 義城氷山寺 永州鼎覺寺 彦陽石南寺 義興麟角寺 長興迦智寺 樂安澄光寺 谷城桐裏寺 減陰靈覺寺 軍威法住寺 基川淨林寺 靈巖道岬寺 永春德泉寺 南陽弘法寺 仁同嘉林寺 山陰地谷寺 沃州智勒寺 耽津萬德寺 青陽長谷寺 稷山天興寺 安城石南寺 天台宗 忠州嚴正寺 草溪白巖寺 泰山興龍寺 定山雞鳳寺 永平白雲寺 廣州青溪寺 寧海雨長寺 大丘龍泉寺 道康無爲寺 雲峰原水寺 大興松林寺 文化區業寺 金山眞興寺 務安大崛寺 長沙禪雲寺 堤州長樂寺 龍駒瑞峰寺 華嚴宗 長興金藏寺 密陽嚴光寺 原州法泉寺 清州原興寺 義昌熊神寺 江華栴香寺 襄州成佛寺 安邊毗沙寺 順天香林寺 清道七葉寺 新寧功德寺 慈恩宗 僧嶺觀音寺 楊州神穴寺 開寧獅子寺 楊根白巖寺 藍浦聖住寺 林州普光寺 宜寧熊仁寺 河東陽景寺 綾城公林寺 鳳州成佛寺 驪興神異寺 金海甘露寺 善州原興寺 咸陽嚴川寺 水原彰聖寺 晋州法輪寺 光州鎭國寺 中神宗 任實珍丘寺 咸豐君尼寺 牙州桐林寺 清州菩慶寺 奉化太子寺 固城法泉寺 白州見佛寺 益州彌勒寺 摠南宗 江陰天神寺 臨津昌和寺 三陟三和寺 和順萬淵寺 羅

* 제14권, 7년 12월 辛巳 條.

州普光寺 昌平瑞峯寺 麟蹄玄高寺 雞林天王寺 始興宗 漣州五峯寺 連豐霞居寺 高興寂照寺 成石璘素佞佛 故有是請 識者譏之

13. 兪好仁(1445~1494): 僧性旭求詩*

盤礴毫端造化功 自家明月與淸風 太華峯上如船藕 描出吾師意思中

明朝飛上木天時 回首聞韶鬢欲絲 獼角寺中猿鶴怨 他年重拾舊題詩

• 『濡谿集』 제2권, 七言小詩.

14. 兪好仁(1445-1494): 題猐角寺兼示克冏禪師•

屈指淸遊秋復春 靑山萬疊隔紅塵 東風一路花無數 天遣吾儕作主人

猐角寺中然老禪 紺瞳黃面演眞詮 至今瓶雀無尋處 留得殘碑落照邊

蒼茫花氣蘸溪西 暮雨空濛暝色迷 最愛去年吟斷處 望中巖罅水禽棲

• 『濡谿集』 제2권, 七言小詩.

15. 兪好仁(1445-1494): 題麟角寺兼示克冏禪師*

暇日尋眞境 琳房壓碧流 連鑣三措大 對榻兩遨頭 尊酒隨宜足 林泉卽事幽 興闌遡澄碧 浮筏擬扁舟

老宿曾棲處 煙霞鎖石房 溪山眞面目 花柳自風光 物外塵埃淨 閑中日月長 安排半牕夢 欲覺曉鍾忙

* 『濡谿集』 제5권, 五言律詩.

16. 東國輿地勝覽* (1486)

在華山洞口 有石壁矗立 俗傳 昔麒麟掛角于壁 因爲名 有閔漬所撰僧普覺碑銘

* 제27권, 義興縣 佛宇 麟角寺 條.

17. 黃俊良(1517-1563): 次贈麟角住僧信師二首*

東風微雨扇輕寒 怊悵韶光減好顏 薄命桃花霞片片 無根柳絮雪漫漫 浪仙只憶遊山寺 靈運唯思漱石湍 邂逅談僧來破睡 初平還欲入華山

澗雨巖風入座寒 鳴笻携卷見師顏 來從麟寺春將暮 見說靈碑字未漫 一徑松杉思理屐 千層躑躅想飛湍 何須更問西來意 對啜烏甌看碧山

• 『錦溪先生文集』 제3권, 外集, 詩.

18. 李睟光(1563~1628): 芝峯類說•

義興獜角寺碑 卽王羲之書 榮川白月寺碑 卽金生書也 頃年朱梁天使及熊天使 皆搨取以去 中朝人博聞好古如此 其謂王羲之書者 蓋集字爲之者也

• 제19권, 宮室部, 寺刹.

19. 都世純(1574~1653): 龍蛇日記(1595)•

● 初四日夜 心懷悽悵 坐而待朝 鷄初鳴 舍兄率連金而先還 余往之虛門外 相揮涕而別 余旣送兄 獨留主家 尤極鬱陶 無以爲懷 聞麟角寺在不遠 請太守欲往調理 太守許之 卽與官奴鳳鶴偕行 而抵於寺下村 有希文者 頗饒居 鳳鶴請點心 卽炊餉之 又以酒饋之 余騎希文之牛 入于寺 寺在華山之下白川之上 石壁削立 如屛障者 不知幾許仞也 殿閣宏敞 丹雘流照 極樂殿前 竪普覺碑 卽前朝人閔績•之所製 集王右軍書字刻之 考其年月則 元貞乙未也 普覺 此寺之僧 而前朝崇佛時 尊此僧爲大師 累遣正憲大夫罷•裕 奉書請見 僧辭以疾 終不赴召 其書狀尙在 時則至元間也 緇徒出示蒙古書一貼 其字體非篆非隸 不可識 而但有朱紅印信如斗者三 問則僧言印璽也 中有金堂 粉書爲榜曰 至正歲重修 西有高樓 多志遊人名字而 又有李山岳宋進士九人姓名 問則僧云 丙子歲 榜會于此云 其他奇異之可賞者 難以悉數 終日遍覽 不知旅懷之苦也 判事僧法融 寺之住持 來見 我以毛工一柄 給之 融以玉米一升乾柹一串來呈 房之僧信寬 亦以餠羹濁醪饋之 余之齋粮告罄 無以爲繼 八日朝 信寬作飯進 時義興 方煮焰硝子此 都色者 進夕飯 且余賣一柄 得太二升 作泡以食

• 『巖谷逸稿』 제1권.
• 績: '漬' 의 오자다.
• 罷: '羅' 의 오자로 보인다. '羅裕' 는 보각국사비에 등장하는 인물이다.

● 正月九日 都色又進朝飯而午 太守送五升粮云 近來壯士三百餘人 充滿閭閻 支供無計 以此趁不送粮云 余來此 無聊 常與寺僧玉敬對話

● 正月十日 寺僧有往官府者 余折簡于李後賢 覓粮而來

● 正月十二日 雨雪 義兵僧裨將禹慶邦來此 而自謂禹祭酒之後裔也 言辯慧詰 且識文字 余與言祭酒之外孫 則慶邦頗有喜色 累日穩敍 臨行以紙卷及橡米四升 給余而去

● 正月十三日 太守率韓佑權應生等五六人而來到 坐於寺之前川白石上 旣而入暮 月光如練 水色澄清 乘興咏歌 酒數巡而罷 來宿于寺 明朝作仙介遊 諸客各散 而太守因留 悉發緇徒 伐木輸入 是則煮焰硝所用也 夕太守還官而 給余五升粮

● 正月十五日 尋拜都元禮氏 酒三盃 點心 又借粟米二升還寺 則房僧信寬 以粘飯一椀間入豆果待余 非其厚意 能如是乎 以慶邦所贈橡米二升 給三寶使之沉煮曝乾 又以二十文 換白紙一束繩鞋三部以還

20. 光海君日記(1609)*

迎接都監啓曰.... 昨日詔使前 呈納金生書白月碑印本五件 則詔使曰極好 且聞貴國 有麟角碑云 願速印惠 臣等曰 此碑南方極遠之地 恐未及趂時印來也 詔使曰 雖追送於西路不妨云 此碑乃是慶尙道義興縣所在也 請以此意 下諭于慶尙監司 使之罔晝夜印送爲當....傳曰允.

• 제15권, 元年 4월 己卯 條.

21. 承政院日記(1625)

以迎接都監言 啓曰 王相公 擧出票文 求得東國地誌 麟角碑文 而碑文則在慶尙道 道路遼遠 不得印出以未之意開諭 而東國地誌 校書館有之云 一件給之 何如 傳曰依啓*

• 제6책, 仁祖 3년6월 癸未 條.

22. 趙亨道(1567~1637): 麟角寺*

寺本爲普覺國師創立而有碑 碑建於貞元六年八月日 世稱王右軍手筆 而未的其然 龍蛇之後 天將見之 知其爲王公筆也 爭相印播 寶愛甚 自是詔使之至 輒求之 巡使因有旨 差倅監印焉 丁酉夷兵 一炬灰滅 碑立堂庭 火焰流爛 陽面最甚 而頭尾字劃宛如 腰半剝落無存也 有一老人言 逸少之書此碑時 別書一幅來 傳已久而遊客亦耽翫 不幸併與碑俱燼 尤可歎也 普覺乃當時禪 故伐石于遼 求書于王云

麟角千年寺 夷兵一炬摧 玉碑摩半記 金塔看全頹 山鳥迎人款 寒溪入夜哀 相逢拚勝話 分散白雲隈

* 『東溪集』 제 3권.

23. 麟角事蹟•

義興儒生洪昕等 謹齊沐上書于按摷(廉)巡察使相國閤下 伏以生等草野寒儒 性本愚戇 惟有是非之天 未知合汚之義 而獨異乎衆 反齊於人負此不虞之惡名 未伸無妄之寃抑 玆將罔極之悶 仰控明鑑之下 伏惟閤下 特賜明察焉 縣東有寺 麟閣其名 而乃圃隱鄭先生 臨皐書院 明廟朝宣賜之地也 壬辰兵燹 盡爲灰燼 一區名勝 久成空基 二十年前 縣之宿儒 興慨勝地之空閒 謀及一鄉之父老 聚首黌齋 嘖嘖相語曰 嶺南列邑 皆有藏修之地 而惟我弊縣 獨無矜式之所 苟亦有志 何患無地 中華之白鹿洞 我國之鳳覽氷溪等院 亦以寺基而爲之 則是亦闢異端廬其居之一措 我縣麟溪 雖曰寺基 旣爲圃隱先生之位田 則立廟宇於斯 尊先生於斯 爲我士子禮 亦宜矣 於是尺布斗粟 各自收辦 僅就齋舍 未成廟宇 適緣聖廟移創之擧 貸用疊設爲難 繼以軍旅之事 盡括所屬之故 遷延數月 雖未成就 布穀竭存 將至累百 則苟完之擧 庶幾有日 頃在己巳 白侯孝民 來莅之日 鄉中若干人 執其異論 罔念前人之構 將有許僧之計 生等數十人 皆曰不可 則彼若干人 自以爲是 使鄉僧愼熙 經營佛宇 將廢齋舍 而其跡已露 其形難掩 瞻聆所及 孰不駭目而痛心哉 是年秋科場日 士論騰起 異議潛藏 至于庚子• 京山僧義尙者 冒呈內需司曰 儒生等宗師器物 潛隱偸食 有同國賊死有餘罪云云 以此到付于本縣 將欲占奪圃隱先生恩賜之地 前者 若干人

• 이종문 소장 복사본 고문서. 탈초: 김상환
• 등장인물의 생몰년대와 내용으로 보아 '午' 의 오자로 추정됨.

接踵而起 又使愼凞 始建梵宇 辛丑*十二月 永川臨皐院儒鄭四勿等 五十餘人 通文于本縣 憤其僧徒 論以創寺之不可 此實老儒之所當共憤 而至於答文之際 創寺主論之輩 不公議於士林 出私製於其袖 則只誇創寺之本意 反加詆斥之無忌 許多悖漫妄發之說 殊非儒者相諭之道 生等從事儒家目不忍見痛 彼佛宇之始創 悶此齋舍之將廢 自昧禍機之發 不署題名之列惟彼之輩 視吾罔極 而同聲相應 恣行胸臆 潛入校堂 暗挑儒案而削出生等之名籍 生等之痛 想如何哉 生等削出之端則無他 朴倇只以生等不署答文之事 恨不共斥永儒而發也 生等削出之時 都有司輩 議皆不在焉 而擅削擅黜 旁(傍)若無人 名以罪目曰 不遵創寺之議 獨避夷狄之斥云云 則其爲憤惋 又何如哉 朴倇不念其自非 反以我爲讐 至以不署答文之事 搆成謀陷土主之說 自作呈文 假托公論 怯率脅從 擬冒前巡相 獨欲擠之於不測之地 而射之以含沙之毒 生等亦將呈訴 欲以自明 則一端知覺 渠亦人耳 自知無據 還自停止 削出校籍之罪名 方在於案 謀陷土主之惡名 旣筆於書 則豈以渠等之自止 而伸此生等之寃乎 彼之奸誣 雖自中沮 而生等之寃憤 無所難忍 敢此冒昧 具實終始焉 大槩創寺之事 本非出於縣監 永儒之文 亦不逼於縣監 則生等之不署於答文 是豈謀諸土主之狀哉 創寺之擧 自渠等喚做者 如是 永儒之文斥渠等惑異者 亦如是而彼等强以無預之縣監 創寺被斥云者 此非反陷土主而然耶 朴倇曾入於夷狄之人 旣脫於士林 則生等所爲 不過不署於答文 致怨於彼等 纔兩事而已 以此而謂之 謀陷土主者 豈非彼等之所以假之 以欲洩其憤乎 彼等無狀事迹 則未爲佛道

* 未의 오자로 추정됨.

之前 曾爲麟角書齋之所任者 十有餘年 而有若士子之意 當爲學宮 而反加詆斥者 其不謂佛道之人 不關於書室而然耶 由是而反爲唱說曰 學宮非關於一邑 佛宇有補於官家 從己者譽之 異己者毁之 使一邑之人 皆畏其口 然後爲其所欲爲 無所不至 而彼等視人罔極 惡欲其死 雖以罔測之說無罪之人 明監之前 奸迹自著 丹筆之下 寃枉自伸 此生等之所以跋涉顚蹶 來叩公庭者也 伏願閤下 先察生等之所懇 又覽永儒之通文 則彼等之誣陷奸狀 自可見矣 玆將永儒前後通文及彼等答文 粘連于後 又撮生等曖昧情由之大槩 條陳如右 如賜覽揆 得以伸雪 則雖死之日 猶生之年也 噫生等之陷於奸穽 旣不足校也 死於寃枉 亦不足恤也 而世道將訛 邪說橫行 肆毒陷人 無所忌憚 始以生等 不署答文之事 搆成謀陷土主之說 而自念其無似 旣不得售其奸計 終以朴俒等爲永川所擠 而轉做陰嗾偏黨之言自幸其有釁 將欲以泯其公論 其爲凶計 又可知矣 蒼天在上 白日臨下 而惡名在身 持此安歸 思之至此 痛哭無言 誠願閤下 特推惡惡之心 俾垂罪罪之典 生等削黜之由 彼等誣陷之罪 一時伸雪 重懲而又治化主僧愼熙偃然入居 儒宮之罪 使之卽毁新創寺數間 而俾建圃隱先生廟宇 一以遂生等尙賢之志 所定士林公論之正 則於一道幸甚 於生等幸甚 生等身逢右文之日 足涉尊賢之地 而惟以閑斯道闢異端 自幸爲吾儒之事業矣 豈意爲先生 將建廟宇 而遽被謀陷土主之誣也 聖人所謂攻乎異端 斯害之訓 爲閤下今日誦也 生等俱以年少書生 粗能聞俎豆之事 曾不入諜訴之庭 而今負極惡之名 可無求伸之思乎 生等始可與彼等所當同日辨誣 而方當國恤之日 不可爭是非 競强聒於訟庭紛擾之間 而竊伏念生等被入誣陷 情不自抑不獲已應此仰遡 如是瀆冒 愈增死罪 不勝區區激切之至 謹昧罪以陳

答曰 國家賜與於臨皐書院 則其田地所當推之 而寺基不在於此中 則似難幷與寺基處之 況嘉山美水 無處無之 何必設書齊於異端所居之地 此乃君子居 何陋之有者耶 然且建齋與設寺 噫 居諸君子 與僧人等相爭 而義興云云之人 何與於其間而若是也 是未知也 近觀道內風習 著儒巾立庭爭訟者 皆然 苦不可堪 又欲與同縣之人 爭鬪於寺刹之中 尤可駭異 至於謀陷土主 起於爾曹口同鄕道 以何能詳知 退而自修 其謗必止 毋庸多談 以待公論 獜溪調累百金 入校中 仍爲居接所

24. 永川臨皐院儒通文•

右文者 聖人之作春秋也 用夷禮則夷之 孟子曰 吾聞用夏變異者 未聞變於夷者也 今夫佛者夷狄之一法耳 如有尊夷狄之法 而黜聖賢之道者 則爲吾徒者 將何以處之哉 惟我圃隱先生 我東方繼開之大賢也 往在嘉靖年間 建廟于篤生之鄕 于時明廟大王 賜額曰臨皐書院 又賜之書籍土田 土田中 有金山之直指寺 貴邑之麟角寺 河陽之環城寺位田 皆其特賜之田也 非但大聖人衛道 擧出尋常萬萬 亦以見闢異端 廬其居之盛意也 自今以後 雖有痛風之人 孰敢奪先生所賜之田 以崇其夷狄之法者哉 似仁角寺基 有僧而欲占之 先掘位田而瓦之 又攘屯穀而粮之 將欲火其居於其地云 貴邑之士 亦皆治聖賢之道者 其不有聞於此耶 其衛必不止於貴邑而已 將欲擧一書而夷之 豈不痛甚矣哉 信斯言也 烏得無言 將以仲春之月 通告一道 齊會于貴邑 封章上達 必火其居治其人乃已 于斯時也 主張是者 其無悔乎 先此奉喩(籲) 姑其照口之 僉尊亮察焉

• 이종문 소장 복사본 고문서. 탈초: 김상환

25. 義興儒生朴侊等答臨皐院儒文*

右答文爲僉尊以仁角之事 擧不近之語 加無過之人 自反而縮矣 請以千萬吾往之意 爲僉尊開惑也 此寺 屬貴院之久 不待僉諭而知之熟矣 鄙等以爲是寺之經營 其在貴院前 別無所損 不料衆怒 橫發妄說加斥 至於此極也 此寺一創 則斷內需之弓 絶妖僧之窺 專位田之穀 收寺僧之稅 則所賴者 何居弊縣之所以將使重創者 無他 只以此寺 嶺外巨刹 名聞中華 又有王右軍普覺國師筆碑 盡爲樵牧所打破 而後來繼今者 庶幾有習藝之所而已 夫豈欲拒貴院而崇異敎乎 僉尊以重創之故 斥之以夷狄 豈固大妄發也 在嘉靖間 屬于貴院 比至丁酉 蕩於賊火 自嘉靖至丁酉 其間貴院先輩諸君子 幸口其廬之燒於兵火 而自以爲到此變夷 遽加於不有餘力 噫 不有兵火 則僉尊尙未變矣 又於直環兩寺 亦未聞火之 則僉尊之變 只免純夷狄矣 雖然貴院中 非無義理之賢 而有何人 不欲立寺 胥動浮言 至使僉君子 有此妄發耶 至如燔瓦攘穀之語未備 往在壬子年 弊縣爲廟宇十間而重創造瓦者 盖非一二 而彼僧徒時未擧燔瓦之役 則爲寺而掘者妄也 位田之穀 則有收穀 有典守者 而謂之攘穀者妄也 執虛妄之人 而攻可明之人難矣 且聞玉薰僧之作佛宇也 貴院擧鄕 不但爲之焚 而反爲之助成云爾 則僉尊亦將擧一世 而夷之而然耶 至於此寺之成與不成 惟在僉尊 而此後則問化主僧 幸毋以妄談授人耳也 伏惟僉尊諒察焉

* 이종문 소장 복사본 고문서. 탈초: 김상환

26. 臨皐通文列邑文*

嗚乎 同聲相應 同氣相求 非吾道則鳴鼓攻之可也 在異端則辭以闢之廓如可也 惟我圃隱先生 起於麗季 闢異端扶吾道 屹然爲東國理學之祖 由是我國朝先聖王 旣以陞祀於文廟 又書院所建之處 賜之位籍土田 其尙前賢尊吾道之意 出尋常萬萬 往在明廟朝 新誅賊僧普雨 以其所占諸寺位田 分賜諸處學宮 于時臨院適成 乃以金山之直指 河陽之環城 義興之麟(仁)角寺 幷其位田 永給於廢院 自豈厥後寺收其稅田輸其穀 而邇來百年于玆矣 麟(仁)角寺 亂中灰燼 方近店人 得以耕墾 以輸其穀而乏者 妖僧愼熙 圖占爲寺 乃言于京僧義尙 訴于內需司 移文本道曰 書院儒生等 宗師位田 潛隱偸食 有同國賊 死有餘罪云云 以此到付于其縣位田之穀 欲奪而有之 且逐店人 使不得耕作 其爲兇悖 人所共憤 而同縣儒林朴侊 不思同聲之攻 使愼熙 倡建佛宇 生等向者爲文而喩之 則反加詆斥 不有餘力 不意同在一室 其道同其業同 而其志之不同 有如是也 況於十年前 其縣儒生 共建書舍於其地 今則不能守也 前之建學舍爲非 今之倡佛宇爲是噫 吾儒之說果如乎 旣建書室 則書室亦學舍也 乃使緇徒 將撤學宮居之爲吾黨冠儒冠者 旣不能廬其居 而反使之居我廬何也 嗚乎 吾道非耶 斯文將喪耶 義理不明 而邪說之惑(感) 終至於不可救矣 履霜堅氷 衛不可不戒 敢告于同聲之君子僉尊 以爲如何

* 이종문 소장 복사본 고문서. 탈초: 김상환

27. 臨皐書院錢穀什物凡例謄錄•

● 錢穀

一. 開寧義興 他境打作 有司親往看審 而有司有故未往 則別定勤幹士人而送之 切勿專委下僕 以致見欺疎漏之弊

● 各寺紙地卜定謄錄

義興麟角寺 地稅 每年春等肆疋 秋等四疋 黃芥子壹斗 白紙肆卷 例納事

● 各處伏在位田謄錄

義興麟角寺位田畓

駒字二百七十五田捌負貳束

食字二百七十六田貳拾壹負肆束

二百七十七田拾貳負陸束

二百七十八田拾負玖束

二百七十九田壹負肆束

二百八十田貳拾壹負陸束

二百八十一田參拾參負柒束

二百八十二田拾負伍束

• 臨皐書院 소장.

二百八十三田拾負肆束

二百八十四畓拾柒負參束

二百八十五畓陸負

二百八十六田拾貳負捌束

二百八十七田拾肆負陸束

二百八十八田拾陸負參束

二百八十九田玖拾壹負貳束

二百九十田伍拾貳負肆束

二百九十一田貳拾參負伍束

二百九十二田肆拾捌負柒束

二百九十三畓拾貳負玖束

二百九十四田柒拾負

二百九十五田玖負

二百九十六畓拾負捌束

二百九十七畓拾壹負貳束

二百九十八田貳拾玖負

二百九十九田柒負柒束

已上伍結六十四負一束

(省略)

院底位田奴婢中 旣已執耕則 勢難依例半分 故從僉議 酌定地稅 而一

斗落 只皮牟二斗 太一斗 式捧用事

辛未四月 初一日 齋任 鄭(手決) 孫(手決) 李(手決)

院宇 東西夾室 東西齋旁 塗褙事 限十年 酌定於麟角寺 自今年爲始

(省略)

辛未九月 初二日 齋任 李(手決) 李(手決) 鄭

28. 環城寺決立案*

先生文集年譜曰 嘉靖三十四年乙卯 永川士人盧遂等 刱書院于浮來山下 卽先生舊居也 事聞 明宗大王 賜額臨皐書院 又賜四書五經通鑑宋鑑仍置位田 春秋修祀事(位田直指獜角環城雲浮)

本郡輿地勝覽曰 臨皐書院 在郡北十里 生員金應生 幼學鄭允良 進士盧遂等 乃卜鄭文忠公舊址北數里許浮來山 建書院 其時監司上達 賜學田十餘結 藏獲七口

開寧縣直指寺田畓 合二十七庫三結六十三負八束

河陽縣環城寺田畓 合十三庫二結五負

義興縣獜角寺田畓 合六庫六結五十五負八束

永川郡雲浮寺田畓 合二十二庫一結五十五負 已上合十結二十四負

* 臨皐書院 소장.

29.『告往錄』•

- 嘉靖癸丑 進士盧遂 生員金應生 鄕老鄭允良 生員鄭琚等 倡率士類 議建書院于浮來山 是年創役 乙卯竣工 事聞明宗大王 賜額臨皐書院 春秋修祀事 又賜五經 四書 通鑑 宋鑑 仍賜位田 乃金山直指寺 義興麟角寺 河陽環城寺 本郡雲浮等寺位田 移屬本院 田畓十數多少 在謄錄.

- 庚子(1600) 秋 體察使李元翼 從事官李尙信姜籤 一時來謁于廟 平時院位田畓及魚鹽等事 諸生面陳 出送關字于開寧義興河陽等官 始推田畓庫數 沿海七邑 謄錄魚鹽 亦送關字 復舊例而減其半

- 甲辰(1604) 院田畓庫數 告官踏印 時院長鄭四象

- 戊午(1678) 四月 巡察使李公端錫 巡到本郡之日 因多士呈書 麟角寺除去營案 移屬本院

- 庚午(1690) 六月 以麟角雲浮環城三寺 被侵巡營 呈文 頉下營案 永屬本院 關文在文書櫃

• 臨皐書院 소장.

- 己丑(1709) 三月 獜角寺 被侵營門 再度呈書 得營案爻周之題

- 庚寅(1710) 七月初四 以各寺被侵之事 呈文于新巡相按節之初 得自今以後 永勿侵責之題 又爲受出完文 獜角環城雲浮三寺 一體頒下

- 己酉(1729) 七月 朴監司文秀 以均稅 使環城獜角位田 并爲奪屬於各其官

- 己未(1739) 十月 送儒生趙泰漢 呈于禮曹 行關本道

- 庚申(1740) 秋 定查官於新寧縣監 還屬環城獜角兩寺位田于本院 立案在院中

- 甲午(1774) 正月 獜角寺 自己酉見奪於兵營之後 因未推尋 時兵使李長曄 遁村後裔也 頗有右文之誠 故定儒生孫尙觀 往呈則 兵使一言決給 還屬本院 決案及義興官所去關文 俱在院中

- 丙申(1776) 正月 兵使崔朝岳 還奪獜角寺... 九月 舊兵使崔朝岳挐去 新兵使金永綬初到 定儒生鄭一僑 往呈得決 還推獜角寺位田

- 己亥(1779) 四月日 去戊戌(1778)春 新兵使白東僑 又奪獜角寺 及己亥夏遞歸時 自本院呈監營得題 定儒生鄭一僑趙如愚 到付兵營 還屬本

寺于院中

- 壬寅(1782) 五月自營門 直關兵營 還推麟角寺 時巡相趙始俊 兵使金ㅁㅁ 前後本寺之奪屬兵營者崔朝岳白東儁 而見奪之後 無路還推 僧徒盡散 爲一空寺矣 本倅朴宗厚 與大丘判官洪元燮 適以公事 同往麟角 見千年古刹 蕪沒荒草 屋頹瓦落 上漏下濕 寂無人跡 景色蕭條 有一老僧 在佛殿 招問其由 則以累百年臨皐所屬之寺 横屬兵營 不堪其役 乃至於此云 達城倅 甚慨然 囑本倅 起送齋任于大丘貳衙 仍爲面稟 上營直關兵營 爻周營案 永屬本院

- 己巳(1809) 七月日 自兵營 排定雜役於獜角正覺兩寺 故自本院 起送齋任鄭夏源朴臣元及鄉儒生鄭穆 往見兵使朴宗杜 仍呈儒狀 兵使卽圃隱先生外孫也 成給完文三度 而一留本院 二則分置兩寺

- 庚辰(1820) 正月日...同月日 義興犲角寺位田 中因僧殘寺敗 互相盜賣久未推還 具士林呈書 治送全熙健李宅東 見義興倅 備陳其狀 本倅趙學濂可之 推給位田肆拾斗落地餘田畓自在故 更不擧論 成完文二件分置院寺

- 辛巳(1821) 是年五月日... 義興獜角寺 還推位田 其邑居李榏 來其本倅趙學濂遞歸之日 誣訴翻訟 成完文 還奪其田 故具士林呈書 治送儒生鄭躋休 院任金淳 因見新倅金'金+奭' 備陳其狀則 乃悟其前官之見

欺於李楡 細考文案後 推奪李楡之完文 藏於該邑 紙同上院田屬於本院之意論題 而是年穀禾 卽爲推給

- 癸未(1823) 正月日 自兵營排定雜役於獜角寺 故自本院 起送儒生鄭躋休 往呈于兵營 蒙此勿侵之題 而的只都僧統故 始覺其僧統之私自排役 仍見本倅李侯憲承 且呈文報 以捉致都僧之意 移文于淸河縣 使捉來查 問則當初排役 以其獜角寺 載在於境內寺案之故也 所捧排錢十一兩五戔納上故 招致獜角寺僧 出給右錢 寺案中所在 名卽爲除削之意 分付於都僧統處 俾無日後更侵之端

- 壬寅(1902) 七月日…甲辰 送來義興獜角屛巖 本鄉通文來到 以圃隱西厓旅軒三先生尊奉之意修契云 故答通矣 又自屛巖 稱以道會而通文辭意 羅湖柳村朴公 幷爲修契云 故以未安之意答通矣

30. 金堂成造時記(1677) 및 重修時記(1790)*

康熙十六年(1677)丁巳正月 日金堂成造時記」施主秩」通政大夫李永ㅁ 兩主」嚴春ㅁ 兩主」通政大夫李淸仁 兩主」嘉善大夫李小斤圭 兩主」朴小斤金 兩主」朴有昌 兩主」韓命男 兩主」李原元 兩主」李永俊 兩主」李永田 兩主 金別男 兩主」張起榮 兩主」金俊尙 兩主」安勝軒 兩主」申戒生 兩主」崔命男 兩主」朴漢 兩主」朴惠行 兩主」嚴淸日 兩主」金仁 兩主」嚴卜兩主」孫弘世 兩主」金祿只 兩主」金慶好 兩主」金護伊 兩主」高順學 兩主」李孝元 兩主」通政大夫 朴林秋 兩主」金貴汗 兩主」林乙仁 兩主」李貴安兩主」金士龍 兩主」金有生 兩主」安有弘 兩主」安石萬 兩主」金天億 兩主」金ㅁ立 兩主」李突愛 兩主」李鐵光 兩主」李三奉 兩主」姜莫龍 兩主」金招見 兩主」朴命招 兩主」丁昌生 兩主」金禮占 兩主」曹香 兩主」朴信澤 兩主」朴義岩回 兩主」金愛先 兩主」仇正元 兩主」記官 朴慶業 兩主」赴役秩」禪德 覺明」通政 信ㅁ」比丘住持 應寬」判事 敏夏」通政 智軒」通政 自摠」和尙 宗儀」比丘 印性」呂熙」處默」尙輝」灵眞」法瑞」元哲」宗軒」別座 益贊」供養 玉占」慈玉」勝仁」普仁」勝和」化主 元照」印祐」盖瓦化主 呂希」鐵物施主」判事時任住持 敏瓊」直舍 竺言」三綱 尙安」首僧 處默」

* 인각사 소장 고문서.

庚戌正月 日(1790)金堂重」修時記」山中老德 前任 增ㅁ」前任 忠ㅁ」前任 性淑」前任 幻和」前任 有曄」前任 有ㅁ」前任 有ㅁ」前任 守日」處日」大行」有淳」平ㅁ」呂澄」夏日」承贊」福心」福ㅁ」龍ㅁ」持殿 性默」殿座 戒元」三綱 時任 儀善」直舍 道ㅁ」首僧 福ㅁ」書記 有和」緣花都監 偉察」別座 德文」供養 福文」泰仁」化主 有英」大施主」孫永就 兩主 李時春 兩主」木手」都大木 楚典」副大木呂玉」文淑」如震」就覺」朴孫岩回」冶匠 金尙元」

31. 願文(1688)*

稽首十方三世界徧知覺無礙聖中聖千百億化身釋迦牟尼佛」稽首靈山微妙說天上人間寂然眞妙覺一生補處慈氏彌勒提花竭羅菩薩」稽首三明六通能修無漏道不入涅槃天上人間應供福田十六大阿羅漢聖衆」一音隨類皆明了胎卵濕化有色無非有非無相群生雜類六道輪廻不暫停我」今歸依 三寶慈悲方便拔濟沈淪苦海衆生承 三寶之慈力志心發願修無上菩提世世生生勤求不退未得道前身無擴病壽中夭正命盡時不見惡相」身無苦痛心不散亂定慧明了不經中陰不入地獄畜生餓鬼水陸空行天魔」外道幽冥鬼神一切雜形悉皆不受長得人身聰明正直不生惡國不生邊地不受」貧苦奴婢女形醜陋殘缺盲聾瘖瘂凡是可惡畢竟不生隨處生國得生信家每」男身六根完具瑞正香潔無諸垢穢志意和雅身安心靜三毒永斷不造衆惡恒」思諸善信奉 能仁大命終時安然快樂捨身受身無有怨對一切同爲善友所」生之處生家爲僧不離袈裟食食之器不乖盂鉢道心堅固不生憍慢敬重三」宝常修梵行早成正覺伏願諸檀越願以此功德善及於一切我等與衆生皆共」成佛道所求所願一一成就之願」證明尙彦」施主秩」崔起龍兩主」李太金兩主」李順億兩主」李氏召史保体」李守夭兩主」宗軒比丘」道淸比丘」孫二善兩主」緣化秩」別座曇湜比丘」處日比丘」卓敏比丘」慈敏比丘」木云比丘」畵員秩」勝湖比丘」尙倫比丘」呂岑比丘」普仁比丘」卓文比丘」玉淨比丘」天擇比丘」法宗比丘」守衍比丘」處屹比丘」儀英比丘」宝藏比丘」竺令比丘」秀宗比丘」就沈」就旭」

* 인각사 소장 고문서.

坦敏」致行」釋天」上心」致行」能默」ㅁㅁ」有哲」日淳」双運」秀坦」戒覺」廣濟」康熙二十七年戊辰五月 日安于獜角寺 幹善道人化士淨宗」

32. 尹光周: 麟角寺碑榻本序文(1701)*

世稱麟角碑 王右軍眞蹟 麟角新羅寺也 右軍書 最稱三藏帖 而獜角獨傳其眞 盖新羅 於右軍 其代近 得眞品 移於碑 故有名於世 余癖於筆 求之勤 未得 置諸心 每耿耿請邑嶺者 周歲 乃得一覽 宛然右軍之妙法近 所稱三藏帖 亦盡下風也 噫 壬辰之亂 島夷見此碑 曰不意右軍眞蹟 復覩于此爭印 時冬 火而印 仆之地 其後剝落 略有字片 片亦剜缺 無眞面 嗟乎 禍於倭 何其酷也 然其言曰右軍眞蹟 抑亦知妙法者乎 此獨傳其眞者歟 崇禎紀元後辛巳歲 龍門居士 書于澹然堂中 幷序

* 中央僧伽大學佛教史學研究所,『麟角寺普覺國師碑帖』, 1992, 191~192쪽.

33.「華山麟角寺講說樓重修記」(1721)•

本寺 以羅代巨梵 時運不齊 寺樣衰敗 今至無寺焉 最悶迫者 大雄極樂兩招提攘傾 柱不正 風以磨 雨以洗 丈六滲漏 所見慘忍 莫保朝夕 居者失所 過者'豈+欠' 歎 近千年名區大刹 已作兎葵燕券之場矣

議訪修葺 事巨力綿 罔知攸措而何幸

李等內主莅縣之後 特垂河海之恩 捐月俸以助工用 而邑底居朴就祐朴良殷裵興逸裵閏烈諸化主 幷出善心 普施檀越 法宇之傾頹改之 僧房鐘樓之傾壓者彩之 於是乎 佛像廢而復存 盛哉 斯人之功也 値此叔季捐財施與 人所不能之者 而能斷然行之 此眞千秋難忘之功德也 今以後 唱祝於佛前 以頌前後劫盛之功 從又鋟梓並化主僧 左錄以壽其傳云爾

聖上卽位元年辛丑夏

大施主 裵興逸 朴良殷 裵閏烈　化主僧 性和　前僧統 快日　別座僧 奉曄　朴就祐 裵殷業　都監僧 慧彥

• 『朝鮮寺刹史料 上』, 한국문화개발사, 1972, 416쪽.

34. 崔興遠(1705~1786): 與李景文 戊辰(1748)*

昨得沙橋書 以頃日不能同公山之遊爲恨 欲圖更會於銀海麟角之間 此意儘好 未知僉兄果有意否

• 『百弗菴先生文集』 제4권, 書.

35. 朴孫慶(1713~1782): 麟角寺碑本後跋•

余久聞麟角寺碑筆法精妙 萬曆 東征皇朝人 見而亟稱之曰 右軍眞蹟在是矣 自是 東人始爭得之 遠近求者棼集 邑大夫 至以病之 後寺燬於火 碑亦俱化 猶有段落可印者 余求之甚勤 晩始得一本 惜碑旣殘缺 搨手又不精 字無什二全者 其全者 亦復不眞 使人有嶧山野火之感 然筆勢流轉之間 猶不失晉人規範 顔柳以下 不屑也 閒中 聊復裝褙 以畀兒輩 使知古人之於藝 其不苟亦猶是也 記余於龍門寺 見麗代所竪碑 其筆法大類此 而左傍有僧淵懿者 自識其奉宣書 疑此亦爲淵懿筆 而其得特顯於世者 以受知華人故耳 幷識之 以俟知者 麟角 在今義興縣 龍門 在今醴泉郡

• 『南野集』 제6권.

36. 洪良浩(1724~1802): 題麟角寺碑*

余少時 見麟角寺碑印本 卽高麗時 集右軍書者也 字似三藏序而稍瘦淸峭過之 心甚寶重 聞其碑 在嶺南義興縣 思一搨來 庚辰 余尹東京 距義興二百里 乃貽書知縣 求一本 答云 弊境 今無麟角寺 從何印取乎 余歎曰寺廢而碑亡 宜今人之不知也 是豈可終使泯沒耶 於是選於吏 稍識字 堪幹事者 齎十日粮 戒之曰 徧搜一境 不得無還也 吏去旬日而返曰 深山古刹 跡無不及 終未見麟角寺者 偶到一山 有新羅廢寺 與僧語古碑有無 僧曰 此中佛殿樓底 有斷石十數塊 無乃是耶 試鉤出視之 果古碑也 取水磨洗 見其文 微有麟角二字矣 余大喜 遂募善搨者 授紙墨 與吏偕印 取三本來 蓋僧徒苦搨役 擊碎而深藏之 今餘十餘片 字又刓剝 可卞者 僅十之一甚可惜也 然其點畫完者 精彩躍躍欲動 宛然見永和風神 奇哉 麗去唐未遠 必得眞蹟而刻之 又不經翻刻 故視近世唐本諸帖 眞贋懸矣 尤豈不可寶乎 乃粧池成帖 以傳于世

按輿地勝覽云 寺在華山 洞口有石壁矗立 俗傳麒麟卦角于壁 故因名焉有閔漬撰僧普覺碑銘 余觀其字畫之遒妙 刻法之精工 實非後世所及 豈因朝令而建碑 如唐僧懷仁之集三藏序耶

* 『耳溪集』 제16권, 題跋.

37. 梵宇考(1779)[•]

有閔漬所撰普覺國師碑 僧竹虛集王羲之筆 元元貞元年立 壬辰亂字書多數缺

• 伽藍考, 麟角寺.

38. 極樂法殿重修記(1790)[*]

顧惟此極樂法殿 其構久矣 星霜屢換 風雨侵磨 蔽瓦頹落 彤鏤摧折 行路持點 孰不嗟惜 數十緇徒 敢生拙計 方營重修 以乾隆五十五年庚戌正月十五日丙申寅時破屋 舊樑上 有刱始文字 康熙十六年丁巳正月日成造也 今以二月初三日甲寅未時上樑 而功鉅力綿 如前者 末矣 蓋刱始此寺於麗代 誰識國師之功 號稱獜角於千秋 寔爲輿地之勝 尋美蹟於何處 有尺碑於法界 勒于閔漬之文 麗朝明臣 書以王公之手 萬古名筆 三寺道場十二房舍 鶴巢臺空 聖祥菴墟 只存一房 僅保四殿 工匠自來 斯擧重新 豈不美哉 豈不猗哉

* 인각사 소장 고문서.

39. 成大中(1732~1812): 書興法碑*

興法寺碑在原州建登山 高麗太祖爲眞空大師 親製碑文 而命崔光胤集唐太宗書 李益齋曰 辭義雄深偉麗 如玄圭赤舃 揖讓郞廟 而字大小眞行相間 鸞漂鳳泊 氣呑象外 眞天下之寶也 壬辰之亂 倭將有解書者 載碑以歸 至鳥嶺南 知不可運 鎚折其腰而去 江原觀察使適有好事者 復運之來置聽政所之右 然露處二百餘年 雨剝苔蝕甚 或印童磨朱於石面 鸞鳳之輝泯矣 中州興福碑貯之以崇宇固扃 而易主則始印數本 此其所以閱年多也我國則不然 義興麟角碑 榮川白月碑及興法碑 幷天下絶寶也 而置之若棄印之無方 一任其刓滅而止 可勝惜哉 可勝惜哉 興法寺址 今爲陶泉書院許觀雪厚所享也 碑趺尙在

* 『青城集』 제8권, 題跋.

40. 申綽(1760~1828): 題麟角寺碑後(1797)*

輿地勝覽 麟角寺在義興縣華山 洞口有石壁矗立 古傳麒麟掛角于上因名 有閔漬所撰僧普覺碑云 而今碑字刓剝 無閔漬普覺字 文亦不可讀 而略可見者 有曰至元元年 下又云上卽祚七年丁丑 盖元順帝高麗忠惠王時而圓喬以爲新羅古碑 斯未考也 碑末題名有鄭可臣 可臣嘗與閔漬從忠烈王如元 世祖命二人議征交趾稱旨 授翰林直學士 山立傍記云先師入滅六七年 命重臣撰碑 重臣卽閔漬也 漬官至守政丞 謚文仁

* 『石泉遺稿』 제3권, 雜著.

41. 成海應(1760~1839): 題麟角碑•

麟角寺 在義興華山洞 俗傳 麒麟挂角于壁 故名 有閔漬所撰僧普覺碑銘 而筆體全出於聖教序 但峭刻勁猛 大過聖教序 每見中原所搨聖教序屢經移摹 苦無善本 夫懷仁所摹勒者 已失右軍舊法 況雙鉤紛紛 又失懷仁之眞本耶 獨此碑 直溯懷仁 而工妙復掩之 誠至寶 但碑字破壞 今不可復搨 可歎也已

• 『研經齋全集』, 續集 16冊, 書畵雜識.

42. 李圭景(1788~1856): 夫子廟墓辨證說*

我東正廟庚戌 柳泠齋得恭字惠風 隨別使入燕 著熱河紀行詩注 一名灤陽錄 衍聖公孔憲培 先聖七十二代孫 年可三十餘矣 美貌善書 余於圓明園及京城再訪之 爲書泠齋號 贈趙汸春秋金鎖匙一卷 戴震 考工記圖二卷 聲韻考 四卷 蔡京州學碑 党懷英杏壇碑 姜開陽 先聖墓上蓍草五十本 余以義興麟角寺碑謝之 又贈五律一首 偶問龜山蒙山 公曰 俱小小山 仍謂余曰 初入中國 能作漢語 何也 余曰 略解之 公笑曰 再入則可以無不通 衍聖公乘金頂轎 燕中人呼爲聖人云 夫子墓上 亦生蓍草 按說儲 伏羲文王冢上 竝生蓍草云 而何不及夫子墓蓍耶 潘去然云 孔林蓍六稜 物理小識亦云孔林蓍六稜

* 『五洲衍文長箋散稿』, 人事編, 論禮類, 墓冢祠碑.

43. 劉喜海: 「海東金石苑 題辭」*

鍪藏麟角 碎金 集右軍之書 新羅鍪藏寺碑 高麗麟角寺碑 俱集晉王右軍行書 頗具典型.

* 유희해, 『海東金石苑』, 아세아문화사, 1976.

44. 朱載榮: 跋文(1916)[*]

此碑竪立經六百二十二年之久 字劃磨滅者居多 無從考證 若經過幾年必作沒字碑 乃已常所慨歎矣 大正五年四月頃 江原道僧李芝庵 過麟角言于住持代理李智賢曰 江原道五臺山月精寺僧金慧月 年齡一百一歲 尚生存也 距今約八十年前 慧月過麟角 見此碑謄本 而至今藏之 盍往覓之 智賢異其言 乃於同年八月二十三日 隨芝庵同往月精寺 慧月適有事往他山 謄本藏于篋笥中 因要于慧月之上佐等 竟得覓還云 芝庵智賢之勤且實不可忘 而事固不偶 抑遺蹟之顯晦 亦有數耶 近日有古蹟保存之會 斯碑也 亦將因是傳于無窮也 然所恨者 其謄本 間多蠹蝕紙破 不可揣度補塡而若無慧月之謄本則 雖欲得其缺本 亦何從而求之 故因而謄寫以圖廣佈聊記顚末 如右以俟來世之慧月焉

大正五年丙辰九月六日　知軍 新安 朱載榮 書

* 「佛教」 제36집, 1927, 8쪽(中央僧伽大學佛教史學研究所, 『一然의 生涯와 思想』, 1995, 73쪽에서 재인용).

45. 騰雲山下 安震湖: 「三國遺事의 出現을 보고 普覺國尊의 碑石을 一言하노라」• (1927)

三國遺事에 對하여 그 眞價의 發揮는 崔六堂 權退耕 兩氏가 盡底掀飜하였는지라 筆者와 같은 蔑識으로는 容喙코자 아니하는 바이나 特히 本書에 限하야 全鮮社會가 온통 歡迎할 것은 勿論이고 더욱이 佛教界에 조금 常識이 있다는 者로서는 案上에 한 卷을 아니 두지 못할 것임에 느낀 바가 한 가지 있어 玆에 紹介하노라.

筆者가 距今三十一年前 卽十七에 八公山 晦應講伯을 찾아 가느라고 本書의 主人公되는 普覺國尊의 碑石이 存在한 麟角寺를 尋訪하였다 其時는 該碑의 字劃이 磨滅處는 間或有之나 碑體의 典型은 그대로 있었던 것이다 筆者가 入山 未幾이고 또한 弱年임에 그가 國寶됨은 알지 못하였다 철나자 늙는다고 年紀가 知天命에 近한 今日에 至하야 迦智山의 附近인 卽 義城郡 孤雲寺로 와서 있게 됨에 現住持 萬愚老和尙을 對하야 曠世稀寶인 三國遺事 發刊됨을 談話하다가 麟角寺에 있는 碑碣이 只今 어찌 되었음인가 물어보았다 「허- 附近 人民이 벼루돌(硯石)을 만든다고 죄다 깨트려가고 只今은 縱廣으로 二尺 未滿이 남아 있지」 홍! 三十年 前後에 在하여 그다지 慘酷한 境에 至하였을까? 그와 反對로 그 人民의 先祖의 碑碣이 있다 假定하고 外人의 撞碎가 있다하면 그들은 어떠한 感想이

• 「佛教」 제36집, 1927, 8쪽(中央僧伽大學佛教史學研究所, 『一然의 生涯와 思想』, 1995, 74쪽에서 재인용).

있을까 생각이 납니다 萬一 三國遺事가 發刊이 아니 되었던들 그 完全한 碑文을 어디서 얻어 보리까 「글세 年前에 軍威郡守 朱載榮氏가 近代 發現이라 하고 該碑文 一道를 내게 寄贈한 것이 있었는데 此를 가져가 三國遺事와 對照해보게」하고 篋笥中에서 찾아 주신다 卽時 그 둘을 對照하여 본 結果 그 謄本에는 缺落 又는 誤記가 四五處 發現되고 遺事에도 印刷時 誤植인지는 未詳이나 그를 가서 破錦碎玉이라고는 아니하겠지마는 微瑕까지 없다고는 할 수 없다 그 微瑕點을 指摘하야 正誤表를 作成하고 朱郡守의 跋文[47]까지 記載하야 同好者의 叅考에 供하노라

• 이제 정오표는 의미가 없으므로 생략하고, 朱 郡守의 발문은 관련 자료 44번을 참조 바람.

46. 姜裕文: 拘雲師를 追憶하면서 今世僧伽에 相倒함(1937)•

義興麟角寺는 저! 三國遺事의 著者인 普覺國尊一然禪師의 碑가 있는 寺刹이라 조심을 더 하야 保護할 것임에도 不拘하고 皇甫氏一族이 勢로써 僧侶를 누르고 普覺國尊浮圖(?) 자리에다가 自己네 父祖墓를 쓰려고 함에 이에 僧侶들이 蹶起하야 大邱營門에 告訴하고 義興원의 힘을 빌려 衆僧合力으로 皇甫氏를 파내 버린 뒤 此擧에 主人公인 道晋師가 費用整理로 麟角寺에 잠간 머물러 있더니 父祖의 墓가 僧侶들에게 掘棄되었다는 소문을 들은 皇甫氏一族은 크게 성내어 騰騰한 怒氣를 띄고 손에 棍棒等을 쥔 皇甫一黨이 麟角寺로 蝟集하야 于先 僧侶의 頭目인 道晋을 죽이라 高喊치면서 달려와서 道晋師所在를 공교롭게도 道晋師에게 向하여 물었던 것이다 道晋師 천연스럽게 입을 열어 曰「道晋이 지금 막 저쪽으로 갔습니다」하니 皇甫黨이 살같이 가르치는 쪽으로 쫓아가는 틈을 타서 그만 뒤山으로 몸을 避하야 死地를 겨우 벗어났던 것이다 그러나 寺山內에 皇甫氏墓가 들어오지 못한 대신으로 皇甫黨의 襲擊을 입어 殿閣과 普覺國尊碑石이 破壞됨이 많았다는 것이다

• 『新佛教』 9집, 1937, 8쪽(中央僧伽大學佛教史學研究所, 『一然의 生涯와 思想』, 1995, 79쪽에서 재인용하되, 쉽게 이해할 수 있도록 맞춤법과 띄어쓰기를 고쳤다.

47. 李弘稙:「倒壞된 一然禪師의 舍利塔 -麟角寺를 찾아서-」(1958)*

지난 三月 二十一日에서 五日間 文教部委囑으로 慶北의 漆谷. 軍威. 義城 三郡의 古蹟調查를 할 기회를 얻었다. 원래의 목적은 義城郡內의 塔里洞과 金城面 氷溪의 兩模塼石塔을 조사하는데 있었다. 前者는 新羅統一期의 우수한 작품이며 後者는 이것을 모방한 高麗時代의 작품으로 線이 鈍하여 보이지마는 역시 佳作으로 볼 수 있다. 이 두 塔은 義城教育區廳에 國寶指定을 신청하여 온 것이며 이번 조사도 同教育區廳의 진력이 다대하였다.

이번 여행에서 우리가 커다란 기대를 가진 것은 軍威郡 古老面 華川洞에 있는 麟角寺를 찾아보는 데 있었다. 麟角寺라면 누구나 다 아는 三國遺事의 撰者 一然禪師가 晩年에 住持로 있었다가 示寂한 절이며 여기에 同禪師의 塔碑가 있어서 오래 전부터 한번 심방하고 一然禪師의 靈을 경배하고자 하였다. 우리 나라에 만약 三國遺事가 없었다면 우리 나라 古代史는 얼마나 적막하여졌을까 하는 느낌을 항상 갖는 나로서는 麟角寺尋訪은 실로 다년간의 숙원이었다.

그런데 종래 이곳은 궁벽진 山中이라 그런지 學者들도 그리 찾아본 사람이 없어 보였다. 管見에 의하면 韓 · 日合邦直後 일찍이 우리 나라의 각지를 調查行脚을 한 日人學者 關野貞博士가 一九一〇年 一二月一〇日에 잠간 들려간 기록이 있는데, 당시의 記錄을 보면 同時境內의 遺

* 『思想界』 1958년 6월 호(경북대박물관 · 군위군, 『華山麟角寺』, 1993, 18쪽에서 재인용).

構로서 三重石塔.大雄殿.極樂殿.冥府殿.講說樓가 列記하여 있을 뿐이지 一然禪師의 塔碑에 대하여서는 一言도 없다. 그리고 三國遺事를 많이 연구한 故六堂先生 의 解題에도 이 절에 一然師의 塔과 殘碑가 있다고 있을 뿐이라 연기에 實査하셨는지 未審하다. 또 日帝時代에 우리 나라의 金石文을 專門삼고『朝鮮金石攷』를 著述한 葛城末治도 一然禪師의 塔碑에 대하여 지극히 애매한 기술을 하고 있다. 그 著書中에는 殘碑는 麟角寺境內에 있고 舍利塔 은 여기서 東쪽 二丁(二百二十米가령) 떨어진 데 있다고 附記하였다가 다시 이 후에 낸 同人의 딴 論文(『朝鮮의 集字碑에 就하여』〈稻葉博士還曆記念滿鮮史論叢所收〉)에서는 碑와 塔은 境內에 마주 서 있다고 써있으니 前後 모순된 말이라 나는 의문을 품고 온지도 오래였다. 이래저래 麟角寺는 꼭 한번 내 눈으로 조사하여 보겠다는 마음을 가진지 참으로 오래 되었다.

三月 二四日 午正이 가까울 무렵에 우리는 車를 몰고 義興邑을 지나서 華川의 물줄기를 따라 東南으로 달렸다. 華川洞口에서 다리를 건너 드디어 麟角寺가 있는 峽谷에 들어간다. 시내를 따라 三四次 굴곡한 길을 지나면 뜻밖에 넓은 들이 전개되며 古老面邑을 통하는 이 길 바로 옆에 麟角寺가 보여서 우선 기대에 어그러졌다.

말하자면 平地路傍의 小刹이다. 山門도 없고 大門같은 조그만 門에『華山 麟角寺』라는 懸板이 걸려서 그것을 들어가면 이 門에 잇달아서 살림僧房이 있고 東편으로 三間二面의 極樂殿과 冥府殿이 西面하고 極樂殿에 마주쳐서 講說樓가 있으며 極樂殿 앞에 新羅 下代의 三層石塔과 火舍가 없는 石燈의 竿石만이 남아 있다. 남쪽에는 大雄殿터만이 남아 있고, 碑

閣은 東南隅에서 있다. 현재 碑身은 最高部가 四尺되는 두 봉우리가 져서 남아 있고 幅은 三尺二寸 정도이며 葛城末治가 이 碑를 高六尺, 幅三尺五寸이라고 기록한 것은 完碑였을 때의 이야기 같은데 언제 조사한 것이며 그것이 언제 이렇게 高四尺餘의 殘碑로 되었는지 도무지 알 수 없다.

碑石은 淡黑色의 水成岩이라 剝落되어 있다. 그래도 記念으로 拓本을 만들어 보았다. 그런데 이 境內에는 舍利塔은 없다. 온지 三個月밖에 안 되었다는 住持에게 塔을 물었더니 자세히 모른다 하여 여기서 좀 떨어진 곳에 무너진 塔이 있다는 이야기가 있다는 것이다. 이 境內 정원에 石物 같이 놓여 있는 金剛杖頭같이 된 塔相輪部가 있는데 이것이 분명히 高麗時代 것으로 보이기에 물어보니 그 무너진 塔의 꼭대기라고 하였다.

極樂殿이나 冥府殿 내부에 佛像하나 떳떳한 것도 없이 頹廢는 극도에 달하여 廢屋이 다 되었다. 지금 온 住持도 살림집이나 얻어온 셈으로 入住한 모양인데 境內에서 머슴 같이 일하는 老人은 그의 아버지라고 한다. 境內에는 그가 해온 솔가지 동이 나무단이 쌓여 있는데, 장에 팔 것인지도 모르겠다. 住持의 모습이나 마당 꼴이나 절 같지는 않고 私私 살림집같이 보이기만 하였다.

절에서『浮屠골』이라는 데까지는 東쪽으로 一咨은 떨어져 있는 洞里인데 地名은 華北洞三區이며 平地는 논밭이 되고 洞里는 西南쪽으로 가로 놓인 丘陵기슭에 斜面을 타고 三口餘戶 자리잡고 있다. 이 洞里집을 거쳐서 솔밭 丘陵위로 올라가니 과연 數個의 石物이 矮松과 잔디풀 사이에 흩어져 있다. 땅에 묻힌 臺石 위에 八角臺石이 있는데 그밖에 또

이보다 약간 큰 八角 中臺石과 八角柱石 두 個, 그리고 屋蓋石이 굴러 있었다.

두 八角柱石 中 한 個에는 上部 중앙에 經17.5糎 깊이 9糎가 되는 구멍이 있으니 이것이 舍利가 裝置된 塔身인 것은 분명하였고 다시 잔디풀에 파묻힌 一面에는 글씨가 새겨져 있었다. 우리는 주의하여 보기 좋게 한번 굴러보니 과연 『普覺國師靜照之塔』이라고 두 줄로 陰刻하여 있어서 一然禪師의 浮屠임을 확인하게 되었다.

한 面씩 주의하면서 굴려 보았다. 塔名이 새겨진 正反對面에는 가운데에 자물쇠로 채어 놓은 창문을 조각하여 있는데 자물쇠에 「리본」이 八字形으로 느려있는 것이 특이하였다. 그리고 나머지 여섯 모에는 각각 菩薩과 神將立像이 浮彫되어 있다. 또 하나의 八角石은 臺의 中間石인 것이 분명하며 各面에 十二支 動物이 새겨 있는데 磨滅이 심하여 일일이 분간하는 데는 시간이 필요할 것이며 어떤 것은 아무리 보아도 알아보기 어려울 만치 되어 있다. 屋蓋石의 모서리는 反華가 새겨 있어서 高麗時代의 형식을 나타내고 있다. 절에 있는 金剛杖頭 같은 봉우리진 꼭지돌을 그 위에 앉혀놓는다면 浮屠는 완전히 구성되는 셈이다. 여기서 이 舍利塔을 復原하여 본다면 다음과 같이 된다.

① 下臺坐石 · 八角에 伏蓮花를 十六單瓣 陰刻하여 돌려있다. 底徑 二五糎, 上徑 七口糎, 高 三口糎, 一邊 二六糎

② 中間石柱 · 一邊 二五 , 高 三一. 各面에 十二支動物을 陽刻.

③ 上臺坐石 · 八角 · 各面에 伏蓮花複 瓣 陰刻하고 各瓣 사이에 小瓣을 또 곁들여 새겨 있다. 底徑 九七, 上徑 一口二糎로 上部가 넓게 벌어

졌다. 高 四口糎, 一邊 四口糎.

④ 塔身 · 高 五一糎, 一邊 二六糎, 一面에 塔名을 陰刻, 反對面에 자물쇠 챈 窓戶, 六面에는 菩薩立像과 神將立像을 彫刻.

⑤ 八角屋蓋石 · 徑 一三五糎. 各面은 傾斜지어 外邊 四八糎, 內邊 三糎口糎, 高 四五糎.

舍利塔의 각 부분이 다 있는 것은 다행한 일이다. 이 현장은 협소하고 어딘지 어색한 感이 들었는데 우리를 안내하여 온 洞里의 老人(當年 70歲)의 말에 의하면 원래의 위치는 여기가 아니고 현장에서 東쪽으로 다시 六口米 가량 간 丘陵에 있었는데 韓末에 大邱의 某徐氏가 明堂자리라 해서 塔을 이리로 옮기고 그 자리에 墓를 썼다는 것이다. 그곳을 가보니 관연 臺地 가 넓고 眺望이 좋았다.

北東으로 마주 바라다보이는 그리 높지 않은 山줄기에는 屛風같은 岩石이 넓게 솟아 있고 그 밑을 華川이 푸른색을 띠워 흐르고 있다. 이 屛風石이 麟角寺의 이름을 짓게 된 奇岩 같다.

우리는 다시 老人에게 언제 塔이 무너졌느냐고 물었더니 韓 · 日 合邦後 四 · 五年間에 하룻밤 日人이 와서 파괴하였다는 것이다. 이 무렵에 舍利裝置를 훔치려고 數많은 石塔이 日人의 毒手에 희생된 것을 알고 있는 우리는 넉넉히 있음직한 일이라고 생각되었고 불쾌한 분노가 치밀어 올랐다. 조금 전에 우리가 본 塔身의 빈 구멍이 내 눈에 떠올랐다.

이리하여 倭政初에 이와 같이 倒壞된 塔은 四口餘年 동안 아무도 돌보지 않은 채 여기에 있었던 것이다. 이 舍利塔에 대한 從來의 記事가 모두 간단하고 모호한 所以는 결국 절에서 이와 같이 떨어져 있기 때문에 그동안 한 사람의 學人도 실태를 조사하지 못한 까닭이다.

정성이 없는 日人學者들이 찾아가지 않았던 것은 탓할 것도 없거니와 우리 民族으로서 一然禪師의 舍利塔이 이렇게 되어 있는 것조차 모르고 오늘까지 있었다는 것은 참 미안스러운 일이었다. 나는 이 浮屠를 냉정한 美術品만으로는 볼 수 없는 심정으로 다시 한번 보살피며 舍利가 놓였던 구멍을 응시하였다. 民族으로서 미안한 일이다. 이 슬픈 사실을 나는 全國民에게 알리고 싶었다. 今年의 古蹟修理事業中 꼭 이 舍利塔은 세워야겠다고 당국에 보고하였고 또 반드시 실현하도록 우리도 감독할 것이다. 華川洞口를 다시 되돌아오는 車中에서 나는 沈痛한 感傷에 묵묵하였다.

48. 黃壽永:「一然禪師 浮屠의 調査」(1963)*

慶北 軍威郡 古老面 華水洞 麟角寺는 一然禪師의 住刹로서 그의 塔碑가 있어 有名하다. 이 古碑는 現在 下端部만이 남아 있는바 王羲之의 集字로서 人口에 膾炙된 지 오래다.

벌써 約 五年前의 일이다, 李弘稙 先生과 같이 처음으로 麟角寺를 찾았을 때에 이 碑石에 對應하는 浮屠를 確認하기 위하여 寺域으로부터 溪流를 따라 約 1킬로미터 올라가서 部落 뒷산 俗稱「부도골」에 이르러 散亂된 塔材를 찾았고 그 中 塔身石에서 空虛한 舍利孔과「普覺國師」「靜照之塔」이라는 二行의 記銘을 發見하고 感慨無量한 바 있었다. 이같이 倒壞된 原因인 즉 舍利奪取를 위한 韓末 日人의 所行이라고 古老들은 말하여 주었다. 그런데 이 보다 앞서서 이 浮屠는 大邱 徐某氏의 墳墓設置로 말미암아 原位置에서 약간 떨어진 地點으로 移建된 일도 있었다고 한다. 아마도 그 자리가 風水家의 소위 明堂자리이었던 까닭일까. 이와 같은 겹친 受難과 蠻行이 있은 후 다시는 찾는 사람이 없이 버림을 받아왔던 것이 틀림없다. 三國遺事의 著者에 對하여 親近한 心情을 지녀 오던 兩人은 現場에서 이 浮屠의 再建을 의논한 바 있었으며 그 후 文教部나 道廳을 통하여 復舊를 서두르기도 하였다.

* 『考古美術』39輯, 1963(경북대박물관·군위군, 『華山麟角寺』, 1993, 22쪽에서 재인용).

昨年 九月二十二日 새벽에 新寧을 떠나 멀지 않은 山中의 羅代寺址 한곳을 調査하고 北上하던 中 이 浮屠再建의 소식을 듣고 잠간 麟角寺를 찾게 되었다. 그런데 意外에도 이 부도는 「부도골」을 떠나 寺門外 道路傍에 移建되어 있음을 보았다. 지난 봄에 面事務所와 軍人某氏의 손으로 옮겨 왔다는 것인데 이왕 寺刹로 搬移할 바에야 塔碑와 나란히 세워야 할 것이 아니냐고 寺僧에게 따졌더니 浮屠는 境內에 아니 세우는 法이라는 對答이었다, 그리하여 復原된 그 모습이 반갑기도 하면서 한편 서운한 느낌을 참을 수가 없었었다.

이 浮屠는 八角圓堂型으로 上下의 蓮花臺가 있고 그 사이에 八角竿柱가 끼어 있는데 그 各面에는 動物像이 彫刻되어 있었다. 塔身 또한 八角으로 前面에는 記銘 後面에는 門扉形에 새겨졌고 左右六面에는 四天王立像과 蓮座위의 菩薩立像이 各一軀씩 새겨져 있었다. 八角屋蓋위에는 寶蓋와 仰蓮과 火焰寶珠를 갖추운 相輪一石이 놓이었는데 이 相輪만은 일찍부터 寺庭에 옮겨져 있어서 이 浮屠를 찾게 된 하나의 단서가 되었던 것이기도 하다. 이 浮屠는 石質도 치밀하지는 못하고 彫鏤가 鈍厚하며 結構의 솜씨도 아담스럽지 못한 것이 高麗下代의 作品임을 말하고 있다. 그러나 新羅以來의 傳統的 樣式을 지니고 記銘에 의하여 一然의 墓塔임이 의심할 바 없으니 한층 所重한 遺構라고 하여야겠다. 그런데 筆者가 軍威三尊石窟을 처음으로 찾아간 것이 바로 이날 午後이었다. 이 곳을 떠나 寺入口의 酒幕에서 아침을 들고 安東으로 直行하려다가 隣接한 義興面事務所에서 우연히 石窟의 存在를 확인할 수 있어 그곳서 車을 西쪽으로 돌려 八公山 깊숙이 찾아들었었다. 그리하여 그 후 이 浮

屠와 이 곳서 約 五十里 西쪽인 軍威石窟을 함께 연상케 되었는 바 이 같은 調査의 因緣은 잊혀지지 않는 기억이 되었다. 復舊된 一然浮屠가 八公山石窟의 길로 引導한 것만 같이 느껴졌기 때문이다.

49. 權相老(1879~1965), 韓國寺刹全書•

新羅善德王十二年(癸卯) 元曉祖師創建 高麗忠烈王二十三年(丁亥) 普覺國師重建

• 麟角寺 條.

50. 李道源:「麟角寺重修記」* (1963)

新羅善德女王十一年 高僧義湘祖師 創建麟角寺于義興之華山 距今一千三百有餘年 高麗忠烈王時 普覺國師一然 禪座于此 著三國遺事 卽吾邦最古史書 而與三國史爲雙璧 曩在庚子 余以育英事 住義興 日蔣君濟明 訪余曰 麟寺不列國寶則 國師遺蹟 將歸泯寂焉 願吾子圖之 余曰 力所不堪 而守護古蹟 吾人責也 因與蔣君 約日踏査 法堂顚壞爲鞠草 佛像權安于極樂殿 講說樓而樓亦不庇風雨 彌勒堂棟朽而瓦漏 國師之碑 則閔漬之文 右軍之書 剝落不堪讀 而餘存者 如蝶蚪鳥跡 浮圖則佛像及蓮花動物上中下 刻法可套造化 乃具陳於當局 適金魯淑甫 並效功而尙未見報 蔣君先機運算　與主僧九鉉及同志數人 倡議醵金 應者如響 乃募工始役 大加修葺 自樂殿講樓 爰及碑閣與彌勒堂 而輪奐一新 於乎 蔣君 非學沙門者 亦非留心於冥福者 特好古誠深 辦此一事 而不自爲功 期欲參國寶而後已 吾知其終當見售矣 昔陶靖節 嘗遊白蓮社 蘇長公建四菩薩閣 遊心淸淨道場 樹德無量福田 豈有儒釋之殊耶哉 齷錯塵劫 彼役役於膏火忘四大而汨六根者 視蔣君用心 不啻如雲泥懸絶 且使國師有知 未必不欣欣然解頤點頭於西方淨土之極樂矣 歲癸卯鶉尾月 京山李道源撰並書于壽春寓舍

* 蔣濟明,『華山麟角寺誌』, 1965, 20쪽.

51. 權淳: 「林其東頌德碑銘」(1973)•

嶺之赤羅 山川貯淑精 而往往有異之人出焉 不可勝枚 然維林君其東自小少時 懷古新今之志逈超 故樓臺亭閣之地 有事則種樹而紀念 會社團體之地 有故則盡力而協助 及歲之癸丑 而見麟角寺石塔二箇 寥然沈沒於荒草中 移建於寺之前精潔處 仍樹瓊林瑤草 以侈風景 實今之所謂文化財愛護之計也 林君 以一方名族 嘗孝於父母 睦於族親 而推及於隣友間忠信之道 則苟非仁厚而豈能然哉 麟角寺則在於華山之下 新羅善德女王十一年 義湘祖師創建者也 距今爲一千三百餘年 而其間 高麗普覺國師所著三國遺事 世人比之以三國史記 而稱雙璧 今者 蔣濟明 訪余於壽春之寓所 曰某某諸賢 爲林君竪頌德碑 請一言 辭不獲而序以其實 仍銘之 銘曰

赤羅山川 依舊精明 其中有異 吉人稟生 孝爲百源 信符萬情 玆頌其德千秋可名

檀紀四千三百六年癸丑三月日 安東權淳撰 恩津宋文鉉書

• 蔣濟明,『麟角寺誌』, 1981, 21쪽.

52. 英祖實錄, 卽位年(1724) 十月 二十三日 癸巳

癸巳 儒生楊命和等上疏 略曰 臣等所居永川地 卽高麗侍中文忠公鄭夢周桑梓之鄕也 嘉靖乙卯 先正臣文純公李滉 卽其舊址而俎豆之 明廟賜額臨皐書院 以河陽金山義興永川位田十餘結 劃給本院 以爲春秋香火之供 不幸壬辰兵變時 院宇灰燼 位田不復收拾 故相臣李元翼 以都體察使 還推位田 屬之本院 近者河陽校生朴瑞鳳等 誣呈營門 道臣金東弼 遽然奪之 不少持難 今若一聽道臣之與奪 不一陳暴 思所以卞明還推之地 則慢君之賜 莫大於此云云 上令該曹稟處

인각사적麟角事蹟

이 고문서는 임진왜란으로 폐허가 된 인각사 터에 서원을 세우려는 사람들과 인각사를 복원하려는 사람들 사이의 갈등이 담겨 있는 기록이다. 아직까지 학계에 보고된 적이 없는 자료이므로 전체를 영인해두었으며, 학자들의 편의를 제공하기 위하여 이 책의 부록인 '인각사 관련 자료 집성'에 탈초脫草한 것을 수록해놓았다. 원래 오른쪽에서 왼쪽으로 쓰여진 두루마리 형식이므로 맨 뒤쪽부터 앞으로 읽어야 순서에 맞다.

力不意同在一室其心同其居同而其志之舍之有
是也況於斗年貶世然儒生共建之院於其地今欲
不能守也貶之遠學舍為非今之倡佛宗者是噫其
儒之說果蹈乎先儒之室而出家之學舍也有便隨
徒於撤學宮居之者覺儒冠亦先不能應其
居西反使之居我之廬何然以手君之九卯如之於衰
卯夜理苦於聊說之感後也於存於救其夜棄
堂冰數石而不能被惡手同群之君子念學以為之
此作

一

給於廢院自望厥後寺收其税田稱其穀為廩遂

私耕為大仁甫寺私出庶恢方近居人以以耕鑿以稱

其穀為受嘉妖僧慎幽圖占為寺乃手書僧録

訴于內需司稱其本是白雲院儒生成宜師徒田潛隱

儲食有田園賊死有何罪乎以此事付于其為僧

之穀欲奪為私之具遂之居人使不得耕作其為究情

人以其情不同謂之儒林朴院不思同歸之攻使慎幽

倡建佛宇其生出向其為文而喩之乃反加誣訴不有

臨皐通列邑文

嗚乎同聲相應同氣相求尤君子所以鳴鼓攻之者在吾儒
斯禄以衛之廊也而已惟我圃隱先生起於麗季闡吾儒
扶君臣之綱號為東國理學之祖由是我朝先後至
光以陞祀於文廟又書院以建之安又之位雜其間世尚存
矣是君子之意也君子之所為之性在於廟乎東方之殊賊僧
華嚴之寶以無知等佳田合詢設妄寺宮于時臨院直陳
乃以金山之立推沙門之環城我君之位用事并其佔田衣

有此寺艱難正以爲危捱穀之語寺僧往在壬子年築於
兩所寺十間空屋創造而於寺基九二三次修補傳時未幾懇
而之後乃爲寺之擬於今也位田之穀乃有收載有典守
者之謂之捱穀於今也執寺寺之人亦攸不以無人難矣
且開堂基焉隱之作佛事寺施其院而也不但寡之禁亦反爲之
助成之衛乃念其先收取一寺之貴之莫往卯正於此寺之
咸每不成往在念將之亦此後乃向化主僧寺丑以寺決
授人奉也伏惟念等諒察事

師筆硏畫爲推收而打破而從來續今者庠奉有習
藝之從而已夫里欲推出院而嘗學教者食者以重厨之
故斥之以虞狀豈國大宗蔭世在嘉靖間屬于書院此
亦丁丑高收職火自嘉靖亦丁亥其間書院此事詳及于
平實序之後於書夫亦自以爲書比疏變於於不宿俸
力懷而存書吏書食者爲本書矣奈於其際而書寓
開大之書食者之處不免絶處狀矣陸就書院牛也每
簇埋之資而皆倚人而欲喜寺看勤修者亦便食及子

萩界儒生朴倪等答附阜院儒文
右答文爲侖寺以仁角之事乳不遜之語加無過之人自
反而縮矣請以手方吾性之意爲侖尊聞盛世此寺屬
其院之久不待侖諭而明之甚矣鄙亦以爲是寺之住以其
在其院叛別無阻撓不料從怒攘袂高談於宗下彼此
極也此寺一例因斷內寓之後從此僧之窺專位田之穀
收寺僧之稅則所賴者伽居齋粥之江以收使僧例者矣
他只以此寺嚴翁巨剎名聞中華文有王右軍書覺圖

常翁翁之言以見聞異端序其居之感意也自今以後雖有
病風之人孰能容集先生而田畝以出其美秋之法者哉何
仁庵老矣有價而欲占之先挽位田穴為之又據也報而狼
之於欲大丈居於其地者也其之士名皆治聖賢之名無世不
有聞於此聊其未不可相無也包而已於欲孔一世而庚之望
不肩者矣哉任於言世烏乎無不於以律我之月通生一
見於受乎其言封之才上達於大丈居治丈人力也于功用
也主張是者氏無悔乎先此奉人盛非其世之念者乎虎麼
焉

赤川臨皐院儒通文

右文者聖人之作春秋也用夷禮者夷之孟子曰吾聞用夏變夷者未聞變於夷者也今夫佛者夷狄之一法耳於有尊夷狄之法而黜聖賢之道者則爲吾徒者將依以攻之哉 惟我 國隱先生我東方儒門之大賢也往在嘉靖年間建院于篤生之鄉于時 明廟大王賜額曰臨皐書院又賜之書籍土田、、中有金山之直指寺[illegible]之[illegible]角寺[illegible]之隈城寺位田皆其特賜之田也 九但大[illegible]人[illegible]道峯也[illegible]

答曰國家崇奉於佛寺出院乃其田地以爲常住之寺並不
在於此寺乃以難爲每寺基地之役嘉山亦然不能處分之何
必議於處於界線以居之地此乃寺于居何處之有者耶然
且建爲與後寺以後話之則無僧人未相爭只存其器云云
之人何與於官間之若是然是事無也近觀右內風理其僧中
立庭爭訟者皆然若不能此文欲無何物之人爭論於寺刹
之中志者驕其出於佛前出至起於庵前近道以何能詳知
退而自修其語亦正如庵多談以待彼此論勝負決罷歸于塵
入院中何爲居據以

10

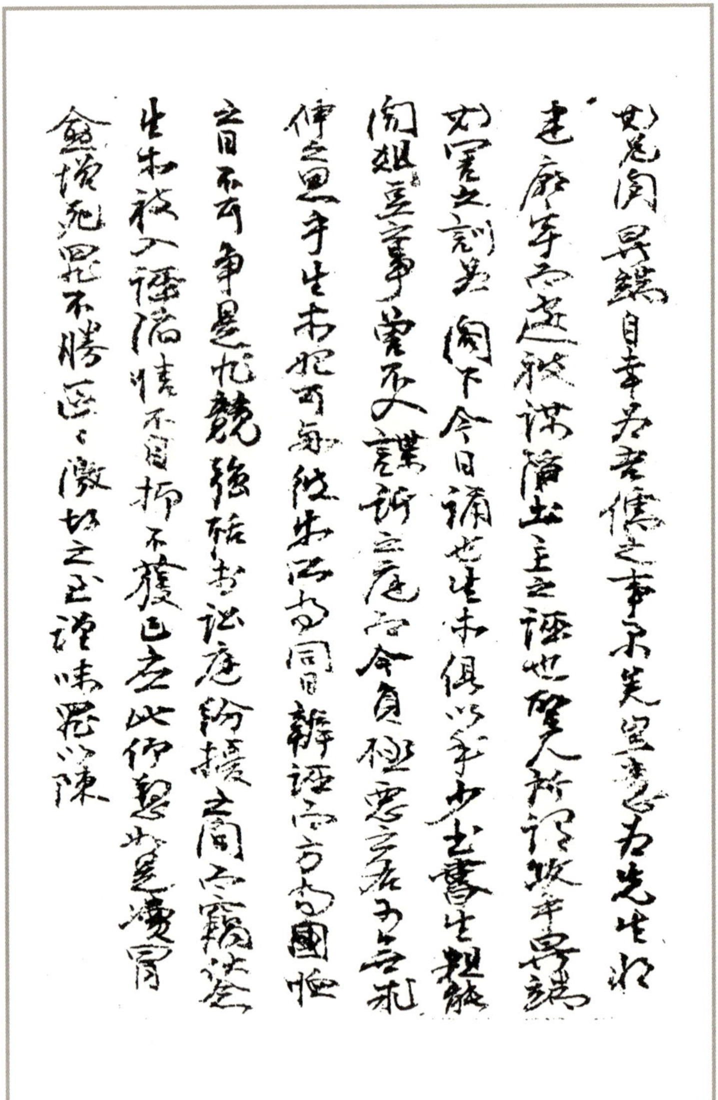
世乃閔吳鎮自幸爲老儒之事不異豈安右先生於
建康寧而遂被謀陷出主之證也望人所評收年吳鎮
於冒之刻然閔下令日請世生未俱以年少書生粗能
閔姐至寧曾不受人謀意訴之庭而今負極惡之名于公私
俾之思耳生未犯可知故出而爲同罪辯證而方爲國恤
之旨不可爭是尤饒強括於訟庭紛擾之間不敢
生未被入誣陷情不自抑不獲已來此仰懇是處冒
僉憤死罪不勝惶惶激切之至謹昧罪以陳

臣史玕詐終以朴俔等爲永川仁儔石摘轉似隱嫉偏
薦之言自幸史有譽收洛以泯史云論論其爲冤訐又可
知矣蒼天在上白日照下而忠義在身積此冤悒思之亦此痛矣
無誠願閤下特推忠忠之心俾無冤冤之冥生木村野豈彼
而誣陷之冤一時伸雪惡名又洗化爲僚使巡僧然居
儒宮之冤使之郎雖新創寺數間而俾未圓覺先生
廟宇一以遊集士賢之所而使士林公論甚留於一道寺
甚於此亦幸甚亦而老在矣之當是洪言賢之地而使閣

說令罷之人以鹽之弱將送自箋丹筆之下寬盡枉自併此生
平生之說以疏浩斬 踈東叩而廉長也伏承閣下先廷叅生平之說
鑿文覺永儁之道矣 不啻伋平生之誣論將此自平見無若以
永儁勃然通文及伋平答史特建于後又撥生平暖昧情
由之大奉條陳 若以隱覺探以以律書罪杜死者猶生之
平也以惡生平之論於將穽尤不足校也死於寬枉而不足恤
也而其道以詆斥說橫行肆毒論人無所忌憚抑以生等
不罷答文之事搆成誣論主之說而自今文無所花泛

夷狄之人尤賤於士林則生等所為不過不署於其文政悉
於彼等儒兩事而已以此而說之謗陷於主者豈非彼求之所
以做之以欲使其攢弃彼等專此事矣况有為佛道之處
為鱗角者矣聲之任者十有餘年而有若士子之意者甚
學宮而反於設亦其實不信佛光之人不聞於世宮而稱卯
由是而反為倡說曰學宮非關於一邑佛宇有補於國家
隨其無言之四已矣毀之使一邑之人皆畏其如此後為其
所欲為無所不已而做未祝人因極悪欲其死難以同悪之

乎冤渠出入本自乎無擬罪自侍亡刺比枉錯之
罪名方在於案諸陷主之惡名既筆於書則豈以渠等
之自止而俾此生等之冤乎彼之奸言雖自中沮而生等之
冤憤無聊難忍故此冒昧具實終以馬大衆創寺之事
本非出於縣監永傳之文亦不違於監牒而生等之不署
於答文是豈誣陷主之狀哉創寺之札自渠等嗅做者
如是永傳之文亦渠等或異者亦如是而彼等強以無預
之縣監創寺被斥云者此非反陷主而然耶朴倪曾入於

也睹挑儒業而削出生等之名籍生等之痛想如何哉
生等削出之端則無他朴倪只以生等不署答文之事恨不
安亦夜傳之行也生等削出之時都有司掌議皆不在焉而
擅削擅黜無為吾人名以罪目曰不送劍寺之議拂逆
矣狀之亦無之文又為憤惋又何如哉 朴林朴倪不合其用
擬反以我為罪之以不署答文之事採成謊論書主之說自
作呈文假托公論情辛儕保提冒寄送相猜欲擠之於
不測之地而財之以含沙之毒生等之怨冤訴欲以自明於一鄉

4

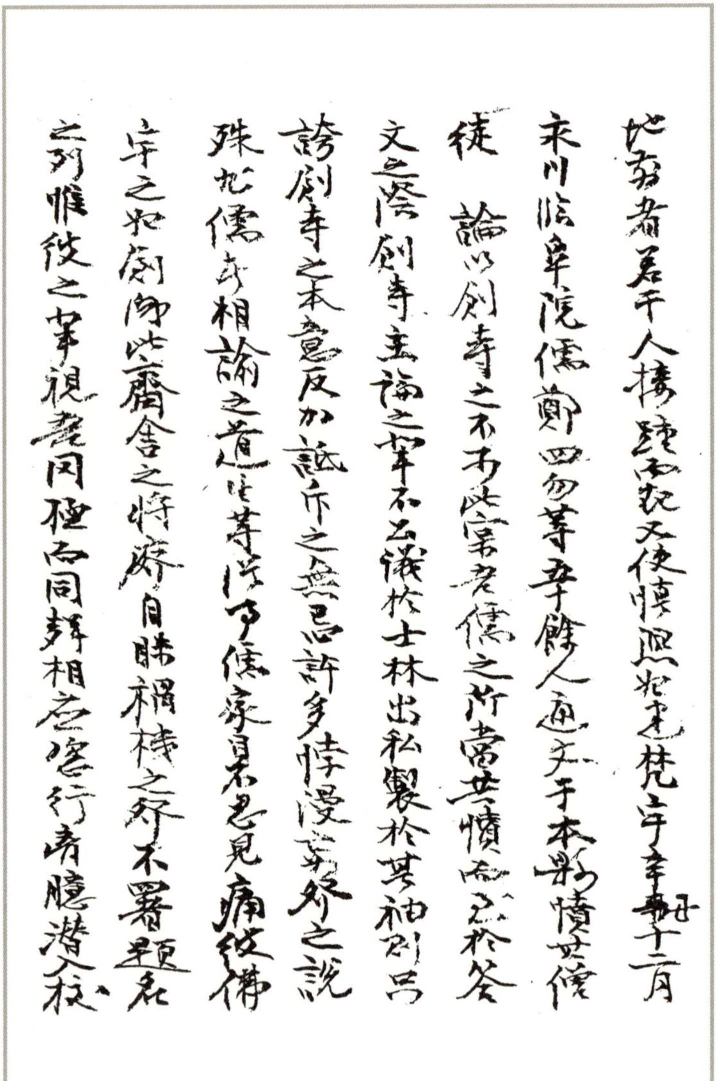
地勢者若干人搆誣和尚又使慎懸犯者梵宇辛丑十二月
來川臨皐院儒鄭四勿等率餘人直入于本寺情其僧
徒　論以創寺之不可此宗老儒之所當其情而不於答
文之際創寺主論之卒不正儀於士林出私製於其袖則只
誇創寺之本意反加詆斥之無已許多悖慢之發矜之說
殊非儒者相諭之道且等以予儒家自不忍見痛彼佛
宇之如倒仰此齋舍之將廢自睹稱椅之存不署題名
之列惟彼之事視若同極而同排相應從行者臆潛入校

3

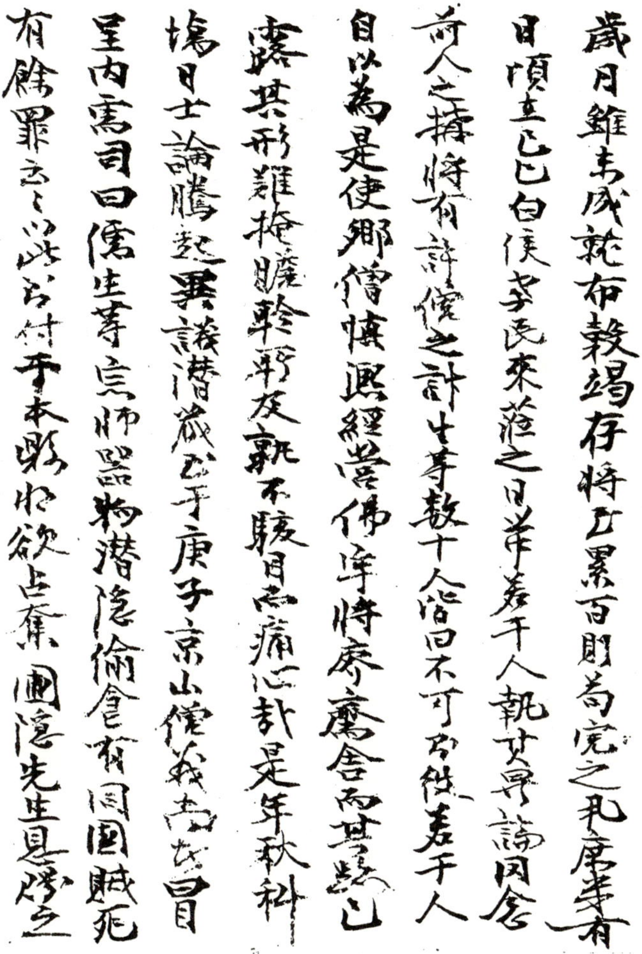
歲月雖未成就布穀竭存將亡累百間苟完之孔席未有
日頃至己巳白侯安民來蒞之日并若干人執其手論因念
前人之棲將有許僧之計七等數十人皆曰不可而從若干人
自以爲是使鄉僧慎選經營佛字時寺舊舍而其址已
露其形雖掩朧聆聞交親不勝目而痛心哉是年秋科
場日士論騰起異議潛藏而于庚子京山僧義而也目
呈內憲司曰僧生等盡佛器物潛隱偷食有同國賊死
有餘罪云云以此而付于本縣欲占奪 圃隱先生是陳之

勝久成寔基二十年前數之儒儒學性勝地之靈願講度之

之父老縣首耆黃老不噴噴相謂曰嶺南列邑皆有薦修之地

而非我尊數稀無於我之州獨不有志何異無地者乎之

白鹿洞我國之風俗覽米溪等院於以寺基而爲之乃是者闕

尋瑞之序文居之一指我數麟溪張白寺基先為 圃隱先生之

位田創立廟宇於斯者先生於斯為我士子衿矣宜矣於是乎

布斗粟各自收講儀就齋舍未成府宰適緣 聖廟移創

之舉費用畳設為難結以畢役之事盡括州序之放逝延

1

麟角事蹟
義興儒生洪昕等謹齋沐上書于
按撫巡察使相國閤下伏以生等草野賤儒性本愚魯
是非之天書之命僧之我亦佛異乎衆反齊於人負此不虞
之惡名事件無窮之冤抑吾將因極之情伊控明鑑之下伏惟
閤下特賜明察焉縣東有寺麟角其名而乃圓隱鄭先生
臨皐書院 以廟朝宣賜之地也壬辰兵燹盡爲灰燼一區名

인각사, 삼국유사의 탄생

초판 인쇄 2010년 5월 7일
초판 발행 2010년 5월 17일

지은이 이종문
펴낸이 강성민
기획부장 최연희
편집장 이은혜
마케팅 신정민
온라인 마케팅 이상혁 한민아

펴낸곳 (주)글항아리 | 출판등록 2009년 1월 19일 제406-2009-000002호

주소 413-756 경기도 파주시 교하읍 문발리 파주출판도시 513-8
전자우편 bookpot@hanmail.net
전화번호 031-955-8891(마케팅) 031-955-8898(편집부)
팩스 031-955-2557

ISBN 978-89-93905-23-6 03900

글항아리는 (주)문학동네의 계열사입니다.

이 도서의 국립중앙도서관 출판시도서목록(CIP)은 e-CIP홈페이지(http://www.nl.go.kr/ecip)에서
이용하실 수 있습니다. (CIP제어번호: CIP2010000977)